기계설계
기출문제집

기계설계
기출문제집

초판   발행   2025년 01월 10일
개정1판 발행   2026년 01월 09일

편 저 자 | 공무원연구소
발 행 처 | 소정미디어㈜
등록번호 | 제313-2004-000114호
주   소 | 경기도 고양시 일산서구 덕산로 88-45(가좌동)
대표전화 | 031-922-8965
팩   스 | 031-922-8966

▷ 이 책은 저작권법에 따라 보호받는 저작물로 무단 전재, 복제, 전송 행위를 금지합니다.
▷ 내용의 전부 또는 일부를 사용하려면 저작권자와 소정미디어㈜의 서면 동의를 반드시 받아야 합니다.
▷ ISBN과 가격은 표지 뒷면에 있습니다.
▷ 파본은 구입하신 곳에서 교환해드립니다.

Contents

기계설계

2018. 3. 24. 제1회 서울특별시 시행 ... 8
2018. 4. 7. 인사혁신처 시행 ... 20
2018. 5. 19. 제1회 지방직 시행 ... 32
2018. 6. 23. 제2회 서울특별시 시행 ... 47
2019. 2. 23. 제1회 서울특별시 시행 ... 59
2019. 4. 6. 인사혁신처 시행 ... 70
2019. 6. 15. 제1회 지방직 시행 ... 81
2019. 6. 15. 제2회 서울특별시 시행 ... 91
2020. 6. 13. 제1회 지방직 / 제2회 서울특별시 시행 ... 101
2020. 7. 11. 인사혁신처 시행 ... 112
2021. 4. 17. 인사혁신처 시행 ... 123
2021. 6. 5. 제1회 지방직 시행 ... 133
2022. 4. 2. 인사혁신처 시행 ... 145
2022. 6. 18. 제1회 지방직 시행 ... 156
2023. 4. 8. 인사혁신처 시행 ... 167
2023. 6. 10. 제1회 지방직 시행 ... 177
2024. 3. 23. 인사혁신처 시행 ... 188
2024. 6. 22. 제1회 지방직 시행 ... 199
2025. 4. 5. 국가직 시행 ... 209
2025. 6. 21. 제1회 지방직 시행 ... 218

Structure

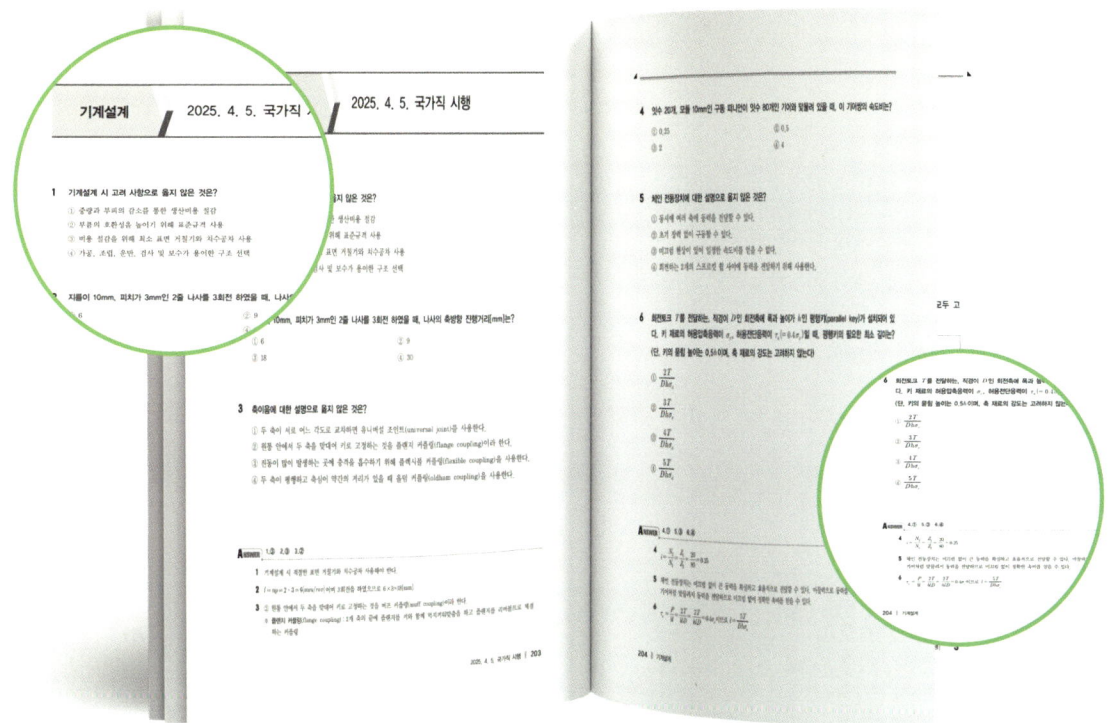

최신 기출문제분석

2025년 최신 기출문제를 비롯한 최다 기출문제를 수록하여 모든 시험에서 가장 중요한 기출 동향을 파악하고, 학습한 이론을 정리할 수 있습니다. 기출문제들을 반복하여 풀어봄으로써 이전 학습에서 확실하게 깨닫지 못했던 세세한 부분까지 철저하게 파악, 대비하여 실전대비 최종 마무리를 완성하고, 스스로의 학습상태를 점검할 수 있습니다.

상세한 해설

상세한 해설을 통해 한 문제 한 문제에 대한 학습을 가능하도록 하였습니다. 정답을 맞힌 문제라도 꼼꼼한 해설을 통해 다시 한 번 내용을 확인할 수 있습니다. 틀린 문제를 체크하여 내가 취약한 부분을 파악할 수 있습니다.

Preface

모든 시험에 앞서 가장 중요한 것은 출제되었던 문제를 풀어봄으로써 그 시험의 유형 및 출제경향, 난이도 등을 파악하는 데에 있다. 즉, 최소시간 내 최대의 학습효과를 거두기 위해서는 기출문제의 분석이 무엇보다도 중요하다는 것이다.

기계설계 기출문제집은 그동안 시행된 국가직, 지방직, 서울시 기출문제를 과목별로, 시행처와 시행연도별로 깔끔하게 정리하여 담고 문제마다 상세한 해설과 함께 관련 이론을 수록한 군더더기 없는 구성으로 기출문제집 본연의 의미를 살리고자 하였다.

수험생은 본서를 통해 변화하는 출제경향을 파악하고 학습의 방향을 잡아 단기간에 최대의 학습효과를 거둘 수 있을 것이다.

1%의 행운을 잡기 위한 99%의 노력! 본서가 수험생 여러분의 행운이 되어 합격을 향한 노력에 힘을 보탤 수 있기를 바란다.

기계설계

기계설계 — 2018. 3. 24. 제1회 서울특별시 시행

1 동일한 재료로 제작된 평행키(혹은 묻힘키)와 축에서, 키가 받을 수 있는 토크와 축이 받을 수 있는 토크가 같을 때 키의 폭(b)과 축의 직경(d) 사이의 관계는? (단, 키의 길이는 축 직경의 1.5배이며, $\pi=3$이다.)

① $b = d/4$
② $b = d/2$
③ $b = d$
④ $b = 2d$

2 유연성 축이음이 아닌 것은?

① 셀러 축이음(Seller coupling)
② 체인 축이음(Chain coupling)
③ 고무 축이음(Elastometic coupling)
④ 기어형 축이음(Gear coupling)

ANSWER 1.① 2.①

1
- 키가 받을 수 있는 토크 : $T = \tau_{a1} b \cdot l \cdot \dfrac{d}{2}$
- 축이 받을 수 있는 토크 : $T = \tau_{a2} \cdot \dfrac{\pi d^3}{16}$

키와 축은 동일한 재료이므로 $\tau_{a1} = \tau_{a2}$ 이어야 한다.

따라서 $b \cdot l \cdot \dfrac{d}{2} = \dfrac{\pi d^3}{16}$ 가 성립해야 하므로, $l = \dfrac{\pi d^2}{8b}$ 가 된다.

$l = \dfrac{3}{2} d$ 이므로 $\dfrac{3}{2} d = \dfrac{3 d^2}{8b}$ 을 만족해야 하므로 $b = \dfrac{d}{4}$ 가 된다.

2
- 유연성 축이음(유연성커플링)은 양 축 간의 회전력만을 전달하는 것이며, 고정 축이음(고정 커플링)은 두 축 사이의 중심이 일직선 상에 위치하는 것이다.
- 셀러 축이음은 고정 커플링에 속하며, 나머지는 모두 유연성 커플링에 속한다.

※ 축이음의 분류
　㉠ 고정 커플링
　　• 플랜지 고정 커플링　• 슬리브 커플링
　　• 마찰원통 커플링　• 분할원통 커플링
　　• 반겹치기 커플링　• 셀러원추 커플링
　㉡ 유연성 커플링
　　• 기어형 커플링　• 체인 커플링
　　• 그리드형 커플링　• 고무 커플링

3 축하중이 작용하는 압축 코일 스프링의 처짐량에 대한 설명으로 가장 옳은 것은?

① 하중이 2배가 되면 처짐량은 $\frac{1}{2}$로 줄어든다.

② 소선의 지름이 2배가 되면 처짐량은 $\frac{1}{16}$로 줄어든다.

③ 코일의 평균 지름이 2배가 되면 처짐량은 2배 증가한다.

④ 유효감김수가 2배가 되면 처짐량은 4배 증가한다.

4 〈보기〉와 같은 측면 필릿 용접이음에서 허용 전단응력이 5kgf/mm²일 때, 용접부의 최소 길이로 가장 적합한 것은? (단, $\sqrt{2}$ =1.414이다.)

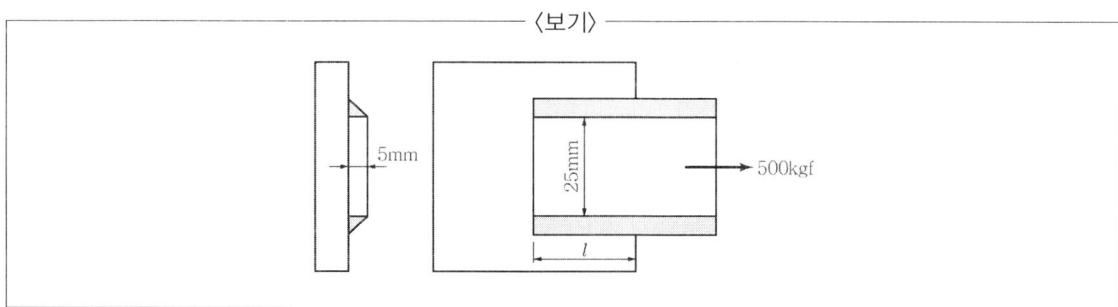

① 5.0mm
② 7.1mm
③ 13.8mm
④ 14.8mm

ANSWER 3.② 4.④

3 압축코일스프링의 처짐량 $\delta = \frac{64nPR^3}{Gd^4}$

(P는 스프링의 축방향하중, D는 코일의 평균지름, R은 코일의 평균반경, θ는 비틀림각, d는 소선의 지름, δ는 스프링의 처짐량, n은 유효감김수)

① 하중이 2배가 되면 처짐량은 2배가 된다.
③ 코일의 평균 지름이 2배가 되면 처짐량은 2³배 증가한다.
④ 유효감김수가 2배가 되면 처짐량은 2배 증가한다.

4 $\tau_{allow} = \frac{P}{\sum aL} = \frac{500 kg_f}{2 \cdot \frac{5}{\sqrt{2}} \cdot L} \leq 5 [kg_f/mm^2]$ 이므로 $500 kg_f \leq 25\sqrt{2} L [kg_f/mm^2]$

$\frac{500}{25\sqrt{2}} = 10\sqrt{2} = 14.14 \leq L$

따라서 주어진 보기 중 14.8[mm]가 가장 적합하다.

5 미터 치수를 사용하는 나사의 호칭지름은 무엇으로 나타내는가?

① 암나사의 유효지름
② 암나사의 바깥지름
③ 체결되는 수나사의 바깥지름
④ 체결되는 수나사의 유효지름

6 두 축 간의 거리가 멀고, 회전 방향이 서로 같은 방향이며, 비교적 정확한 회전수를 전달할 수 있으나 충격력에 의한 소음과 파괴가 발생하는 동력 전달 장치는?

① 기어
② 마찰차
③ 벨트-풀리
④ 체인-스프로킷

ANSWER 5.③ 6.④

5 미터 치수를 사용하는 나사의 호칭지름은 체결되는 수나사의 바깥지름으로 나타낸다.

6 체인-스프로킷에 관한 설명이다. 즉, 체인을 스프로킷의 이에 하나씩 물려서 동력을 전달하는 기계요소이다.
   ※ **스프로킷**(sprocket) … 회전축에 고정되어 체인의 각 마디 사이에 끼워져 맞물려서 회전함으로써 동력을 전달하는 전동용 기계요소이다.

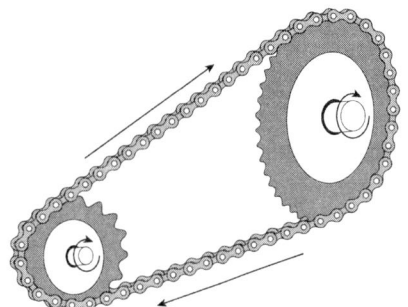

7 〈보기〉와 같이 임의의 단면에 수평방향으로 300MPa의 인장응력이 작용하고 수직방향으로 100MPa의 압축응력이 작용하는 경우 최대 전단응력의 크기는? (단, 최대 전단응력 이론을 따른다.)

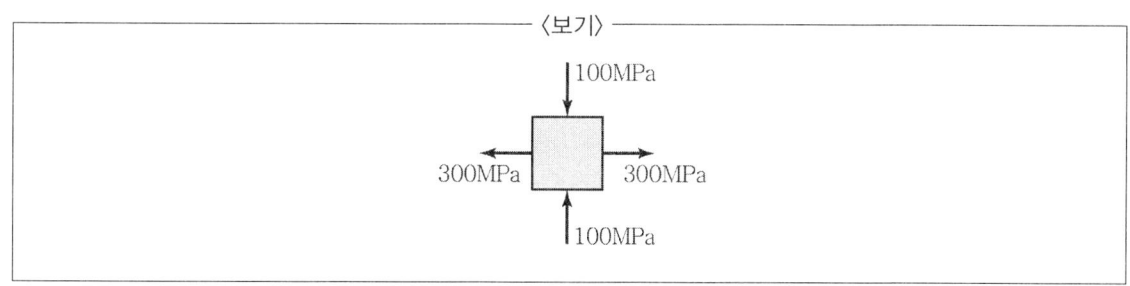

① 100MPa
② 200MPa
③ 300MPa
④ 400MPa

8 축의 중앙에 설치된 회전체에 의하여 처짐 δ가 0.98mm 발생하였다. 이 축의 위험속도는? (단, 중력가속도 g=9.8m/s²이다.)

① $\frac{3,000}{\pi}$ rpm
② 3,000rpm
③ $\frac{10,000}{\pi}$ rpm
④ 10,000rpm

ANSWER 7.② 8.①

7
$$\tau_{\max} = \sqrt{\left(\frac{\sigma_x - \sigma_y}{2}\right)^2 + \tau_{xy}^2} = \sqrt{\left(\frac{300 - (-100)}{2}\right)^2 + 0^2} = 200$$

8 축의 위험속도 $N_c = \frac{30}{\pi}\sqrt{\frac{g}{\delta}}\ [rpm]$

$N_c = \frac{30}{\pi}\sqrt{\frac{9800}{0.98}} = \frac{3000}{\pi}$

문제에서 주어진 조건을 대입하면 위험속도는 $\frac{3,000}{\pi}$ rpm

※ 축의 위험속도 … 축은 굽힘이나 비틀림에 대한 일종의 스프링과 같은 특성을 가지므로 변형이 생기게 되면 이것을 회복시키려는 에너지가 발생하게 되며 이 에너지는 운동에너지로 되어 축의 회전과 더불어 축선을 중심으로 하여 변동하게 된다. 이와 같이 축에 작용하는 굽힘모멘트 또는 토크의 변동주기가 축의 고유진동수와 일치할 때 축은 공진을 일으켜 진폭이 점차로 커지게 되어 탄성한도를 넘어 파괴에 이르게 된다. 이처럼 공진진동수와 일치하는 축의 회전속도를 위험속도라고 하며 이 속도에서 진동이 가장 심하게 발생하게 된다.

9 한 줄 겹치기 리벳이음을 하고자 한다. 단일 전단면에서 리벳의 전단력과 리벳구멍 부분에서 판재의 압축력을 같게 하고자 할 때, 리벳의 직경은 판재 두께의 몇 배로 설계해야 하는가? (단, 최대 전단응력이론을 따른다.)

① $2/\pi$

② $4/\pi$

③ $8/\pi$

④ $12/\pi$

ANSWER 9.③

9
- 리벳이 부담하는 전단력은 $V = A_v \cdot \tau = \dfrac{\pi d^2}{4} \cdot \tau$
- 판재가 부담하는 압축력은 $P = A_c \cdot \sigma_c = t \cdot d \cdot \sigma_c$
- 리벳의 전단력과 판재의 압축력이 같아야 하므로, $V = P = \dfrac{\pi d^2}{4} \cdot \tau = t \cdot d \cdot \sigma_c$가 성립한다.
- 최대 전단응력설에 따라 리벳이 부담할 수 있는 최대전단응력은 항복응력의 절반값이어야 한다. 따라서 최대전단응력설에 따라 $\tau = t \cdot d \cdot \sigma_c \cdot \dfrac{4}{\pi \cdot d^2} = t \cdot \sigma_c \cdot \dfrac{4}{\pi \cdot d} = \dfrac{\sigma_c}{2}$이 성립해야 한다. (최대전단응력 이론에 따르면 $\tau_{\max} = \dfrac{1}{2}\sigma_Y = \dfrac{1}{2}\sigma_c$가 성립해야 한다.)
- 최대전단응력이론에 따르면 재료 내에 발생하는 최대전단응력 $\tau_{\max}$이 단순인장의 경우 항복점 σ_Y에 해당하는 항복전단응력에 도달하면 파손이 생긴다. 최대 전단응력은 최대 및 최소 주응력차의 1/2과 같을 때 파손된다. 이를 식으로 표현하면 다음과 같다.

  $\tau_{\max} = \dfrac{1}{2}\sigma_Y = \dfrac{1}{2}\sqrt{\sigma_x^2 + 4\tau^2}$

  (참고 : 항복강도는 재료가 인장받는 경우만이 아닌, 압축을 받을 때에도 존재한다. 재료에 따라 인장강도와 압축강도는 크기가 거의 같을 수도 있고 매우 다를 수도 있다.)

  ※ 재료의 파손이론 공식
  - ㉠ 최대주응력설 : $\sigma_y = \tau_{\max}$
  - ㉡ 최대변형률설 : $\sigma_y = (1+v)\tau_{\max}$
  - ㉢ 최대전단응력설 : $\sigma_y = 2\tau_{\max}$
  - ㉣ 전단변형에너지설 : $\sigma_y = \sqrt{3}\,\tau_{\max}$
  - ㉤ 변형률에너지설 : $\sigma_y = \sqrt{2(1+v)\tau_{\max}}$

ANSWER

※ 재료의 파손이론
  ⊙ 최대주응력설
   재료의 강도를 결정하는 것은 최대주응력이라고 주장하는 학설로 가장 큰 인장응력이 재료의 인장강도나 항복점과 같게 되면 그 재료는 파손된다는 학설이다. 이 학설은 취성재료의 분리파손과 잘 일치한다.
  ⓒ 최대변형률설
   연성재료에서 발생하는 단위변형률이 인장에서 생기는 항복점의 단위변형률과 같게 되면 그 재료가 파손된다는 학설이다. 단순인장시험에 대한 항복강도를 σ_Y라 하면 파손조건은 다음 식과 같이 된다. (ε_1은 최대주변형률, v는 프와송비, E는 세로탄성계수)
   $$\varepsilon_1 = \frac{1}{E}\sigma_1 - v(\sigma_2 + \sigma_3) = \frac{\sigma_Y}{E}$$
  ⓒ 최대전단응력설
   재료 내에 발생하는 최대전단응력이 단순인장의 경우 항복점에 해당하는 항복전단응력에 도달하면 파손이 생긴다는 학설로 연성재료에 대한 실험결과와 잘 일치될 뿐만 아니라 실제적인 계산에서 간편하게 적용되므로 널리 사용되고 있다. 최대 전단응력은 최대 및 최소 주응력차의 1/2과 같을 때 파손된다. 전단응력에 의하여 재료가 파손된다는 이론으로 연성재료의 미끄럼 파손과 잘 일치한다. 3축응력 상태일 때 최대전단응력 $\tau_{\max}$, 주응력 및 단순응력상태의 항복응력 σ_Y에 의한 파손은 다음 식과 같이 된다.
   $$\tau_{\max} = \max\left(\frac{1}{2}|\sigma_1 - \sigma_2|, \frac{1}{2}|\sigma_2 - \sigma_3|, \frac{1}{2}|\sigma_3 - \sigma_1|\right) = \frac{\sigma_Y}{2}$$
  ⓔ 전단변형에너지설
   재료 안에 축적되는 전단변형에너지가 단순인장 시 항복점에 해당하는 전단변형에너지와 같을 때 파손이 일어난다는 학설로 연성재료의 실험결과와 잘 일치한다. 전단변형에너지설에 의한 파손을 3축의 주응력으로 표시하면 다음 식과 같이 된다.
   $$\sigma_Y^2 = \frac{1}{2}[(\sigma_1 - \sigma_2)^2 + (\sigma_2 - \sigma_3)^2 + (\sigma_3 - \sigma_1)^2]$$
   여기서 $\sigma_1 = \sigma_2$ 또는 $\sigma_2 = \sigma_3$
   $$\sigma_Y = \sigma_3 - \sigma_1, \quad \tau_{\max} = \frac{\sigma_3 - \sigma_1}{2} = \frac{\sigma_Y}{2}$$
  ⓜ 변형률에너지설
   외력에 의한 재료 내의 단위체적당 변형률에너지가 단순인장의 경우 항복점에 대한 단위체적당 변형률에너지와 같게 되면 파손이 일어난다는 학설이다. 단위체적에 대한 변형률에너지를 각 좌표의 주응력으로 표시하면 다음 식과 같이 된다.
   $$u = \frac{1}{2}(\sigma_1\varepsilon_1 + \sigma_2\varepsilon_2 + \sigma_3\varepsilon_3)$$
   훅의 법칙에서 변형률 대신에 응력의 식으로 표시하면 다음과 같이 된다.
   $$u = \frac{1}{2E}[\sigma_1^2 + \sigma_2^2 + \sigma_3^2 + 2v(\sigma_1\sigma_2 + \sigma_2\sigma_3 + \sigma_3\sigma_1)]$$
   여기서, u가 $\frac{\sigma_Y^2}{2E}$과 같다면 파손조건은 다음 식과 같다.
   $$\sigma_Y^2 = \sigma_1^2 + \sigma_2^2 + \sigma_3^2 + 2v(\sigma_1\sigma_2 + \sigma_2\sigma_3 + \sigma_3\sigma_1)$$

10 중심거리 C=180mm, 모듈 m=3mm일 때 회전속도를 1/2로 감속하는 표준스퍼기어의 구동기어와 피동기어의 잇수는?

	구동기어 잇수	피동기어 잇수
①	10개	20개
②	20개	40개
③	40개	80개
④	60개	120개

11 치형곡선의 기구학적 조건에 대한 설명으로 가장 옳은 것은?

① 맞물려 돌아가는 두 기어가 특정 물림위치에서 일정한 각속도비를 가져야 한다.
② 맞물려 돌아가는 두 기어의 접촉점에서 공통법선은 피치점을 통과해야 한다.
③ 맞물려 돌아가는 두 기어의 접촉점에서 법선방향의 속도 차이는 있어도 된다.
④ 맞물려 돌아가는 두 기어의 접촉점에서 접선방향의 속도는 반드시 같아야 한다.

ANSWER 10.③ 11.②

10 $C = \dfrac{D_1 + D_2}{2} = \dfrac{m(Z_1 + Z_2)}{2} = \dfrac{3(Z_1 + Z_2)}{2} = 180$을 만족하는 짝은 ③이 된다.

11 치형곡선의 기구학적 조건
- 임의의 순간에 이와 이의 접촉점에서 치형에 세운 공통법선은 항상 그 순간의 피치점을 통과하여야 한다.
- 맞물려 돌아가는 두 기어의 접촉점에서 법선방향의 속도는 같아야 한다. (서로 맞물려 회전하는 2개의 기어가 치형곡선의 기구학적 필요조건을 만족시키기 위해서는 접촉점에서 각 기어의 접선 방향의 속도차(미끄럼 속도)는 있어도 좋지만 법선 방향의 속도는 같아야 한다. 만일, 접촉 잇면에 대한 법선방향의 속도 차가 있다면 두 잇면이 서로 떨어지거나 한 개의 잇면이 상대면을 파고 들어가기 때문에 치형곡선이 될 수 없다.)

12 〈보기〉와 같은 단식 블록 브레이크가 있다. 레버에 최대로 가할 수 있는 힘이 100N일 때, 제동력 60N을 얻기 위한 레버의 최소 길이는? (단, 마찰계수 μ=0.3이다.)

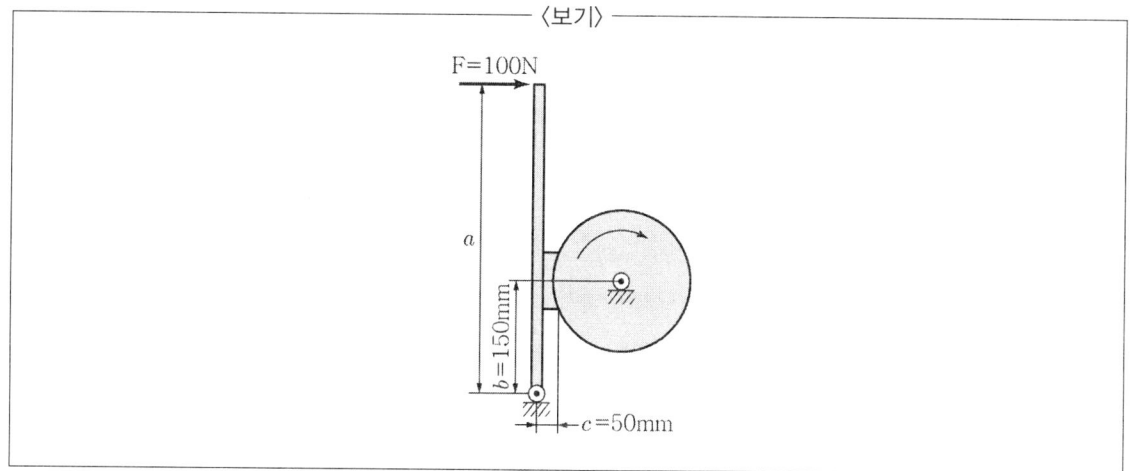

① 310mm
② 320mm
③ 330mm
④ 340mm

ANSWER 12.③

12 그림을 살펴보면 브레이크 드럼이 우회전을 하고 있다.
$F = 100 = \dfrac{f(b+\mu c)}{\mu a} = \dfrac{60(150+0.3 \cdot 50)}{0.3 \cdot a}$ 이어야 하므로, $30a = 165 \cdot 60$
$a = 330mm$가 되어야 한다.

13 베어링 번호 6003인 깊은 홈 볼베어링에서 내경의 크기는?

① 10mm
② 12mm
③ 15mm
④ 17mm

14 비틀림각이 30°인 헬리컬 기어 한 쌍이 맞물려 돌아가고 있다. 각각 기어의 잇수가 30개와 40개이고 치직각 모듈 m=2mm일 때 두 기어의 중심거리는?

① 70mm
② $\dfrac{70}{\sqrt{3}}$ mm
③ 140mm
④ $\dfrac{140}{\sqrt{3}}$ mm

Answer 13.④ 14.④

13 6003에서 내경은 셋째, 넷째자리를 통해서 알 수 있다.
03은 베어링 내경 17mm를 의미한다.
예를 들어 베어링번호가 "6902 ZZ"인 경우,
첫째자리 : 베어링종류/6 → 단열 깊은 볼베어링
둘째자리 : 치수기호(폭기호+직경기호) 0,1 : 특별 경하중용 2 : 경하중용 3 : 중간형
셋째, 넷째자리 : 내경
다음자리 : 보조기호 / ZZ → 양쪽면 쉴드붙임
※ 베어링 종류번호
  • 깊은 홈 볼베어링(단열) : 6
  • 깊은 홈 볼베어링(복렬) : 4
  • 스러스트 볼베어링(단식) : 5
  • 스러스트 볼베어링(복식) : 5
  • 스러스트 롤러베어링(원통롤러) : 8
  • 스러스트 롤러베어링(자동조심롤러) : 2
※ 베어링 내경번호

번호	6	8	9	00	01	02	03	04
내경	6	8	9	10	12	15	17	20

14 두 기어의 중심거리는
$$C = \dfrac{m(Z_1 + Z_2)}{2\cos\beta} = \dfrac{2(30+40)}{2\cos 30°} = \dfrac{140}{\sqrt{3}}$$

15 〈보기〉와 같은 핀이음에 인장하중 F=15kN이 작용할 때 핀에 발생하는 전단응력이 100MPa 이하라면 다음 중 핀의 최소 지름(d)은? (단, π=3이다.)

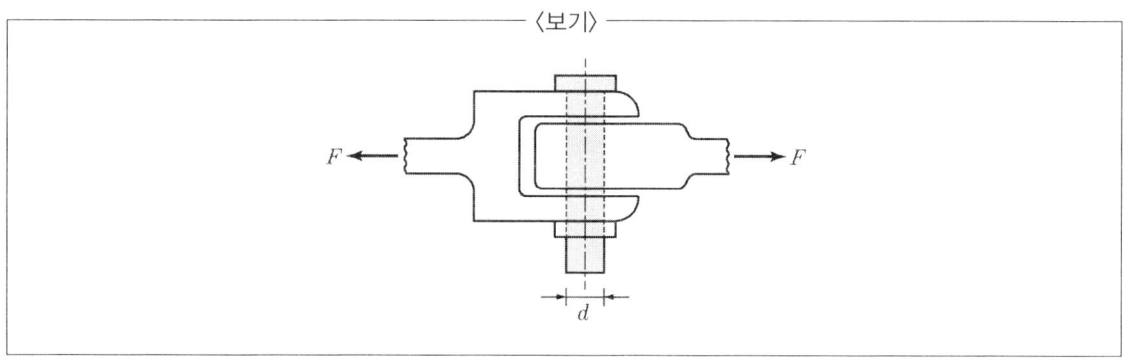

① 10mm
② 20mm
③ 30mm
④ 40mm

16 20kN의 하중이 작용하는 축이 100rpm으로 회전하고 있다. 레이디얼 저널 베어링의 허용 최대 압력이 4N/mm², 저널의 길이와 지름의 비 $\dfrac{l}{d}=2$일 때 지름 d의 최솟값은?

① 10mm
② 50mm
③ 102mm
④ 122mm

ANSWER 15.① 16.②

15 $F=\tau A$이므로 $A=\dfrac{F}{\tau}=\dfrac{15000}{100\cdot 10^6}=\dfrac{15}{10^5}$

$A=\dfrac{2\cdot \pi d^2}{4}=\dfrac{3\cdot d^2}{2}$이므로, $A=\dfrac{3d^2}{2}=\dfrac{15}{10}\cdot\dfrac{1}{10^4}=\dfrac{3}{2}\cdot\dfrac{1}{10^4}$

$d^2=\dfrac{1}{10^4}$이므로 $d=\dfrac{1}{10^2}[m]$가 된다.

16 압력은 하중을 면적으로 나눈 값이다.

면적 $ld=\dfrac{20000}{4}=5000[mm^2]$

$l=2d$이므로 $d^2=\dfrac{5,000}{2}=2,500$

$d=\sqrt{2500}=50[mm]$

17 〈보기〉와 같은 단면의 축이 전달할 수 있는 비틀림 모멘트의 비 T_A/T_B의 값은? (단, 두 축의 재료의 성질은 같다.)

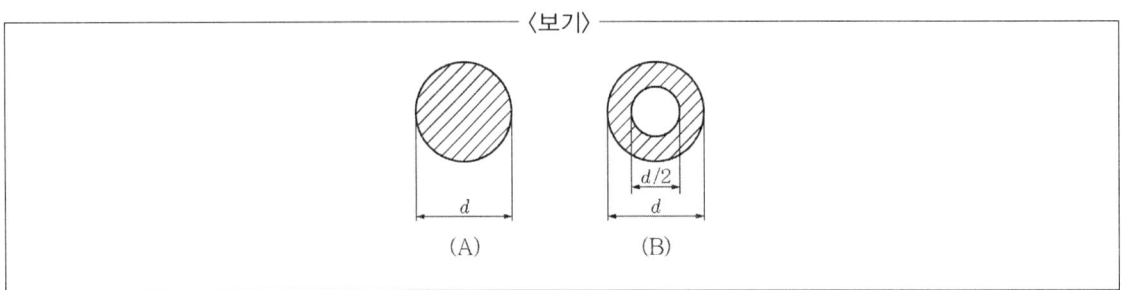

① 9/16
② 16/9
③ 15/16
④ 16/15

ANSWER 17.④

17 단면 2차 모멘트가 클수록 발생하는 최대전단응력은 작아진다. 따라서 (A)가 (B)보다 단면 2차모멘트가 크므로 동일한 비틀림모멘트 T가 (A)와 (B)에 각각 작용하는 경우, (A)에 발생하는 최대전단응력은 (B)에 발생하는 최대전단응력보다 작게 됨을 직관적으로 알 수 있다. 이는 곧 (A)가 (B)보다 최대로 전달할 수 있는 비틀림모멘트가 크다는 의미이다.

• 중실축의 비틀림 모멘트는 $T_{중실} = \tau Z_{P중실} = \tau \dfrac{\pi d^3}{16}$

• 중공축(문제에서 주어진 경우 $x=0.5$)의 비틀림 모멘트는

$$T_{중공} = \tau Z_{p중공} = \tau \frac{\pi d^3(1-x^4)}{16} = \tau \frac{\pi d^3(1-(0.5)^4)}{16} = \tau \frac{\pi d^3\left(1-\frac{1}{16}\right)}{16} = \tau \frac{\pi d^3\left(\frac{15}{16}\right)}{16}$$

$T_A : T_B = \tau \dfrac{\pi d^3}{16} : \tau \dfrac{\pi d^3\left(\frac{15}{16}\right)}{16}$ 이므로 $\dfrac{T_A}{T_B} = \dfrac{15}{16}$ 이 성립한다.

※ 바깥지름이 안지름의 2배인 중공축은 동일 단면적을 갖는 중실축과 비교했을 때 최대로 견딜 수 있는 토크가 1.44배이다.

※ 원형단면 축의 비틀림모멘트 T에 의한 최대전단응력은 $\tau_{\max} = \dfrac{Tr}{I_p} = \dfrac{Tr}{2I}$

따라서 최대전단응력은 단면2차 모멘트에 반비례하며 다음의 관계가 성립한다.

$$\frac{\tau_{중실,\max}}{\tau_{중공,\max}} = \frac{I_{중공}}{I_{중실}} = \frac{R^4-r^4}{R^4}$$

18 250[rpm]으로 회전하는 축의 끝 저널 베어링(End journal bearing)을 설계하고자 한다. 베어링에 전달되는 하중이 700kgf이고 발열계수가 0.15kgf/mm²·m/s일 때 저널의 길이에 가장 가까운 값은? (단, $\pi=3$이다.)

① 60mm
② 100mm
③ 140mm
④ 200mm

19 단면 지름이 40mm인 봉에 80N/mm²의 인장응력과 30N/mm²의 전단응력이 동시에 작용할 경우 최대 주응력의 크기는?

① 70N/mm²
② 80N/mm²
③ 90N/mm²
④ 100N/mm²

20 안지름 D_1=60mm, 바깥지름 D_2=100mm인 원판 클러치가 N=400[rpm]으로 회전할 때 다음 중 최대 전달토크에 가장 가까운 값은? (단, 마찰계수 μ=0.2, 허용 전달압력 p=1N/mm², $\pi=3$이다.)

① 12N·m
② 38N·m
③ 97N·m
④ 153N·m

ANSWER 18.① 19.③ 20.②

18 발열계수(압력속도계수)

$$pv = \frac{P}{dl} \cdot \frac{\pi dN}{60 \cdot 1000} = \frac{\pi PN}{60000 l} \quad (v \text{는 평균원주속도[m/s]})$$

(l은 저널의 길이(폭), d는 저널의 직경, N은 축의 회전속도)

$$pv = \frac{P}{dl} \cdot \frac{\pi dN}{60 \cdot 1000} = \frac{700}{dl} \cdot \frac{3 \cdot d \cdot 250}{60 \cdot 1000} = \frac{525}{60 \cdot l} = 0.15 [kg/mm^2 \cdot m/s]$$

$525 = 9 \cdot l$이므로, 이를 만족하는 $l = 58.33 [mm]$

19 Rankine의 최대주응력설에 따르면,

$$\sigma_{\max} = \frac{1}{2}\sigma_t + \frac{1}{2}\sqrt{\sigma_t^2 + 4\tau^2} = \frac{1}{2} \cdot 80 + \frac{1}{2}\sqrt{80^2 + 4 \cdot 30^2} = 90$$

20
$$T = \mu p \frac{\pi(D_2^2 - D_1^2)}{4} \cdot \frac{(D_1 + D_2)}{4} = 0.2 \cdot 1 \cdot \frac{3(100^2 - 60^2)}{4} \cdot \frac{(60+100)}{4} = 38.4 [N \cdot m]$$

기계설계 / 2018. 4. 7. 인사혁신처 시행

1 반지름이 R[m]인 드럼이 N[rpm]으로 회전하면서 무게 F_w[N]인 추를 H[m] 들어 올리고자 할 때, 필요한 동력[W]은?

① $\dfrac{\pi R F_W N}{30}$

② $\dfrac{\pi R F_W N}{60H}$

③ $\dfrac{\pi R F_W N}{120H}$

④ $\dfrac{\pi R F_W N}{735}$

2 그림과 같은 리벳이음에서 6000[N]의 하중(F)이 작용할 때, 가장 왼쪽의 리벳에 작용하는 전단력의 크기[N]와 방향은?

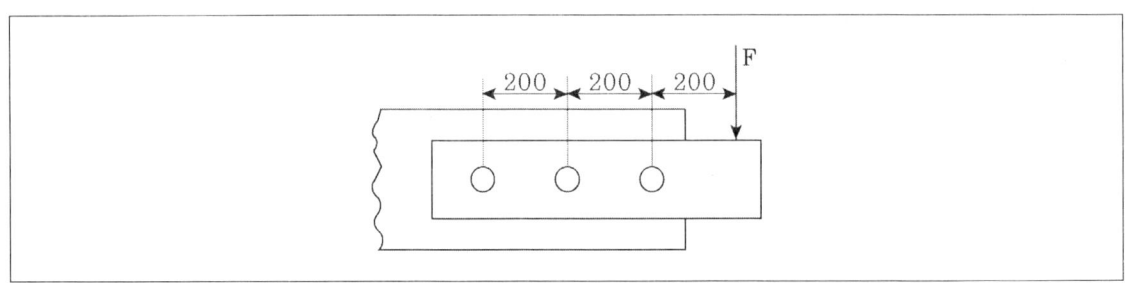

① 8000, ↑

② 8000, ↓

③ 4000, ↑

④ 4000, ↓

ANSWER 1.① 2.③

1 반지름이 R[m]인 드럼이 N[rpm]으로 회전하면서 무게 F_w[N]인 추를 H[m] 들어 올리고자 할 때, 필요한 동력[W]은
$P = Tw = F_W \cdot R \cdot \dfrac{2\pi N}{60} = \dfrac{\pi R F_W N}{30}$ 이 된다.

2 각 리벳에 작용하는 직접전단력의 크기는 $F_{sp} = \dfrac{F}{n} = \dfrac{6000}{3} = 2000[N](\downarrow)$
편심하중에 의해 발생하는 모멘트에 의한 전단력은 $6000 \times 400 = 2 \times F \times 200$이므로, $F = 6000[N]$
왼쪽부터 첫 번째 리벳에는 ↑방향으로 6000-2000=4000[N]이, 두 번째 리벳에는 ↓방향으로 6000+2000=8000[N]의 전단력이 발생한다.

3 플라이휠(flywheel)에 대한 설명으로 옳지 않은 것은?

① 내연기관, 왕복펌프, 공기압축기 등에서 흔히 사용된다.

② 구동토크가 많이 발생하면 운동에너지를 흡수하여 각속도 증가량이 둔화된다.

③ 동일 4행정기관에서는 직렬 기통 수가 많아질수록 에너지 변동계수도 커지므로 이를 고려하여 설계하여야 한다.

④ 축적된 운동에너지를 전단기 및 프레스 등의 작업에너지로 사용할 수 있으며, 그 출력은 극관성모멘트의 크기에 따라 결정된다.

4 인장항복응력이 400[MPa]인 재료가 $\sigma_x = 120$[MPa], $\sigma_y = -80$[MPa]인 평면응력상태에 있을 때, 최대전단응력설에 따른 안전계수는?

① 6
② 4
③ 3
④ 2

ANSWER 3.③ 4.④

3 동일 4행정기관에서는 직렬 기통 수가 많아질수록 에너지 변동계수가 줄어들게 된다.

※ 플라이휠 : 크랭크축의 한쪽 축에 연결된 큰 금속제 원판으로서 에너지를 저장하며, 축적된 회전에너지(관성모멘트)를 이용하여 크랭크샤프트의 회전불균형과 회전진동을 억제한다. 일반적인 4행정 엔진의 경우 실린더 내 커넥팅 로드와 연결된 크랭크샤프트는 4행정 동안 2회전을 하게 되는데 이 2회전이 이루어지는 동안 피스톤이 움직일 수 있도록 하는 힘은 폭발행정에서만 발생하게 된다. 이러한 4행정의 특징에 의해 대부분 복수의 기통으로 엔진을 구성하여 각각의 기통에서 연속적인 폭발을 일으켜 회전불균형을 해소하는데 이를 위한 장치가 바로 플라이휠이다. 원동기로부터 발생하는 에너지는 변동을 하는데 플라이휠은 이 에너지가 저항일량보다 클 경우는 에너지를 흡수하고 그 반대의 경우는 흡수한 에너지를 방출하여 균형을 이루도록 하는 관성장치이다. 또한 내연기관의 구조적 특징에 의해 실린더 내에서는 일정한 에너지가 만들어지지 못하고 불규칙한 회전이 발생할 수 있는데 이를 최소화하기 위한 에너지저장장치이다.

• 내연기관, 왕복펌프, 공기압축기 등에서 흔히 사용된다.
• 구동토크가 많이 발생하면 운동에너지를 흡수하여 각속도 증가량이 둔화된다.
• 동일 4행정기관에서는 직렬 기통 수가 많아질수록 에너지 변동계수가 줄어들게 된다.
• 축적된 운동에너지를 전단기 및 프레스 등의 작업에너지로 사용할 수 있으며, 그 출력은 극관성모멘트의 크기에 따라 결정된다.

4 $\tau_{\max} = \sqrt{\left(\dfrac{\sigma_x - \sigma_y}{2}\right)^2} = \dfrac{120-(-80)}{2} = 100[MPa]$

$\tau_Y = \dfrac{\sigma_Y}{2} = \dfrac{400}{2} = 200[MPa]$, 안전계수 : $\dfrac{200}{100} = 2$

※ 최대전단응력설 : 재료 내에 최대전단응력이 단순인장의 경우 항복점에 해당하는 항복전단응력에 도달하면 재료가 파괴된다는 설이다. (최대전단응력은 최대 및 최소주응력차의 1/2값과 같은 값이다.)

5 비틀림 모멘트 T가 작용하면 비틀림각이 4° 발생하는 지름 d인 축에서 축지름만 변경하여 비틀림각을 1°로 줄이고자 할 때, 축지름[mm]은? (단, 축은 실축이고, 탄성 거동한다고 가정한다)

① $\sqrt{2}\,d$
② $\sqrt[3]{2}\,d$
③ $\sqrt[3]{4}\,d$
④ $\sqrt[4]{2}\,d$

6 아이볼트에 축방향으로 3[kN]의 인장하중이 작용할 때, 사용 가능한 볼트의 최소 바깥지름[mm]은? (단, 허용인장응력은 40[N/mm²], 골지름(d_1)과 바깥지름(d)의 비율 $\dfrac{d_1}{d}=0.5$, $\pi=3$으로 한다)

① 10
② 12
③ 16
④ 20

Answer 5.① 6.④

5 • 비틀림 모멘트 T가 작용할 때 비틀림각이 4° 발생하는 지름 d인 축은 다음과 같이 표현할 수 있다.

$$\frac{TL}{GJ}=\frac{TL}{G\frac{\pi d^4}{32}}=\frac{32\,TL}{\pi d^4 G}=4\cdot\frac{\pi}{180}$$

• 이 축의 지름을 변경하여 비틀림 모멘트 T가 작용할 때 비틀림각을 1°가 발생하도록 만들려면 변경된 지름 d'는 다음의 식을 만족해야 한다.

$$\frac{32\,TL}{\pi(d')^4 G}=1\cdot\frac{\pi}{180}$$

따라서 $(d')^4:d^4=4:1$이 성립해야 하므로 $d'=\sqrt{2}\,d$의 관계가 성립한다.

6 $40\cdot\dfrac{\pi d_1^2}{4}=3\cdot 10^3$ 이므로, $d_1=\sqrt{\dfrac{3\cdot 10^3}{\pi\cdot 10}}=10[mm]$

$d=\dfrac{d_1}{0.5}=\dfrac{10}{0.5}=20[mm]$

7 사각나사의 안지름이 8[mm], 바깥지름이 12[mm], 피치는 π[mm]일 때, 1000[N]의 축방향 하중을 견딜 수 있는 너트의 최소 높이[mm]는? (단, 재료의 허용접촉면압력은 10[N/mm²]이다)

① 1
② 5
③ 10
④ 12

ANSWER 7.②

7 허용접촉면압력을 기준으로 너트의 높이를 결정하면 다음과 같다.

$$H = pZ = \frac{pQ}{\pi d_e h q_a} = \frac{pQ}{\frac{\pi}{4}(d_2^2 - d_1^2) q_a} = \frac{\pi \cdot 1000}{\frac{\pi}{4}(12^2 - 8^2) \cdot 10} = 5[mm]$$

H : 너트의 높이(나사접촉부의 길이)
p : 나사의 피치
Z : 나사산의 수
d_1 : 안지름
d_2 : 바깥지름
h : 나사산의 높이 ($h = \frac{d_2 - d_1}{2}$)
q_a : 나사의 허용접촉면압력
Q : 나사의 축방향에 걸리는 전하중
d_e : 나사의 유효지름 ($d_e = \frac{d_2 + d_1}{2}$)

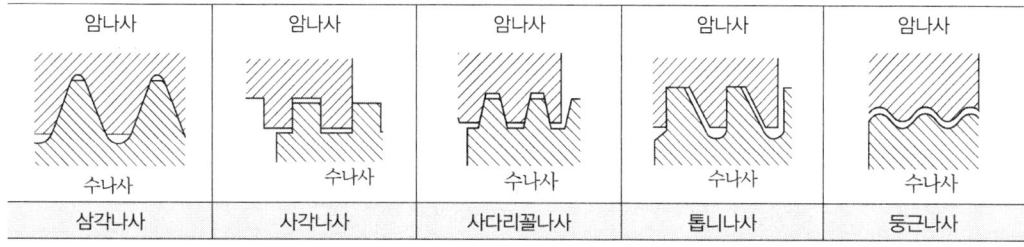

8 그림과 같이 필렛 용접된 두 금속판의 좌우로 10[kN]의 하중이 가해질 때, 필요한 용접부 최소 길이 m, n에 가장 근사한 치수[mm]는? (단, 용접부의 허용전단응력은 10[N/mm²]이다)

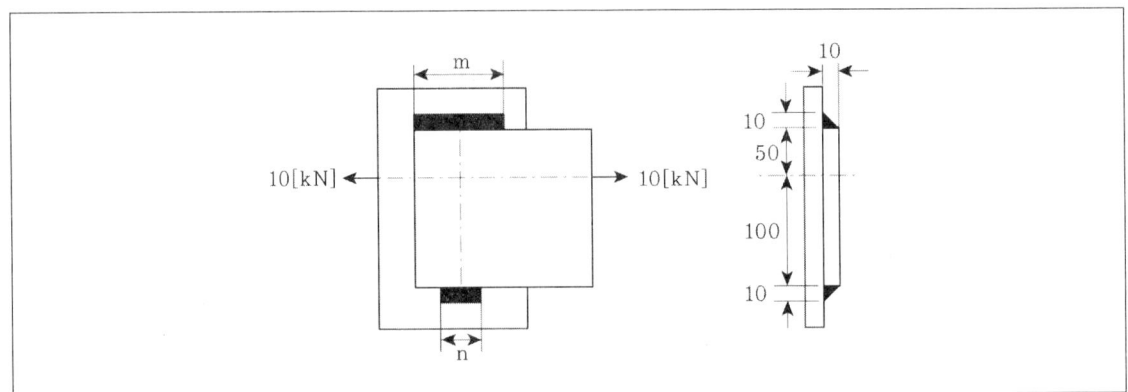

	m	n		m	n
①	188	94	②	137	69
③	110	55	④	95	48

Answer 8.④

8 주어진 하중조건에 대해서 허용전단응력까지 감당할 수 있는 용접부의 크기를 묻는 문제이다.
- 우선, 외력 10[kN]에 대하여 전단응력을 받는 용접부의 저항력을 구해야 한다.
- 위쪽 용접부에 작용하는 전단력을 V_1, 아래쪽 용접부에 작용하는 전단력을 V_2라 하면 $V_1 + V_2 = 10[kN]$이 성립한다.
- 또한, 도심점(교차점)을 기준으로 모멘트의 평형이 이루어져야 하므로 $50 \cdot V_1 = 100 \cdot V_2$이 성립하며, $V_1 = 2V_2$가 된다.

  $V_1 + V_2 = 10[kN]$이므로 $2V_2 + V_2 = 10[kN]$

  $V_2 = \frac{10}{3}[kN]$가 되며, $V_1 = 2V_2$이므로 $V_1 = \frac{20}{3}[kN]$이 된다.

- 전단응력은 전단력을 유효면적으로 나눈 값이며, 용접의 유효면적은 용접의 목두께와 용접길이를 곱한 값이다. 용접의 목두께는 모살용접의 다리길이의 $\frac{1}{\sqrt{2}}$배가 된다.
- 용접부의 허용전단응력은 $\tau_a = 10[N/mm^2]$이며, 따라서 허용전단력의 크기는 다음과 같이 표현할 수 있다.

  $V_1 = \tau_a \cdot m \cdot \frac{10}{\sqrt{2}} = \frac{20}{3}[kN]$이어야 하므로 $m = \frac{200\sqrt{2}}{3} = 94.28 ≒ 95[mm]$

  $V_2 = 10 \cdot \frac{10}{\sqrt{2}} \cdot n = \frac{10}{3}[kN]$이어야 하므로 $n = \frac{100\sqrt{2}}{3} = 47.14 ≒ 48[mm]$

9 스프링지수가 10이고 소선의 지름이 2[mm]인 압축 코일스프링에서 하중이 70[kgf]에서 50[kgf]로 감소할 때 처짐의 변화가 50[mm]가 되는 스프링의 유효감김수는? (단, 전단탄성계수는 8×10^3 [kgf/mm^2]이다)

① 5
② 6
③ 7
④ 8

10 벨트 전동에서 벨트의 장력으로 인해 베어링에 전달되는 하중(F_d)과 이완측 장력(T_s) 사이의 관계 (F_d/T_s)로 옳은 것은? (단, 마찰계수는 μ이고, 벨트의 접촉각은 θ이며, 원심력의 영향은 무시한다)

① $(e^{2\mu\theta} - 2e^{\mu\theta}\cos\theta + 1)^{1/2}$
② $e^{2\mu\theta} - 2e^{\mu\theta}\cos\theta + 1$
③ $(e^{2\mu\theta} + 2e^{\mu\theta}\cos\theta + 1)^{1/2}$
④ $e^{2\mu\theta} + 2e^{\mu\theta}\cos\theta + 1$

ANSWER 9.① 10.①

9 $\delta = \dfrac{8nPD^3}{Gd^4} = \dfrac{8nP}{8 \cdot 10^3 \cdot d} \cdot \left(\dfrac{D}{d}\right)^3 = \dfrac{8n \cdot 20}{8 \cdot 10^3 \cdot 2} \cdot 10^3 = 50[mm]$

(스프링지수 $C = D/d$)
위의 식을 만족하는 n값은 5가 된다.

10 벨트 전동에서 벨트의 장력으로 인해 베어링에 전달되는 하중(F_d)과 이완측 장력(T_s) 사이의 관계(F_d/T_s)는

$F_d = \sqrt{T_t^2 + T_s^2 - 2T_tT_s\cos\theta} = \sqrt{(e^{\mu\theta}T_s)^2 + T_s^2 - 2 \cdot e^{\mu\theta}T_s \cdot T_s\cos\theta}$

$F_d = T_s\sqrt{e^{2\mu\theta} + 1 - 2e^{\mu\theta}\cos\theta}$ 이므로, $\dfrac{F_d}{T_s} = (e^{2\mu\theta} - 2e^{\mu\theta}\cos\theta + 1)^{1/2}$ 이다.

11 그림과 같이 지름이 d인 축에 평행키가 있을 때, 중심으로부터 L만큼 떨어져 있는 레버에 작용할 수 있는 최대 힘 F는? (단, 키의 너비, 깊이, 길이는 각각 b, h, l이고 단면에 작용하는 허용전단응력은 τ_o이다)

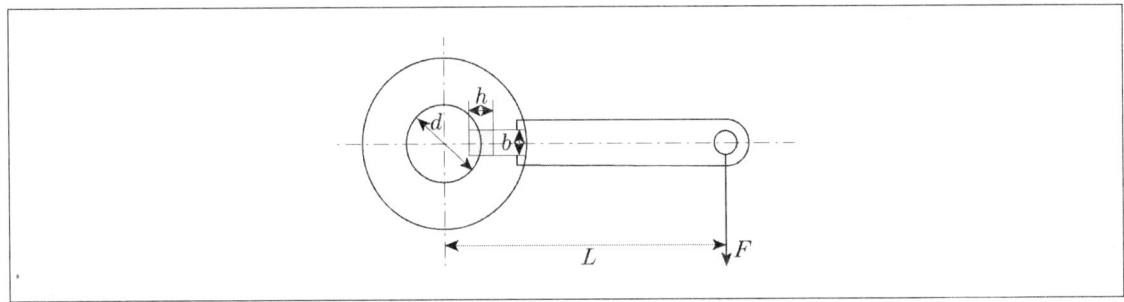

① $\dfrac{hl\tau_o d}{2L}$

② $\dfrac{bl\tau_o d}{2L}$

③ $\dfrac{\sqrt{2}\,hl\tau_o d}{L}$

④ $\dfrac{l\tau_o}{2bdL}$

12 헬리컬 기어(helical gear)의 특징으로 옳지 않은 것은?

① 이가 잇면을 따라 연속적으로 접촉하므로 이의 물림길이가 길다.
② 두 기어의 비틀림각의 방향이 반대이고 각의 크기가 서로 다를 경우, 축은 평행하지 않고 교차한다.
③ 최소 잇수가 평기어보다 적기 때문에 잇수가 적은 기어에서 사용된다.
④ 임의로 비틀림각을 선정할 수 있으나 두 기어의 중심거리를 조정할 수 없다.

ANSWER 11.② 12.④

11 $\tau_o = \dfrac{FL \cdot \dfrac{2}{d}}{bl}$ 이므로, $F = \dfrac{bl\tau_o d}{2L}$

12 헬리컬기어는 두 기어의 중심거리를 조정할 수 있다.
※ 헬리컬기어 … 기어에서 한 쌍의 이는 갑작스런 물림으로 피치와 치형에 극히 작은 오차가 있어도 고속운전 시에는 이가 충격을 일으키므로 소음과 진동이 발생하게 되어 고속운전에 부적합한 문제가 있는데 이런 문제를 해결하기 위하여 고안된 기어이다.
• 탄성변형이 적으므로 진동과 소음이 적게 발생하며, 고속운전에 적합하다.
• 평기어보다 물림길이가 길고, 물림률(접촉률)이 커서 큰 동력을 전달할 수 있다.
• 전동효율이 좋고, 축 중심거리의 조정이 가능하다.
• 이가 비틀어져 있고 축방향에 추력(thrust)이 생기므로 스러스트 베어링이 요구된다.
• 최소잇수가 평기어보다 적으므로 큰 회전비를 얻을 수 있다.

13 구멍의 공차역은 $30^{+0.025}_{+0.00}$이고, 축의 공차역은 $30^{+0.011}_{-0.005}$일 때, 이 축과 구멍의 결합에 대한 설명으로 옳은 것은?

① 최대죔새는 0.011이다.
② 최대틈새는 0.014이다.
③ 최소틈새는 0.014이다.
④ 억지 끼워맞춤이다.

14 지름이 D[mm], 허용선접촉압력이 p_o[kgf/mm], 마찰계수가 μ인 마찰차를 사용하여 N[rpm]의 회전속도로 동력 H[PS]를 전달하기 위해 필요한 마찰차의 최소 너비 b [mm]는? (단, 맞물린 두 마찰차 사이에 상대운동은 없다)

① $\dfrac{(4.5 \times 10^3)\mu H}{p_o \pi DN}$
② $\dfrac{(4.5 \times 10^6)\mu H}{p_o \pi DN}$
③ $\dfrac{(4.5 \times 10^3) H}{p_o \mu \pi DN}$
④ $\dfrac{(4.5 \times 10^6) H}{p_o \mu \pi DN}$

ANSWER 13.① 14.④

13 ① 최대죔새는 0.011 – 0.00 = 0.011이다.
② 최대틈새는 0.025 – (–0.005) = 0.030이다.
③ 최소틈새는 구멍과 축의 치수가 30으로 같을 때 0이다.
④ 실제 치수에 따라 틈새가 생길 수도 있고 죔새가 생길 수도 있으므로 중간끼워맞춤이다.
※ 틈새: 구멍의 치수가 축의 치수보다 클 때 구멍과 축과의 치수 차이이다.
※ 죔새: 구멍이 치수가 축의 치수보다 작을 때 조립 전의 구멍과 축과의 치수 차이다.
※ 헐거운 끼워맞춤: 조립하였을 때 항상 틈새가 생기는 끼워맞춤으로 구멍의 최소치수가 축의 최대치수보다 크다.
 • 최소틈새 = 구멍의 최소허용치수 – 축의 최대허용치수
 • 최대틈새 = 구멍의 최대허용치수 – 축의 최소허용치수
※ 억지끼워맞춤: 조립하였을 때 항상 죔새가 생기는 끼워맞춤으로서 축의 최소치수가 구멍의 최대치수보다 크다.
 • 최소죔새 = 축의 최소허용치수 – 구멍의 최대허용치수
 • 최대죔새 = 축의 최대허용치수 – 구멍의 최소허용치수
※ 중간끼워맞춤: 조립하였을 때 구멍, 축의 실치수에 따라 틈새 또는 죔새의 어느 것이나 되는 끼워맞춤이다.

14 지름이 D[mm], 허용선접촉압력이 p_o[kgf/mm], 마찰계수가 μ인 마찰차를 사용하여 N[rpm]의 회전속도로 동력 H[PS]를 전달하기 위해 필요한 마찰차의 최소 너비 b는 다음 공식을 만족시켜야 한다.

$\mu p_o \cdot b \cdot \dfrac{D}{2} \cdot 10^{-3} \cdot \dfrac{2\pi N}{60} \cdot \dfrac{1}{75} = \mu p_o b \cdot D \cdot 10^{-3} \cdot \dfrac{\pi N}{60 \cdot 75} = H$ 이므로,

$b = \dfrac{60 \cdot 75 \cdot H}{p_o \mu \cdot \pi DN \cdot 10^{-3}} = \dfrac{(4.5 \times 10^6)H}{p_o \mu \pi DN}$ [mm]이다.

15 태양기어 1개, 유성기어 3개인 유성기어장치에서 내접기어를 고정할 때, 태양기어에 대한 캐리어의 각속도비는? (단, 기어는 표준기어를 사용하고, 태양기어 잇수는 20개, 유성기어의 잇수는 40개이다)

① 1/4
② 1/5
③ 1/6
④ 1/8

ANSWER 15.③

15 내접기어의 잇수는 $Z_I = 20 + 2 \cdot 40 = 100$

$$\frac{N_C}{N_S} = \frac{20}{100 + 20} = \frac{1}{6}$$

※ 유성기어장치 … 서로 맞물려 회전하는 한 쌍의 기어 중에서 한 쪽 기어가 다른 쪽 기어축을 중심으로 공전할 때 공전하는 기어를 유성기어라고 하며, 중심에 있는 기어를 태양기어라고 한다. 캐리어는 암이라고도 하며 태양기어의 중심과 유성기어의 중심을 연결한다.

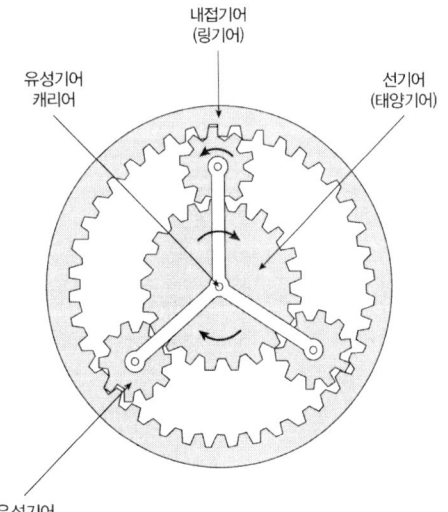

16 다음 그림과 같이 차동피니언 잇수 24개, 측면기어 잇수 36개인 차동기어 장치에서 왼쪽 측면기어의 회전속도가 40[rpm]이고, 오른쪽 측면 기어의 회전속도가 50[rpm]일 때, 차동피니언의 회전속도[rpm]는?

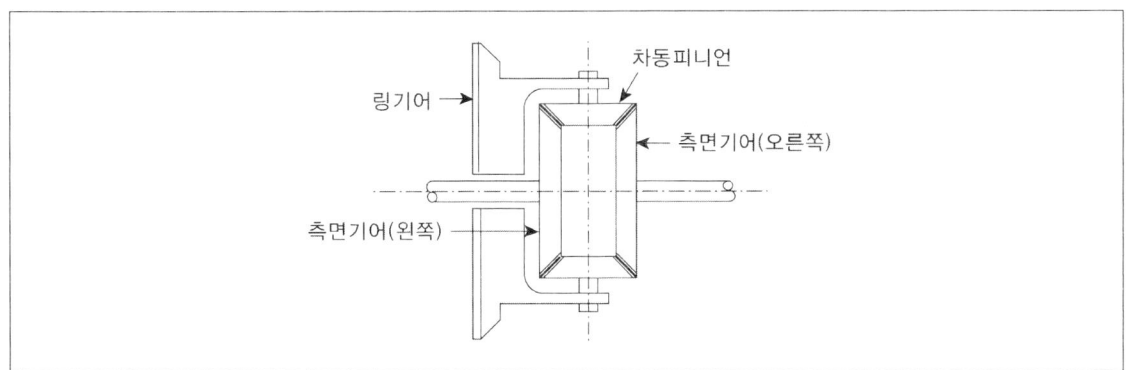

① 7.5
② 10
③ 15
④ 20

ANSWER 16.①

16 링기어의 각속도는 $w_r = \dfrac{40+50}{2} = 45[rpm]$

차동피니언의 반지름을 r_p, 오른쪽 측면기어의 반지름을 r_s라 하면 차동피니언과의 접촉점에서의 속도는 같으므로, $r_s \cdot (50-45) = r_p w_p$가 된다.

차동피니언의 각속도는 $w_p = \dfrac{|w_L - w_R|}{2} \cdot \dfrac{r_s}{r_p} = \dfrac{|w_L - w_R|}{2} \cdot \dfrac{Z_s}{Z_p}$ 이므로,

$w_p = 5 \cdot \dfrac{r_s}{r_p} = 5 \cdot \dfrac{Z_s}{Z_p} = 5 \cdot \dfrac{36}{24} = \dfrac{15}{2} = 7.5[rpm]$ 이다.

[Z_s : 차동피니언의 잇수(24), Z_p : 측면기어의 잇수(36)]

17 공작물의 표면거칠기가 다음과 같은 삼각파형으로 측정되었을 때, 해당공작물의 중심선 평균거칠기(R_a) [μm]는? (단, $d=8[\mu m]$이며 $l=80[\mu m]$이다)

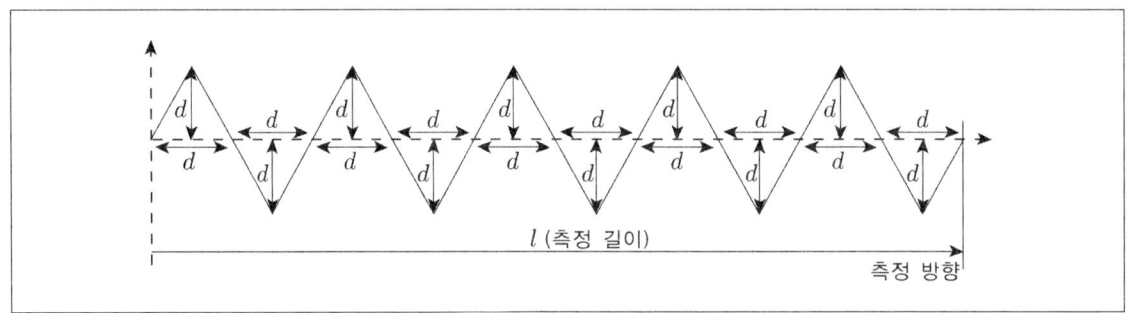

① 2
③ 6
② 4
④ 8

18 내식성, 내압성, 경제성이 우수하여 가스압송관, 광산용 양수관 등에 가장 많이 사용하는 관은?

① 강관
③ 비철금속관
② 주철관
④ 비금속관

ANSWER 17.② 18.②

17 중심선 평균거칠기(R_a) … 거칠기 곡선에서 중심선 위쪽에 있는 산 부분의 면적의 합을 S_1, 중심선 아래쪽에 있는 골 부분의 면적의 합을 S_2라 할 때 $S_1 = S_2$가 되도록 그은 선을 중심선이라 하고, 그 중심선 이하의 부분을 중심선 위로 뒤집어 올려 이들의 면적 $S_1 + S_2 = S$를 구해 측정길이 l로 나눈 값이 중심선 평균거칠기(R_a)가 된다.

$$R_a = \frac{10 \cdot \frac{d}{2}}{10d} = \frac{d}{2} = \frac{8}{2} = 4[\mu m]$$

18 관의 종류
- 주철관: 내식성, 내압성, 경제성이 우수하여 가스압송관, 광산용 양수관 등에 가장 많이 사용하는 관이다. 강관보다 무겁고 충격에 약한 단점이 있다.
- 강관: 강도가 우수하고 관의 접합과 시공이 용이하며 여러 가지 특성을 고려할 때 가격도 저렴하나 열에 의한 성질변화가 심하며 내식성이 약하며 수명이 짧은 단점이 있다.
- 동관: 내식성과 가공성이 우수하며 전기와 열전도성이 좋고 내압성이 우수하나 온도변화에 취약하며 고온상태에서는 강도저하가 급격히 일어나며 가격이 여러 가지 특성에 비해 비싼 편이다.
- 알루미늄관: 내식성과 가공성이 우수하여 공업용, 전기용 구조재로 사용되나 이질금속과의 접촉 시 부식의 우려가 있는 단점이 있다.
- PVC관: 염화비닐관으로서 이음매 없는 관의 성형이 가능하며 내약품성, 내식성, 내유성, 전기절연성이 우수하나 강도가 약한 단점이 있다.

19 바깥지름이 D, 두께가 t이며 양단이 고정되어 있는 강관이 초기온도 T_o에서 T로 가열되었을 때, 강관에 발생하는 축방향 압축력은? (단, 선열팽창계수는 α, 탄성계수는 E이다)

① $\alpha\pi E(T-T_o)(Dt-2t^2)/2$
② $\alpha\pi E(T-T_o)tD^2/4$
③ $\alpha\pi E(T-T_o)tD$
④ $\alpha\pi E(T-T_o)(tD-t^2)$

20 나선면의 마찰각이 7°, 리드각이 3°인 사각나사를 조일 때의 효율은? (단, 사각나사의 자리면 마찰을 무시하고, tan(3°)≒0.05, tan(4°)≒0.07, tan(7°)≒0.12, tan(10°)≒0.18로 근사하여 계산한다)

① $\dfrac{2}{3}$
② $\dfrac{7}{12}$
③ $\dfrac{7}{18}$
④ $\dfrac{5}{18}$

ANSWER 19.④ 20.④

19 바깥지름이 D, 두께가 t이며 양단이 고정되어 있는 강관이 초기온도 T_o에서 T로 가열되었을 때, 강관에 발생하는 축방향 압축력은 아래의 과정에 의해 $\alpha\pi E(T-T_o)(tD-t^2)$이 된다.

$\varepsilon = \alpha(T-T_o)$이므로, $\sigma = E\varepsilon = \alpha E(T-T_o)$

압축력 $F = \sigma \cdot \dfrac{\pi}{4}(D^2-(D-2t)^2) = \sigma \cdot \dfrac{\pi}{4}(4tD-4t^2) = \sigma\pi(tD-t^2)$

$F = \alpha\pi E(T-T_o)(tD-t^2)$

20 사각나사 … 나사산의 단면이 정사각형으로 축방향의 하중을 받는 운동용 나사로서 추력(thrust)을 전달시킬 수 있고 나사잭, 나사프레스, 선반의 이송나사 등에 사용된다.

• 사각나사의 효율은
$$\eta = \dfrac{\text{마찰이 없는 경우의 회전력}}{\text{마찰이 있는 경우의 회전력}} = \dfrac{pQ}{2\pi T} = \dfrac{\tan\lambda}{\tan(\lambda+\rho)}$$

• 문제에서 주어진 조건을 대입하면,
$$\eta = \dfrac{\tan\lambda}{\tan(\lambda+\rho)} = \dfrac{\tan 3°}{\tan(3°+7°)} = \dfrac{0.05}{0.18} = \dfrac{5}{18}$$

기계설계 — 2018. 5. 19. 제1회 지방직 시행

1 1줄 겹치기 리벳이음을 한 두께 10mm인 판재가 있다. 리벳 구멍지름 20mm, 리벳이음 피치 50mm일 때, 인장력을 받고 있는 판재의 효율[%]은?

① 20
② 40
③ 60
④ 80

2 롤러체인을 이용하여 동력을 전달하고자 한다. 구동 스프로킷 휠의 잇수 20개, 롤러체인의 피치 12.5mm, 롤러체인 평균속도가 3m/s일 때 구동 스프로킷 휠의 회전속도[rpm]는?

① 720
② 840
③ 960
④ 1,200

ANSWER 1.③ 2.①

1 $\eta_t = \dfrac{1\text{피치 내에 구멍이 있는 경우 강판의 인장강도}}{1\text{피치 내에 구멍이 없는 경우 강판의 인장강도}} = \dfrac{\sigma_t(p-d)t}{\sigma_t pt} = \dfrac{p-d}{p} = 1 - \dfrac{d}{p}$

(여기서 d는 리벳구멍지름, p는 리벳의 피치이다.)

판재의 효율은 $1 - \dfrac{20}{50} = \dfrac{30}{50} = 0.6$이므로 판재의 효율은 60%이다.

2 스프로킷휠: 롤러체일을 감을 수 있도록 이가 달린 바퀴

$3[m/s] = \dfrac{12.5 \cdot 20 \cdot N}{60 \cdot 1000}[m/s]$를 만족하는

$N = 720[rpm]$

3 그림과 같이 아이볼트(eye bolt)에 축방향 하중(P) 2[kN]이 작용할 때, 하중을 지지하기 위한 아이볼트의 최소 골지름(d)[mm]은? (단, 아이볼트의 허용인장응력은 80[N/mm^2]이며, 아이볼트는 골지름 단면에서 파괴된다고 가정한다)

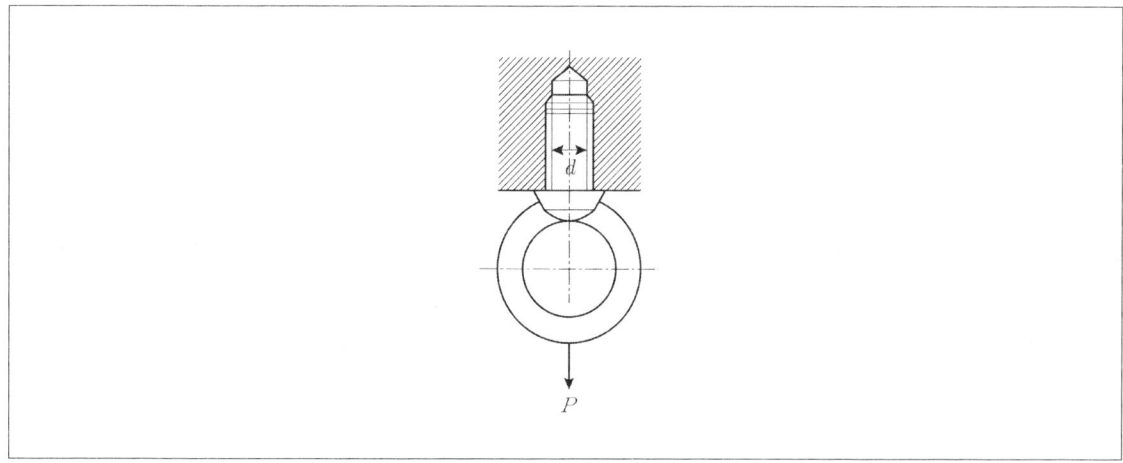

① $\sqrt{\dfrac{5}{\pi}}$

② $\sqrt{\dfrac{20}{\pi}}$

③ $\sqrt{\dfrac{50}{\pi}}$

④ $\sqrt{\dfrac{100}{\pi}}$

ANSWER 3.④

3 축하중을 받을 때 볼트의 지름을 구하는 식은 다음과 같다.

- 골지름(안지름) : $d_i = \sqrt{\dfrac{4Q}{\pi \sigma_a}}$

- 바깥지름(호칭지름) : $d_o = \sqrt{\dfrac{2Q}{\sigma_a}}$

위의 식 중 첫 번째 식을 적용하면,

$d_i = \sqrt{\dfrac{4Q}{\pi \sigma_a}} = \sqrt{\dfrac{4 \cdot 2 \cdot 1000[N]}{\pi \cdot 80[N/mm^2]}} = \sqrt{\dfrac{100}{\pi}}[mm^2]$

4 치수와 공차에 대한 설명으로 옳지 않은 것은?

① 허용한계치수는 기준치수로부터 벗어남이 허용되는 대소의 극한치수로, 최대 허용치수와 최소 허용치수를 의미한다.
② 기준치수는 호칭치수라고도 하며, 허용한계치수의 기준이 되는 치수이다.
③ 위치수 허용차는 최소 허용치수에서 기준치수를 뺀 값이다.
④ 치수공차는 최대 허용치수와 최소 허용치수의 차이이다.

5 기본 동적 부하용량 64kN인 볼베어링에 동등가하중 8kN이 작용하고 있다. 이 볼베어링을 롤러베어링으로 교체할 때, 롤러베어링의 정격수명[회전]은? (단, 교체한 롤러베어링에는 볼베어링과 같은 동등가하중이 작용하며, 롤러베어링의 기본 동적 부하용량은 볼베어링과 같다)

① $2^3 \times 10^6$
② $2^{10} \times 10^6$
③ $2^{\frac{3}{10}} \times 10^6$
④ $2^{\frac{10}{3}} \times 10^6$

ANSWER 4.③ 5.②

4 위치수 허용차는 최대허용치수에서 기준치수를 뺀 값이다.

5 베어링의 기본정격수명은 같은 베어링 여러 개를 동일 조건에서 각각 운전시켰을 때 이들 중 90[%]가 전동체인 구름이나 롤러의 손상없이 회전할 수 있는 신뢰도로 10^6회전하는 것을 기준으로 한 것이다.

따라서, 정격수명은 $L_n = \left(\dfrac{C}{P}\right)^r 10^6$ 회전이 된다.

- 볼베어링의 하중계수 $r = 3$
- 롤러베어링의 하중계수 $r = \dfrac{10}{3}$
- 롤러베어링의 정격수명은 $L_n = \left(\dfrac{64}{8}\right)^{\frac{10}{3}} 10^6 = 2^{10} \times 10^6$ 회전

- 볼베어링을 사용할 때의 수명 : $L_h = 500\left(\dfrac{C}{P}\right)^3 \cdot \dfrac{33.3}{N}$
- 롤러베어링을 사용할 때의 수명 : $L_h = 500\left(\dfrac{C}{P}\right)^{\frac{10}{3}} \cdot \dfrac{33.3}{N} = 500\left(\dfrac{64}{8}\right)^{\frac{10}{3}} \cdot \dfrac{33.3}{N}$
- 베어링의 수명시간 $L_h = 500\left(\dfrac{C}{P}\right)^r \cdot \dfrac{33.3}{N}$

C : 기본부하용량
P_{th} : 베어링 이론하중
f_w : 하중계수, N : 회전수, f_n : 속도계수, f_h : 수명계수

- 볼베어링의 하중계수 $r = 3$
- 롤러베어링의 하중계수 $r = \dfrac{10}{3}$

6 S-N 곡선(Stress versus Number of cycles curve)과 내구한도에 대한 설명으로 옳지 않은 것은?

① 실제 부품 설계를 할 때는 하중의 종류, 표면효과, 사용온도 등을 고려한 수정 내구한도를 사용한다.
② 내구한도는 어느 한계값 이하의 응력에서 무수히 많은 반복을 하여도 피로파괴가 일어나지 않는 재료의 한계응력값을 의미한다.
③ 철강과 같이 체심입방구조(BCC)를 갖는 금속은 일반적으로 명확한 내구한도를 갖는다.
④ S-N 곡선에서는 양진 반복응력의 진폭을 가로축에 표시한다.

ANSWER 6.④

6 S-N 곡선에서는 양진 반복응력의 진폭을 세로축에 표시한다.

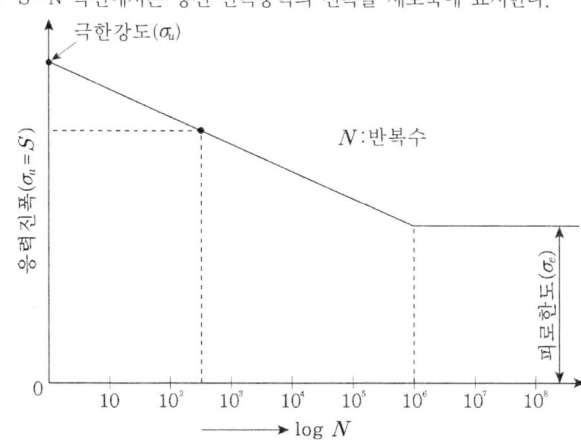

7 나사에 대한 설명으로 옳지 않은 것은?

① 미터나사는 나사산각이 60°인 미터계 삼각나사이며, 미터가는 나사는 자립성이 우수하여 풀림 방지용으로 사용한다.
② 일반적으로 삼각나사는 체결용 기계요소이고, 사각나사는 회전운동을 직선운동으로 바꾸는 운동용 기계요소이다.
③ 3/8-16 UNC는 유니파이 보통나사로 수나사의 호칭지름이 3/8인치이고 1인치당 나사산수가 16개임을 의미한다.
④ 사각나사는 다른 나사에 비해 나사효율이 낮으나 가공이 쉽다.

Answer 7.④

7 사각나사는 동력전달용으로 사용되는 나사로서 축방향의 큰 하중을 받는 곳에 사용된다. 다른 나사에 비해 나사효율이 높으나 가공이 어려우므로 높은 정밀도를 요구하는 경우에는 적합하지 않다.

※ 나사의 종류
- 삼각나사 : 체결용 나사로 많이 사용하며 미터나사와 유니파이나사(미국, 영국, 캐나다의 협정에 의해 만든 것으로 ABC나사라고도 한다.)가 있다. 미터나사의 단위는 mm, 유니파이나사의 단위는 inch이며 나사산의 각도는 모두 60°이다.
- 사각나사 : 나사산의 모양이 사각인 나사로서 삼각나사에 비하여 풀어지긴 쉬우나 저항이 적은 이점으로 동력전달용 잭, 나사프레스, 선반의 피드에 사용한다.
- 사다리꼴나사 : 애크미나사 또는 재형나사라고도 하며 사각나사보다 강력한 동력 전달용에 사용한다. (산의 각도 미터계 : 30°, 휘트워드계열 : 29°)
- 톱니나사 : 축선의 한쪽에만 힘을 받는 곳에 사용한다. 힘을 받는 면은 축에 직각이고, 받지 않는 면은 30°로 경사를 준다. 큰 하중이 한쪽 방향으로만 작용되는 경우에 적합하다.
- 둥근나사 : 너클나사, 나사산과 골이 둥글기 때문에 먼지, 모래가 끼기 쉬운 전구, 호스연결부에 사용한다.
- 볼나사 : 수나사와 암나사의 홈에 강구가 들어 있어 마찰계수가 적고 운동전달이 가볍기 때문에 NC공작기계나 자동차용 스테어링 장치에 사용한다. 볼의 구름 접촉을 통해 나사 운동을 시키는 나사이다.
- 셀라나사 : 아메리카나사 또는 US표준나사라고 한다. 나사산의 각도는 60°, 피치는 1인치에 대한 나사산의 수로 표시한다.
- 기계조립(체결용)나사 : 미터나사, 유니파이나사, 관용나사
- 동력전달용(운동용)나사 : 사각나사, 사다리꼴나사, 톱니나사, 둥근나사, 볼나사

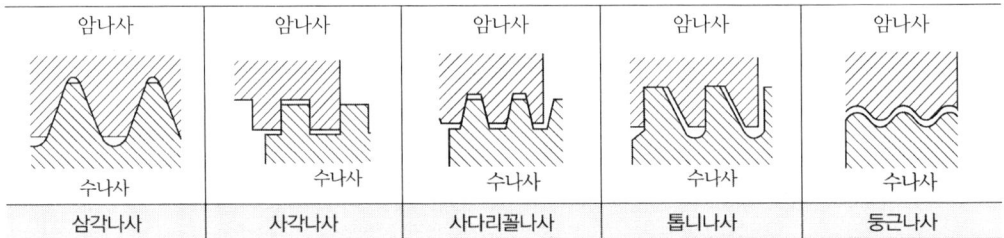

8 소선 지름 8mm인 코일스프링이 축방향 하중 100N을 받아 20mm의 처짐이 발생하였다. 코일스프링의 스프링지수가 4, 전단탄성계수가 8GPa일 때, 이 스프링의 유효감김수는? (단, 처짐은 코일의 비틀림모멘트에 의해서만 발생하는 것으로 가정한다.)

① 20　　　　　　　　　　　② 25
③ 30　　　　　　　　　　　④ 35

ANSWER 8.②

8 코일스프링의 처짐량 $\delta = \dfrac{8nPD^3}{Gd^4}$

δ : 코일스프링의 처짐량
n : 유효 감김수
P : 작용하중
D : 코일스프링의 평균지름
d : 소선의 직경
G : 전단탄성계수

스프링지수 $C = \dfrac{D(코일의\ 평균지름)}{d(소선의\ 지름)} = \dfrac{D}{8[mm]} = 4$

코일의 평균지름 $D = 32[mm]$

유효감김수는 $n = \dfrac{\delta \cdot G \cdot d}{8P \cdot 4^3} = \dfrac{20 \cdot 8 \cdot 8}{8 \cdot 0.1 \cdot 4^3} = 25$

(하중을 0.1로 한 이유는 GPa단위를 기준으로 환산했기 때문이다.)

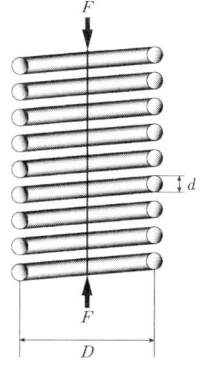

D : 평균지름
d : 소선의 지름

9 피치면이 원추(cone) 형태이면서, 같은 평면 상의 평행하지 않은 두 축을 연결하기 위해 사용하는 기어는?

① 베벨 기어
② 헬리컬 기어
③ 스퍼 기어
④ 나사 기어

ANSWER 9.①

9 베벨기어(bevel gear) : 피치면이 원추(cone) 형태이면서, 같은 평면 상의 평행하지 않은 두 축을 연결하기 위해 사용하는 기어 이로서 동력을 전달할 때 이용하는 원추형의 기어이다. 기어선의 상태에 따라 직선 베벨기어, 스파이럴 베벨기어, 나선형 베벨기어 등이 있다.

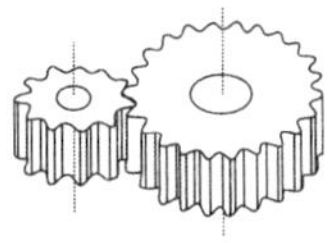 평 기어	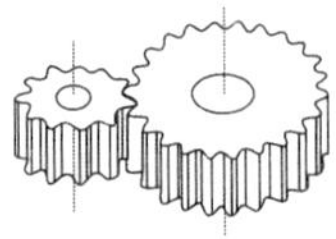 헬리컬 기어	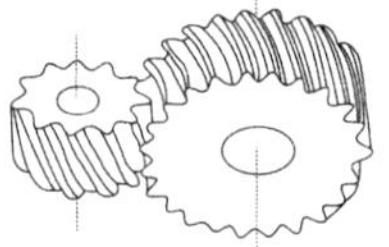 나사 기어
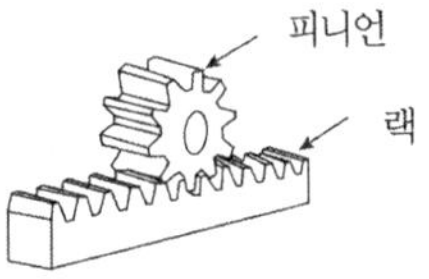 랙과 피니언 기어	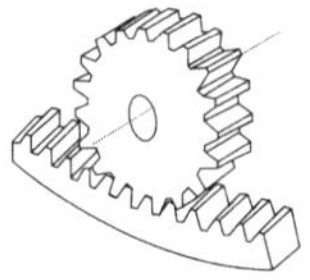 내접 기어	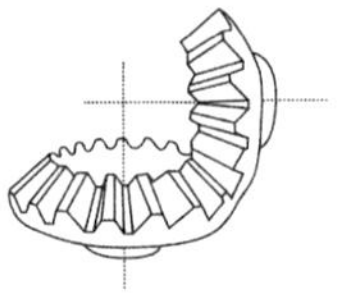 직선 베벨 기어
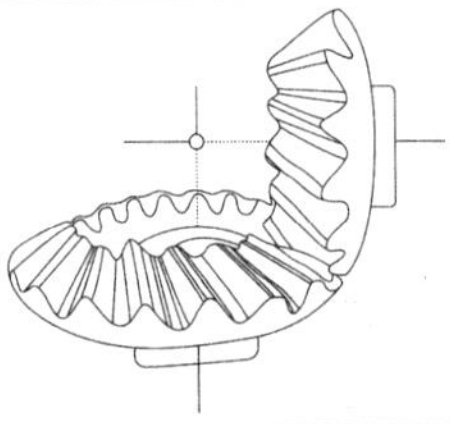 헬리컬 베벨 기어	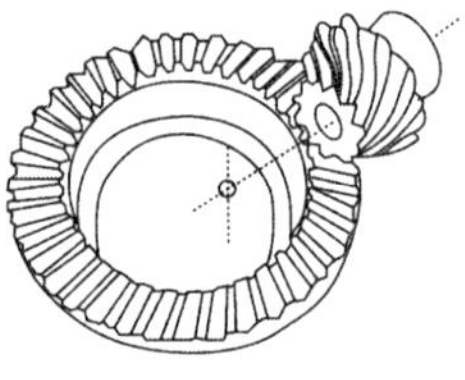 스파이럴 베벨 기어	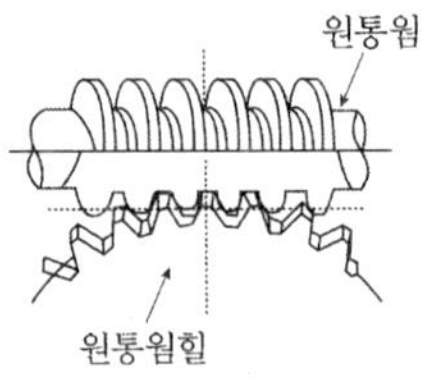 원통 웜기어
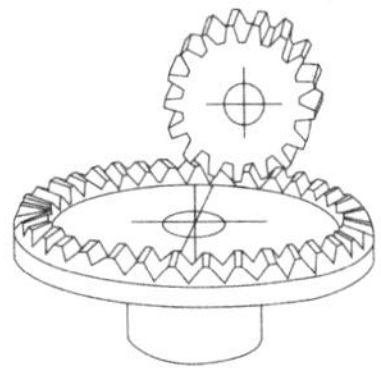 헬리컬 크라운 기어	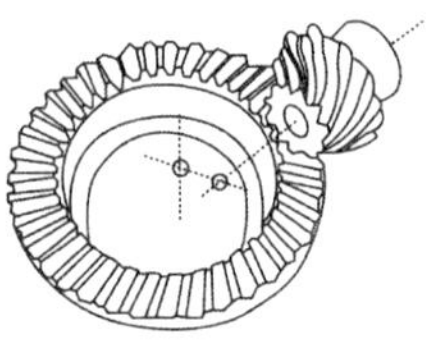 하이포이드 베벨 기어	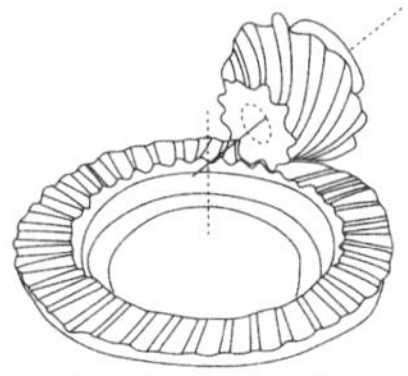 제롤 베벨 기어

10 그림과 같이 유니버설 조인트 2개 사이에 중간축을 삽입하여 회전을 전달하고 있다. 한 쪽의 교차각 α_1과 다른 쪽의 교차각 α_2가 같을 때, 각속도비($\left|\dfrac{w_1}{w_2}\right|$)에 대한 설명으로 옳은 것은? (단, α_1과 α_2는 30° 이하이고, 그림의 모든 축은 동일 평면 상에 있다)

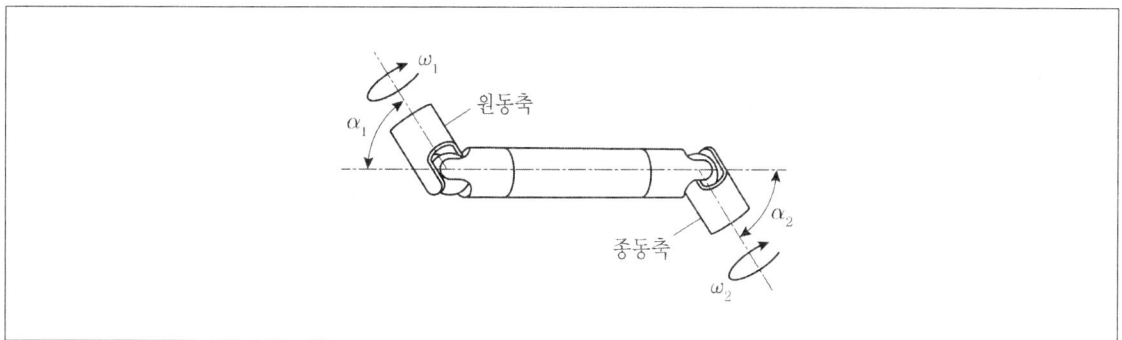

① $\left|\dfrac{w_1}{w_2}\right| < 1$

② $\left|\dfrac{w_1}{w_2}\right| = 1$

③ $\left|\dfrac{w_1}{w_2}\right| > 1$

④ 원동축의 회전각 증가에 따라 $\left|\dfrac{w_1}{w_2}\right|$ 은 증가했다가 감소한다.

ANSWER 10.②

10 문제의 주어진 조건에 따르면 원동축과 종동축의 각속도의 크기가 동일해야 하므로 $\left|\dfrac{w_1}{w_2}\right| = 1$ 이 성립한다.

11 미끄럼베어링에 요구되는 재료 특성으로 옳지 않은 것은?

① 내식성이 커야 한다.
② 열전도율이 높아야 한다.
③ 마찰계수가 작아야 한다.
④ 마모가 적고 피로강도가 낮아야 한다.

12 마찰이 없는 양단지지형 겹판스프링에 하중이 작용하여 최대 처짐 δ_{max}가 발생하였다. 이 겹판스프링에서 판의 두께만 2배로 증가시킬 때 최대 처짐은?

① $\frac{1}{2}\delta_{max}$
② $\frac{1}{4}\delta_{max}$
③ $\frac{1}{8}\delta_{max}$
④ $\frac{1}{16}\delta_{max}$

Answer 11.④ 12.③

11 미끄럼베어링은 피로강도가 높아야 한다.
미끄럼베어링 : 저널 부분과 베어링이 미끄럼 접촉을 하는 것으로 슬라이딩 베어링이라고도 한다.
※ 미끄럼베어링(슬라이딩 베어링)의 요구조건
- 축의 재료보다 연하면서 마모에 견딜 것
- 축과의 마찰계수가 작을 것
- 내식성이 클 것
- 마찰열의 발산이 잘 되도록 열전도가 좋을 것
- 가공성이 좋으며 유지 및 수리가 쉬울 것

12 마찰이 없는 양단지지형 겹판스프링의 최대처짐은 $\delta_{max} = \frac{3Pl^3}{8nbh^3E}$이며 여기서 두께만 2배를 증가시키게 될 경우 처짐은 $\delta_{max2} = \frac{3Pl^3}{8nb(2h)^3E}$ 이 되므로, 처짐은 1/8이 된다.

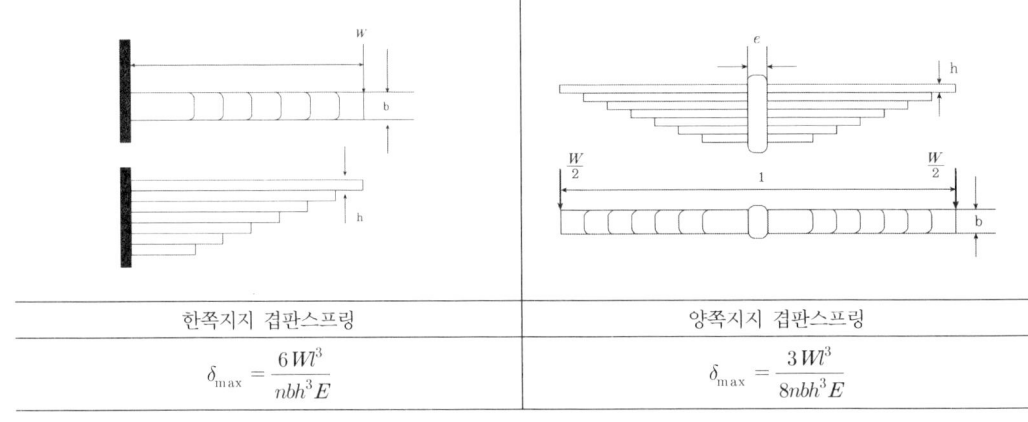

한쪽지지 겹판스프링	양쪽지지 겹판스프링
$\delta_{max} = \frac{6Wl^3}{nbh^3E}$	$\delta_{max} = \frac{3Wl^3}{8nbh^3E}$

13 평벨트 전동장치에서 벨트 속도 v[m/s], 긴장측 장력 T_t[N], 마찰계수 μ, 벨트 접촉각 θ[rad]가 주어졌을 때, 최대 전달동력[kW]은? (단, 벨트의 원심력은 무시한다)

① $\dfrac{T_t v}{1000}\left(\dfrac{e^{\mu\theta}}{1-e^{\mu\theta}}\right)$

② $\dfrac{T_t v}{1000}\left(\dfrac{1-e^{\mu\theta}}{e^{\mu\theta}}\right)$

③ $\dfrac{T_t v}{1000}\left(\dfrac{e^{\mu\theta}-1}{e^{\mu\theta}}\right)$

④ $\dfrac{T_t v}{1000}\left(\dfrac{e^{\mu\theta}}{e^{\mu\theta}-1}\right)$

14 브레이크에 대한 설명으로 옳지 않은 것은?

① 밴드 브레이크는 레버 조작력이 동일해도 드럼 회전방향에 따라 제동력이 달라진다.
② 복식 블록 브레이크를 축에 대칭으로 설치하면 축에는 굽힘모멘트가 작용하지 않는다.
③ 블록 브레이크의 냉각이 원활하지 못한 경우에는 브레이크 용량(brake capacity)을 작게 해야 한다.
④ 내부확장식 브레이크에서 브레이크 블록을 확장하는 힘이 동일하면 두 접촉면에 작용하는 수직력의 크기가 동일하다.

ANSWER 13.③ 14.④

13 문제에서 주어진 조건에 대한 식은

SI단위를 기준으로 하면 $\dfrac{T_t v}{1000}\left(\dfrac{e^{\mu\theta}-1}{e^{\mu\theta}}\right)$[kW]이 된다.

14 ⊙ 외부수축식 브레이크 : 브레이크 밴드로 드럼을 죄어 제동력을 발생시키는 브레이크이다.
  ⓒ 내부확장식 브레이크 : 브레이크 슈를 확장시켜 드럼에 압착하여 제동력을 발생시키는 브레이크이다.

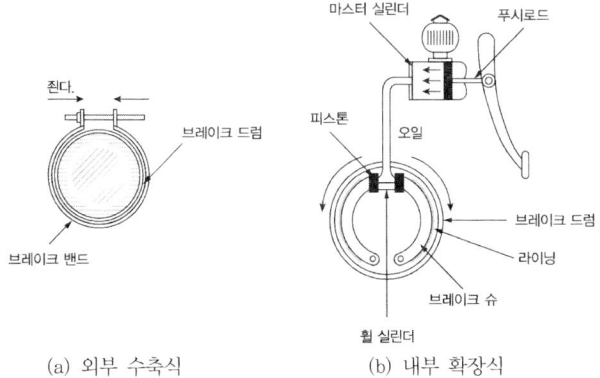

(a) 외부 수축식   (b) 내부 확장식

15 다음 그림과 같이 축지름 20mm, 회전속도 100rpm인 전동축이 동력 5kW를 전달하고 있다. 이 전동축에 폭(b)과 높이(h)는 서로 같고 길이(l) 50mm, 허용전단응력 100MPa, 허용압축응력 200MPa인 보통형 평행키가 사용될 때 보통형 평행키의 최소 폭(b)[mm]은? (단, 평행키의 허용전단응력과 허용압축응력을 모두 고려하고, π는 3으로 계산하라)

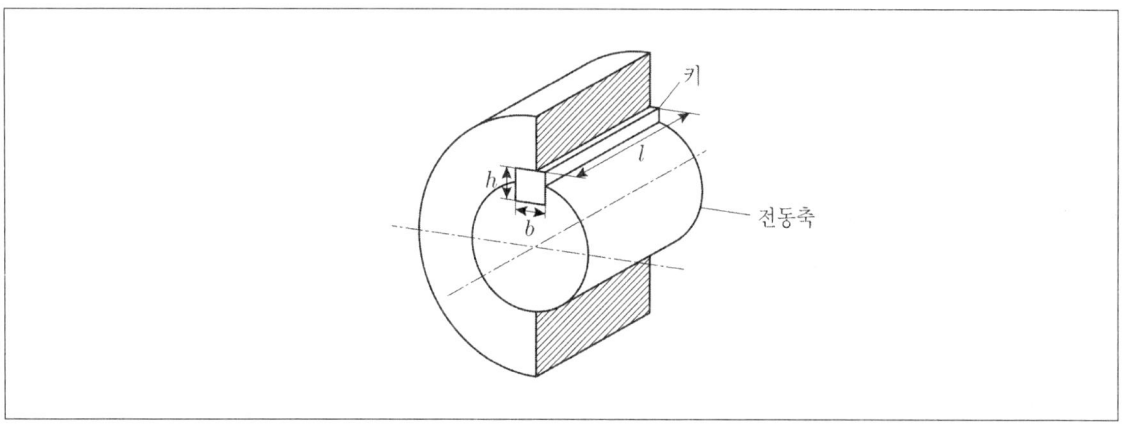

① 5
② 10
③ 20
④ 30

ANSWER 15.②

15
• 토크의 크기 $T = \dfrac{5 \cdot 10^3}{\dfrac{2\pi \cdot 100}{60}} = \dfrac{5 \cdot 10^3}{\dfrac{2 \cdot 3 \cdot 100}{60}} = 500[N \cdot m]$

• 접선력의 크기 $F = T \cdot \dfrac{2}{d} = 500 \cdot 10^3 \cdot \dfrac{2}{20} = 5 \cdot 10^4 [N]$

키에 작용하는 전단응력 $\tau = \dfrac{F}{A} = \dfrac{F}{b \cdot l} = \dfrac{5 \cdot 10^4}{b \cdot 50} = 100$이 성립해야 하므로 $b = 10[mm]$가 된다.

16 두께 6mm, 바깥지름 400mm인 두께가 얇은 원통형 압력용기의 최대 허용내압[MPa]은? (단, 압력용기 재료의 허용인장응력 100MPa, 이음효율 80%, 부식 여유 1mm이다)

① 1
② 2
③ $\dfrac{100}{97}$
④ $\dfrac{200}{97}$

17 밸브에 대한 설명으로 옳지 않은 것은?

① 스톱밸브(stop valve)는 밸브의 개폐가 빠르고 값이 싸다.
② 글로브밸브(glove valve)는 유체의 흐름이 S자 모양이 되므로 유체흐름 저항이 크다.
③ 게이트밸브(gate valve)는 밸브 디스크가 유체의 관로를 수평으로 막아서 개폐한다.
④ 콕(cock)은 구조가 간단하나 기밀성이 나쁘다.

ANSWER 16.④ 17.③

16 원주방향의 응력이 축방향의 응력보다 더 크므로 원통의 압력용기 설계 시는 원주방향의 응력을 우선적으로 검토해야 한다.
압력용기의 두께 $t=6 \geq \dfrac{PDS}{2\sigma_n \eta}+C=\dfrac{P \cdot 388 \cdot 1.0}{2 \cdot 100 \cdot 0.8}+1$이므로 이를 만족하는 최대 $P=\dfrac{200}{97}$

17 슬루스밸브(sluice valve)는 게이트밸브(gate valve)라고도 하며 밸브디스크가 유체의 관로를 수직으로 막아서 개폐하고 유체의 흐름이 일직선을 이루는 밸브이다. (참고 : sluice는 "수문"이라는 뜻을 갖는다.)

※ 밸브의 종류
- 나비형밸브 : 조름밸브라고도 하며 평면밸브의 흐름과 직각인 방향으로 회전시켜 유량을 조절한다.
- 스톱밸브 : 관로의 내부나 용기에 설치히어 유동하는 유체이 유량과 압력을 제어하는 밸브로서 밸브 디스크가 밸브대에 의하여 밸브시트에 직각방향으로 작동한다. (글로브밸브, 슬루스밸브, 앵글밸브, 니들밸브 등이 있다.)
- 글로브밸브 : 공모양의 밸브몸통을 가지며 입구와 출구의 중심선이 같은 일직선상에 있으며 유체의 흐름이 S자 모양으로 되는 밸브이다.
- 슬루스밸브 : 압력이 높은 유로 차단용의 밸브이다. 밸브 본체가 흐름에 직각으로 놓여 있어 밸브 시트에 대해 미끄럼 운동을 하면서 개폐하는 형식의 밸브이다.
- 역류방지밸브(체크밸브) : 유체를 한 방향으로만 흐르게 해, 역류를 방지하는 밸브. 체크 밸브라고도 한다.
- 게이트밸브 : 배관 도중에 설치하여 유로의 차단에 사용한다. 변체가 흐르는 방향에 대하여 직각으로 이동하여 유로를 개폐한다. 부분적으로 개폐되는 경우 유체의 흐름에 와류가 발생하여 내부에 먼지가 쌓이기 쉽다.
- 이스케프밸브 : 관내의 유압이 규정 이상이 되면 자동적으로 작동하여 유체를 밖으로 흘리기도 하고 원래대로 되돌리기도 하는 밸브이다.
- 버터플라이 밸브 : 밸브의 몸통 안에서 밸브대를 축으로 하여 원판 모양의 밸브 디스크가 회전하면서 관을 개폐하여 관로의 열림각도기 변화하여 유량이 조절된다.
- 콕 : 저압으로 작은 지름의 관로 개폐용의 밸브로 조작이 간단하다.

18 다음 설명에 해당하는 지그는?

- 고정 장치가 없어 별도의 핀으로 위치를 잡아준다.
- 일감의 특정한 부분의 모양에 맞추어 작업할 수 있도록 만들어진다.
- 부시를 사용하지 않을 때에는 지그판 전체를 열처리하여 경화시킨 후 사용한다.
- 정밀도 향상보다는 빠른 작업 속도와 노동력 절감을 위하여 사용되므로 비교적 제작비용이 적게 든다.

① 형판 지그(template jig)
② 평판 지그(plate jig)
③ 박스 지그(box jig)
④ 앵글판 지그(angle plate jig)

Answer 18.①

18 형판 지그(template jig)에 대한 설명이다.
※ 지그(jig) … 공작물을 부착 또는 공작물에 부착되어 가공부분의 위치를 정하고 동시에 가공을 안내하는 특수공구를 말한다.
- ㉠ 형판지그(template jig) : 생산속도보다는 제품의 정밀도가 더 요구가 될 때 사용하며 공작물의 윗부분 또는 내부에 끼워 작업을 하며 일반적으로 고정하지 않고 사용한다.
- ㉡ 평판지그(plate jig) : 템플릿에 클램프를 장착한 것으로서 지그본체에 위치결정핀과 클램핑기구를 갖고 있으며, 공작물의 수량에 따라 부시를 사용할 수도 있다. 구멍을 정확하게 뚫는 데 사용된다.
- ㉢ 박스지그(box jig) : 복잡한 가공물에 구멍을 뚫을 때 이용되며, 드릴링에서 다량생산할 때 주로 사용한다. 공작물의 전체면이 지그로 둘러싸인 것으로서 공작물을 한 번 고정하면 지그를 회전시켜 가면서 전면을 가공할 수 있다.
- ㉣ 앵글판지그(angle plate jig) : 설치된 위치결정구에 대해 직각이 되는 방향으로 공작물을 고정할 때 사용하는 지그로서 풀리, 칼라, 기어 등의 가공에 적합하다.
- ㉤ 테이블지그(table jig) : 대형공작물을 가공할 때 플레이트지그에 다리를 붙여서 공작기계의 테이블로부터 높이 띄워 놓고 작업을 하는데 이런 형태의 지그를 말한다.
- ㉥ 채널지그(channel jig) : 박스지그 중에서 가장 간단한 형태의 지그로서 공작물을 지그의 2면 사이에 고정시켜 가공한다.
- ㉦ 다단지그(multistation jig) : 모든 형태의 지그로 구성될 수 있으며 주로 다축공작기계에서 사용되나 단축기계에서도 사용이 가능하다.
- ㉧ 분할지그(indexing jig) : 공작물을 정확한 간격으로 구멍을 뚫거나 다른 기계가공을 하는 데 사용되며 이 때 분할의 기준으로서 공작물 자체 또는 플런저를 사용한다.
- ㉨ 리프지그(leaf jig) : 샌드위치지그의 두 지그판을 힌지로 연결하여 쉽게 열고 닫음으로써 공작물의 착달을 용이하게 한 지그이다. 클램핑력이 약하여 소형공작물 가공에 적합하다.
- ㉩ 트러니언지그(trunnion jig) : 로터리지그의 일종으로서 대형공작물이나 불규칙한 형상의 공작물가공에 사용된다.
- ㉪ 샌드위치지그(sandwich jig) : 받침판이 있는 플레이트지그로서 휘거나 뒤틀리기 쉬운 얇은 공작물 또는 연결재료의 공작물을 가공할 때 사용된다.

19 다음 그림과 같이 태양기어(S), 캐리어(C), 내접기어(R), 유성피니언(P)으로 구성된 유성기어장치가 있다. 태양기어는 고정기어이며, 내접기어가 150rpm의 속도로 회전할 때, 캐리어의 회전속도[rpm]는? (단, 태양기어 잇수 30개, 유성피니언 잇수 15개, 내접기어 잇수 60개)

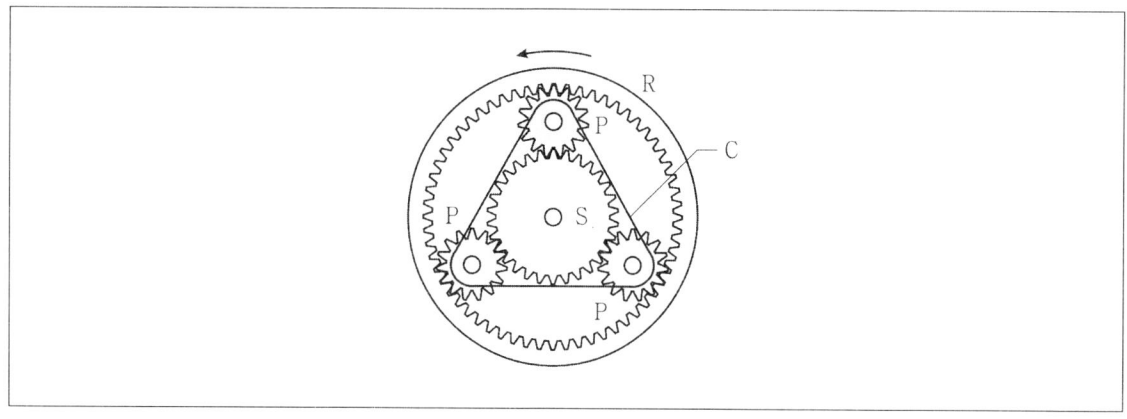

① 50
② 100
③ 150
④ 225

ANSWER 19.②

19 문제에서 주어진 조건의 경우, 내접기어의 회전속도는 캐리어의 회전속도의 $1 + \frac{Z_S}{Z_I} = 1 + \frac{30}{60} = 1.5$배가 되므로, 내접기어의 회전속도가 150[rpm]이므로 캐리어의 회전속도는 100[rpm]이 된다.

20 동력전달 요소들에 대한 설명으로 옳지 않은 것은?

① 웜과 웜기어는 작은 공간에서 큰 감속비를 얻을 수 있다.
② 마찰차는 미끄럼이 발생하기 때문에 정확한 속도비를 전달할 수 없다.
③ 동력을 전달하는 두 축 사이의 거리가 먼 경우에는 벨트나 체인을 사용한다.
④ V벨트는 평벨트에 비해 접촉 면적이 좁아 큰 장력으로 작은 동력을 전달한다.

ANSWER 20.④

20 평벨트에 비해 V벨트는 풀리와의 접촉 면적이 크다. V벨트는 큰 속도비로 운전이 가능하고, 작은 인장력으로 큰 회전력을 전달하며, 마찰력이 크고, 미끄럼이 적어 조용하며, 벨트가 벗겨질 염려가 적다.

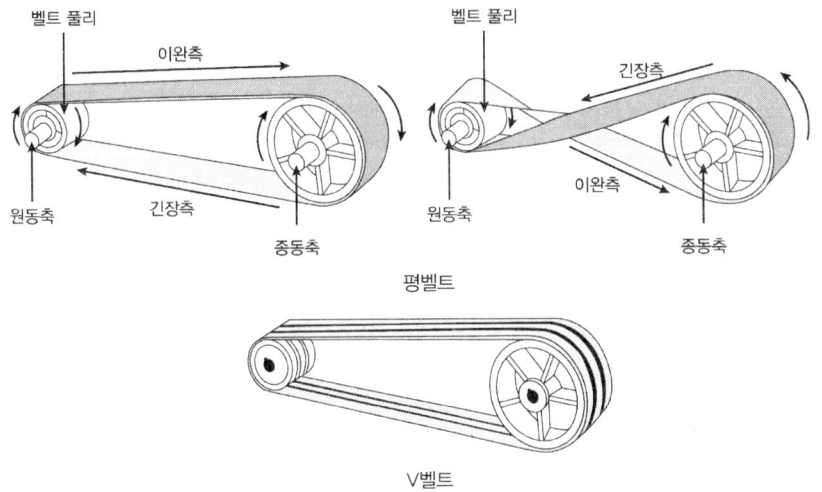

기계설계 2018. 6. 23. 제2회 서울특별시 시행

1 지름 d, 길이 l, 단면 2차 모멘트 I인 연강축의 양쪽 끝이 단순지지되어 있고, 축의 중앙에 집중하중 P가 작용하고 있을 때 자중을 고려한 축의 위험속도를 구하고자 할 때 가장 옳지 않은 것은? (단, 연강의 세로탄성계수는 E, 단위길이에 대한 무게는 w, 중력가속도는 g이다.)

① 축의 자중에 의한 최대 처짐량 $\delta_o = \dfrac{5wl^4}{384EI}$ [mm]

② 집중하중에 의한 축의 중앙점에서의 처짐량 $\delta = \dfrac{Pl^3}{48EI}$ [mm]

③ 자중에 의한 위험 속도 $N_o = \dfrac{1}{\pi}\sqrt{\dfrac{g}{\delta_o}}$ [rpm]

④ 축의 위험속도 $N_c = \sqrt{\dfrac{(N_o \cdot N)^2}{N_o^2 + N^2}}$ [rpm] (N은 집중하중에 의한 축의 위험속도)

2 3[m/s]로 8PS를 전달하는 벨트 전동장치에서 필요한 벨트의 유효장력[kg$_f$]은?

① 150
② 200
③ 250
④ 300

ANSWER 1.③ 2.②

1 자중에 의한 위험 속도 $N_o = \dfrac{30}{\pi}\sqrt{\dfrac{g}{\delta_o}}$ [rpm]

2 유효장력의 단위가 [kg$_f$]이며, 전달동의 단위가 [PS]단위가 사용되었으므로 다음의 식을 적용해야 한다. (T_e는 유효장력)

$H = \dfrac{T_e \cdot v}{75} = \dfrac{T_e \cdot 3}{75} = 8[PS]$ 이므로, $T_e = \dfrac{8 \cdot 75}{3} = 200[kg_f]$

※ 전달동력의 단위가 [kW]로 주어진 경우 $H = \dfrac{T_e \cdot v}{102}[kW]$을 적용해야 한다.

3 동일 평면 내에서 원동차와 종동차가 교차하여 동력을 전달하는 외접 원추마찰차에서 회전속도비가 $i = \dfrac{w_2}{w_1}$으로 정의될 때, 두 축이 이루는 축각이 $\delta_s = \delta_1 + \delta_2$인 경우 옳은 것을 〈보기〉에서 모두 고른 것은?

구분	평균지름[mm]	각속도[rad/s]	원추각[deg., 꼭지각의 $\dfrac{1}{2}$]
원동차	D_1	w_1	δ_1
종동차	D_2	w_2	δ_2

〈보기〉

㉠ 원동차의 원추각 $\tan\delta_1 = \dfrac{\sin\delta_s}{\cos\delta_s + \dfrac{1}{i}}$ 이다.

㉡ 회전속도비 $i = \dfrac{D_1}{D_2} = \dfrac{\sin\delta_1}{\sin\delta_2}$ 이다.

㉢ $\delta_s = \delta_1 + \delta_2 = 90°$ 일 경우 회전속도비 $i = \tan\delta_1 = \dfrac{1}{\tan\delta_2}$ 이다.

① ㉠, ㉡
② ㉠, ㉢
③ ㉡, ㉢
④ ㉠, ㉡, ㉢

Answer 3.④

3 동일 평면 내에서 원동차와 종동차가 교차하여 동력을 전달하는 외접 원추마찰차에서 회전속도비가 $i = \dfrac{w_2}{w_1}$으로 정의될 때, 두 축이 이루는 축각이 $\delta_s = \delta_1 + \delta_2$이면,

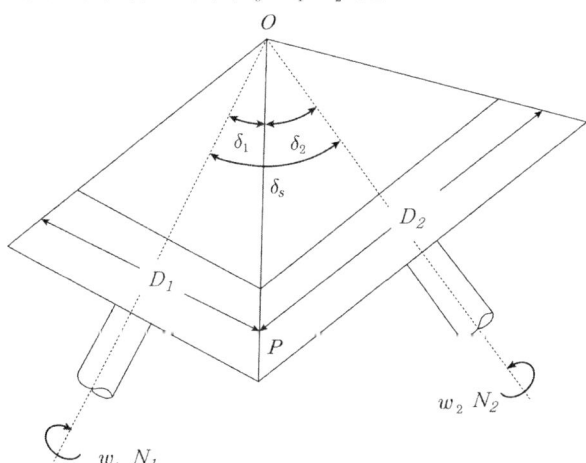

원동차의 원추각은 $\tan\delta_1 = \dfrac{\sin\delta_s}{\cos\delta_s + \dfrac{1}{i}}$이다.

회전속도비 $i = \dfrac{w_2}{w_1} = \dfrac{N_2}{N_1} = \dfrac{D_1}{D_2} = \dfrac{2\overline{OP}\sin\delta_1}{2\overline{OP}\sin\delta_2} = \dfrac{\sin\delta_1}{\sin\delta_2}$가 된다.

축각 $\delta_s = \delta_1 + \delta_2 = 90^o$일 경우 회전속도비는 $i = \tan\delta_1 = \dfrac{N_2}{N_1}$이고, $\tan\delta_2 = \dfrac{1}{i} = \dfrac{N_1}{N_2}$이므로,

$i = \tan\delta_1 = \dfrac{1}{\tan\delta_2}$이다.

4 서로 맞물리는 기어의 두 축이 만나지도 평행하지도 않는 기어의 종류에 해당하는 것은?

① 스퍼 기어
② 베벨 기어
③ 헬리컬 기어
④ 웜 기어

Answer 4.④

4 웜 기어는 두 축이 만나지도 평행하지도 않는 기어이다.

※ 기어의 종류

(1) 두 축이 서로 평행한 경우
- 스퍼기어(평기어) : 두 축이 평행한 기어로서 치형이 직선이며 잇줄이 축에 평행하므로 기어의 제작이 용이하며 가장 널리 사용되는 기어이다.
- 랙과 피니언 : 랙은 원통기어의 반지름을 무한대로 한 것으로 피니언의 회전에 대하여 랙은 직선운동을 한다.
- 내접기어 : 원통 또는 원추의 안쪽에 이가 만들어져 있는 기어이다. 내접기어와 맞물려 돌아가는 안쪽의 작은 기어는 서로 회전방향이 같으며 감속비가 크다.
- 헬리컬기어 : 잇줄이 축방향에 대해 경사져 있는 기어로 맞물리는 기어의 잇줄방향은 서로 반대를 이룬다. 이의 물림이 우수하며 큰 하중을 지지할 수 있고 소음이 적으나 축방향의 하중이 발생하게 되는 문제가 있으며 평기어보다 제작이 어렵다. 나선각을 크게 해야 물림률이 높아진다.

(2) 두 축이 만나는 경우
- 베벨기어 : 원뿔 모양으로서 서로 직각·둔각 등으로 만나는 두 축으로 구성된 기어이다. 기어선의 상태에 따라 직선베벨기어, 스파이럴 베벨기어, 나선형 베벨기어 등이 있다.
- 마이터기어 : 잇수가 서로 같은 한 쌍의 원추형 기어로서 직각인 두 축 간에 동력을 전달하는 기어로 베벨기어의 일종이다.
- 크라운기어 : 피치면이 평면인 베벨기어이다.

(3) 두 축이 평행하지도 만나지도 않는 경우(어긋나는 경우)
- 웜기어 : 웜과 이와 물리는 웜휠로 구성된 기어로서 큰 감속비를 얻을 수 있다. 웜과 웜휠의 축은 서로 직각을 이룬다.
- 하이포이드기어 : 베벨기어의 축을 엇갈리게 한 것으로서 자동차의 차동기어장치의 감속기어로 사용된다.
- 나사기어 : 비틀림각이 다른 헬리컬기어의 조합으로서 평행하지도 않고 교차하지도 않는 두 축 사이의 운동을 전달하는 기어이다.
- 스큐기어 : 교차하지 않고 또한 평행하지도 않는 교차축 간의 운동을 전달하는 기어이다. (skew는 비스듬히 움직인다는 의미이다.)

ANSWER

평기어(스퍼기어)	내접기어	헬리컬기어
랙과 피니언기어 (피니언, 랙)	베벨기어	크라운기어
웜기어 (원통웜, 원통웜휠)	하이포이드기어	나사기어

5 다판 클러치에서 접촉면 안지름이 100[mm], 바깥지름이 300[mm], 접촉면압이 0.01[kgf/mm²]인 경우 60,000kgf · mm의 토크를 전달하기 위한 접촉면수는? (단, 마찰계수는 0.2이고 π=3으로 한다.)

① 2
② 3
③ 4
④ 5

6 400rpm으로 회전하는 축으로부터 3,000N의 하중을 받는 끝저널 베어링에서 압력속도계수가 pv =0.2[N/mm² · m/s]일 때 저널의 길이[mm]는?

① 100π
② 120π
③ 150π
④ 190π

7 〈보기〉와 같이 용접 사이즈(치수)가 f[mm], 용접부의 길이가 l[mm], 인장 하중이 F[N]인 전면 필릿 용접에서 발생하는 전단응력을 τ_1[N/mm²]이라 할 때, 동일한 조건에서 용접사이즈 f와 길이 l을 각각 두 배로 할 때 발생하는 전단응력 τ_2[N/mm²]와의 비($\frac{\tau_2}{\tau_1}$)는?

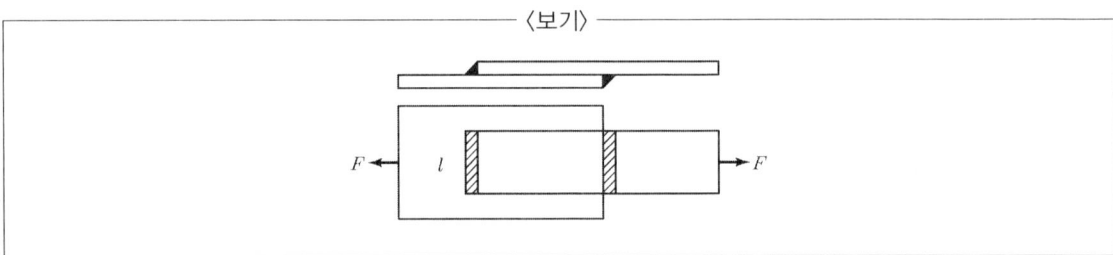

① $\frac{1}{4}$
② $\frac{1}{2}$
③ 1
④ 2

ANSWER 5.④ 6.① 7.①

5 다판클러치는 마찰원판의 수가 2개 이상인 클러치이다.
다판클러치의 접촉면의 수가 Z이면,
$q = \frac{2T}{\mu\pi D_m^2 bZ} = \frac{2 \cdot 60000}{0.2 \cdot 3 \cdot 200^2 \cdot 100 \cdot Z} = 0.01$에 주어진 조건을 대입하면 접촉면수 $Z=5$

6 $l = \frac{\pi PN}{60000 pv} = \frac{\pi \cdot 3000 \cdot 400}{60000 \cdot 0.2} = 100\pi [mm]$

7 전단응력은 $\tau = \frac{F}{A} = \frac{F}{f \cdot l}$이므로 용접사이즈 f와 길이 l을 각각 두 배로 할 때 발생하는 전단응력은 1/4배가 된다.

8 유량 3[m³/s], 유속 4[m/s]인 액체 수송관의 안지름[m]은? (단, π=3으로 계산한다.)

① 0.5
② 0.75
③ 1.0
④ 1.25

9 판재의 인장강도가 200MPa이고 두께가 11mm인 강판과, 전단강도가 150MPa인 리벳을 이용하여 안지름이 2m인 보일러용기를 양쪽덮개판 2줄 맞대기 리벳이음으로 제작하려고 한다. 보일러의 허용 내부압력은? (단, 안전계수 S는 5이고 부식상수 C는 1mm이며, 강판효율은 0.732, 리벳효율은 0.60이다.)

① 0.24kPa
② 0.24MPa
③ 0.29kPa
④ 0.29MPa

10 스프로킷 휠의 피치가 30mm, 잇수가 48개, 200rpm으로 회전하는 원동축 체인의 평균속도[m/s]는?

① 2.4
② 4.8
③ 6.2
④ 8.6

ANSWER 8.③ 9.② 10.②

8 $Q = AV$ 이므로, $3 = 4A$. 따라서 $A = \dfrac{3}{4} = \dfrac{\pi d^2}{4}$

따라서 액체수송관의 안지름은 1.0[m]가 된다.

9 리벳이음의 효율은 강판의 효율과 리벳의 효율 중 재료의 강도를 고려하여 두 값 중 작은 값을 적용한다. 리벳효율이 더 작은 값이므로 문제에서 주어진 조건을 다음 식에 대입하면,

$$t \geq \dfrac{pd}{2\sigma_a \eta} + C = \dfrac{p \cdot 2000}{2 \cdot \dfrac{200}{5} \cdot 0.6} + 1 = 11$$

이 식을 만족하는 $p \leq 0.24[MPa]$

따라서 보일러의 허용내부압력은 0.24[MPa]가 된다.

10 $v = \dfrac{pZN}{60 \cdot 1000} = \dfrac{30 \cdot 48 \cdot 200}{60 \cdot 1000} = 4.8[m/s]$

11 회전력과 접선속도로부터 동력을 구할 때 사용하는 수식들로 가장 옳지 않은 것은?

① $H[kW] = \dfrac{P[kg_f] \cdot v[m/s]}{102}$

② $H[kW] = \dfrac{P[N] \cdot v[m/s]}{1000}$

③ $H[PS] = \dfrac{P[kg_f] \cdot v[m/s]}{750}$

④ $H[PS] = \dfrac{P[N] \cdot v[m/s]}{735.5}$

12 300rpm으로 3PS의 동력을 전달하는 회전축을 원추 브레이크로 제동하고자 한다. 마찰면의 평균지름은 D_m[mm]이고, 원추 반각은 α이며 접촉면의 마찰계수는 μ일 때, 축방향으로 가해야 할 하중 Q[kg$_f$]를 계산하는 가장 옳은 수식은?

① $Q = \dfrac{7162}{\left(\dfrac{\mu}{\sin\alpha} \times \dfrac{D_m}{2}\right)}$

② $Q = \dfrac{7162}{\left(\dfrac{\mu}{\cos\alpha} \times \dfrac{D_m}{2}\right)}$

③ $Q = \dfrac{9740}{\left(\dfrac{\mu}{\sin\alpha} \times \dfrac{D_m}{2}\right)}$

④ $Q = \dfrac{9740}{\left(\dfrac{\mu}{\cos\alpha} \times \dfrac{D_m}{2}\right)}$

ANSWER 11.③ 12.①

11 $H[PS] = \dfrac{P[kg_f] \cdot v[m/s]}{750}$ 이다.

12 문제에서 주어진 조건에 가장 적합한 계산식은
$Q = \dfrac{7162}{\left(\dfrac{\mu}{\sin\alpha} \times \dfrac{D_m}{2}\right)}$ 이다.

13 헬리컬기어의 치수가 다음과 같을 때 축직각 모듈(m_s)과 치직각 모듈(m_n)은?

구분	치수
피치원 지름(D_s)	280mm
잇수(Z_s)	70개
비틀림 각(β)	30°

① $m_s = \dfrac{2}{\sqrt{3}}$, $m_n = 2$

② $m_s = 2\sqrt{3}$, $m_n = 4$

③ $m_s = 4$, $m_n = 2\sqrt{3}$

④ $m_s = 2$, $m_n = \dfrac{2}{\sqrt{3}}$

14 저널 직경이 100mm, 회전수 600rpm, 작용하중 2,500kgf인 베어링의 마찰계수가 $\mu=0.01$일 때, 베어링의 마찰 손실마력[PS]은? (단, π는 3으로 한다.)

① 1
② 5
③ 10
④ 100

ANSWER 13.③ 14.①

13 • 피치원지름 $D_s = \dfrac{D}{\cos\beta} = \dfrac{mZ}{\cos\beta} = \dfrac{m \cdot 70}{\cos 30°} = \dfrac{140 \cdot m}{\sqrt{3}} = 280[mm]$ 이므로, $m = 2\sqrt{3}$

• 축직각 모듈 $m_s = \dfrac{m}{\cos\beta} = \dfrac{2\sqrt{3}}{\cos 30°} = 4$

• 치직각 모듈 $m = m_s \cos\beta = 2\sqrt{3}$

14 마찰손실마력:

$H_f = \mu \cdot P \cdot \dfrac{2\pi N}{60} \cdot \dfrac{d}{2} \cdot 10^{-3} = 0.01 \cdot 2500 \cdot \dfrac{2 \cdot 3 \cdot 600}{60} \cdot \dfrac{100}{2} \cdot 10^{-3} \cdot \dfrac{1}{75} = 1[PS]$

15 기준치수에 대한 구멍의 공차가 $\phi 62^{+0.08}_{0}$, 축의 공차가 $\phi 62^{+0.03}_{-0.08}$ 일 때 최대 죔새는? (단, 모든 단위는 mm이다.)

① 0.03
② 0.08
③ 0.16
④ 0.92

16 사각나사 효율(η)에 대한 설명으로 가장 옳은 것은? (단, ρ는 마찰각, λ는 리드각이다.)

① $\eta = \dfrac{\text{마찰이 있는 경우의 회전력}}{\text{마찰이 없는 경우의 회전력}}$

② $\eta = \dfrac{\tan(\rho+\lambda)}{\tan\lambda}$

③ $\eta_{\max} = \tan^2\left(45^\circ - \dfrac{\rho}{2}\right)$ ($\eta_{\max}$: 최대효율)

④ 자립상태를 유지하는 사각나사의 효율은 50% 이상이다.

17 두 축의 중심거리가 1,000mm이고, 지름이 각각 200mm, 400mm인 두 풀리 간에 바로걸기 평벨트를 감을 경우, 벨트의 길이[mm]로 가장 옳은 것은? (단, $\pi=3$으로 계산한다.)

① 2,900
② 2,910
③ 2,920
④ 2,930

ANSWER 15.① 16.③ 17.②

15 62.03−62.00=0.03
- 최대틈새 : 구멍의 최대허용치수 − 축의 최소허용치수
- 최대죔새 : 축의 최대허용치수 − 구멍의 최소허용치수
- 최소틈새 : 구멍의 최소허용치수 − 축의 최대허용치수
- 최소죔새 : 축의 최소허용치수 − 구멍의 최대허용치수

16 ① $\eta = \dfrac{\text{마찰이 없는 경우의 회전력}}{\text{마찰이 있는 경우의 회전력}}$

② $\eta = \dfrac{\tan\lambda}{\tan(\rho+\lambda)}$

④ 자립상태를 유지하는 사각나사의 효율은 50% 미만이어야 한다.

17 바로걸기의 벨트 길이 :

$L ≒ 2C + \dfrac{\pi}{2}(D_1+D_2) + \dfrac{(D_2-D_1)^2}{4C}$ 이므로 문제에서 주어진 조건을 이 식에 대입을 하면,

$L ≒ 2 \cdot 1000 + \dfrac{3}{2}(200+400) + \dfrac{(400-200)^2}{4 \cdot 1000} = 2910[mm]$

18 미끄럼 베어링과 구름 베어링의 특징을 비교한 것으로 가장 옳지 않은 것은?

	특징항목	미끄럼 베어링	구름 베어링
①	충격흡수	유막에 의한 감쇠력이 우수하다.	감쇠력이 작아 충격흡수력이 작다.
②	운전속도	공진속도 이내에서만 운전하여야 한다.	공진속도를 지나 운전할 수 있다.
③	기동토크	유막형성이 늦는 경우 기동토크가 크다.	기동토크가 작다.
④	강성	작다.	크다.

ANSWER 18.②

18 구름 베어링은 공진속도 이내에서만 운전하여야 하나 미끄럼 베어링은 공진속도를 지나서도 운전이 가능하다.

특성항목	미끄럼 베어링	구름(볼, 롤러) 베어링
크기	지름은 작으나 폭이 크게 된다.	폭은 작으나 지름이 크게 된다.
구조	일반적으로 간단하며 보수가 용이하다	전동체가 있어 복잡하며 보수가 어렵다.
가격	싸다	비싸다
마찰저항	크다	작다
동력손실	크다	작다
윤활성	나쁘다	우수하다
충격흡수	유막에 의한 감쇠력이 우수하다. (충격치가 크다.)	감쇠력이 작아 충격 흡수력이 작다. (충격치가 작다.)
회전	저속회전에 적합하나 공진속도를 지난 고속회전에도 적합하다.	고속회전에 적합하나 공진속도의 영역 내에서만 가능하다
진동, 소음	작다	크다.
하중	큰 하중에 적용한다.	작은 하중에 적용한다.
기동토크	크다.	작다.
규격화	자체 제작하는 경우가 많다.	표준형 양산품으로 호환성이 높다.

19 스프링의 종류 중, 봉재를 비틀어 스프링으로 사용하는 것으로, 큰 에너지를 축적할 수 있고 경량이며 간단한 형상을 갖는 것은?

① 코일 스프링
② 판 스프링
③ 공기 스프링
④ 토션 바

20 타이밍 벨트 전동 장치의 일반적인 특성으로 가장 옳지 않은 것은?

① 광범위한 전동 속도를 갖는다.
② 엇걸기로만 가능하고 충격을 잘 흡수하지 못한다.
③ 미끄럼이 일어나지 않고 정확한 회전비와 높은 전동 효율을 얻을 수 있다.
④ 벨트의 큰 장력이 필요 없으므로 베어링에 걸리는 부하가 작고 축의 지름도 최소로 할 수 있다.

ANSWER 19.④ 20.②

19 토션 바에 관한 설명이다. 토션바는 긴 봉의 한쪽 끝을 고정한 상태로 다른 쪽 끝을 비트는데 이 때 발생되는 비틀림변위를 이용한 스프링이다.

20 타이밍벨트는 바로걸기만 가능하다. 타이밍벨트는 미끄럼을 방지하기 위해 벨트 안쪽의 접촉면에 치형을 붙여 맞물림에 의해 동력을 전달하는 벨트로 정확한 속도비가 요구되는 경우에 사용한다.

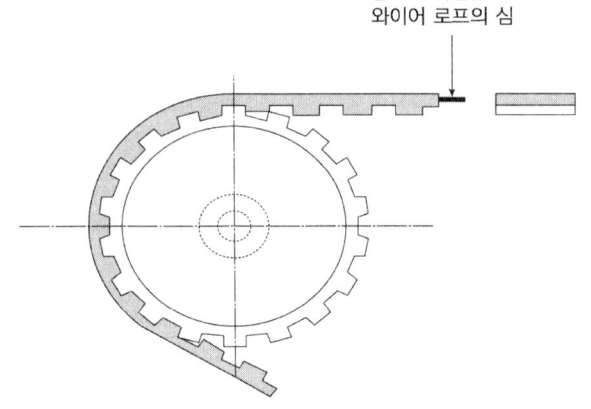

기계설계 2019. 2. 23. 제1회 서울특별시 시행

1 〈보기〉에서 a-a'로 자른 단면의 면적이 A인 원통형 시편에 인장하중 F가 작용할 때, 단면과 θ의 각을 이루는 경사진 단면에 발생하는 최대전단응력 $\tau_{\max}$와 그 때의 각도 θ를 옳게 짝지은 것은?

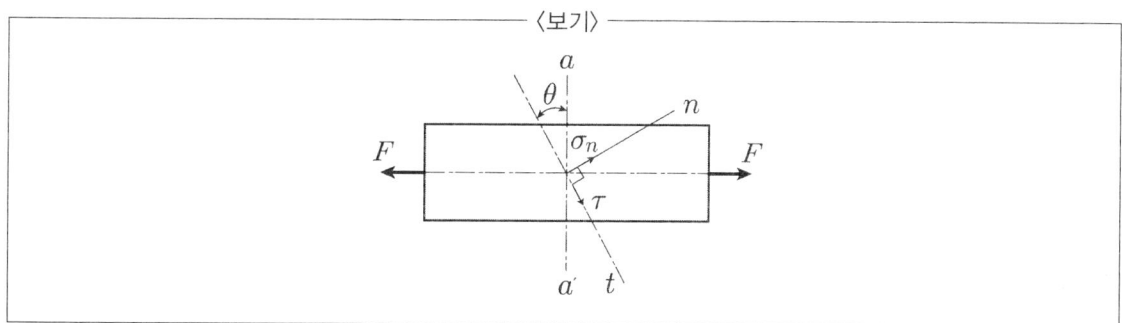

① $\tau_{\max} = \dfrac{\sqrt{3}\,F}{2A}$ 및 $\theta = 30^o$

② $\tau_{\max} = \dfrac{F}{2A}$ 및 $\theta = 30^o$

③ $\tau_{\max} = \dfrac{\sqrt{2}\,F}{2A}$ 및 $\theta = 45^o$

④ $\tau_{\max} = \dfrac{F}{2A}$ 및 $\theta = 45^o$

ANSWER 1.④

1 최대전단응력은 $\tau_{\max} = \dfrac{F}{2A}$이며 이 때의 각도는 $\theta = 45^o$가 된다.

2 압착기(presser), 바이스(vise) 등과 같이 하중의 작용방향이 항상 같은 경우에 사용되는 나사의 종류는?

① 톱니 나사(buttless screw thread)

② 사각 나사(square thread)

③ 사다리꼴 나사(trapezoidal screw thread)

④ 둥근 나사(round thread)

ANSWER 2.①

2 압착기(presser), 바이스(vise) 등과 같이 하중의 작용방향이 항상 같은 경우에 사용되는 나사는 톱니나사이다.

※ 나사의 종류
- 삼각나사: 체결용 나사로 많이 사용하며 미터나사와 유니파이나사(미국, 영국, 캐나다의 협정에 의해 만든 것으로 ABC나사라고도 한다.)가 있다. 미터나사의 단위는 mm, 유니파이나사의 단위는 inch이며 나사산의 각도는 모두 60°이다.
- 사각나사: 나사산의 모양이 사각인 나사로서 삼각나사에 비하여 풀어지긴 쉬우나 저항이 적은 이적으로 동력전달용 잭, 나사프레스, 선반의 피드에 사용한다.
- 사다리꼴나사: 애크미나사 또는 재형나사라고도 하며 사각나사보다 강력한 동력 전달용에 사용한다. (산의 각도 미터계열: 30°, 휘트워드계열: 29°)
- 톱니나사: 축선의 한쪽에만 힘을 받는 곳에 사용한다. 힘을 받는 면은 축에 직각이고, 받지 않는 면은 30°로 경사를 준다. 큰 하중이 한쪽 방향으로만 작용되는 경우에 적합하다.
- 둥근나사: 너클나사, 나사산과 골이 둥글기 때문에 먼지, 모래가 끼기 쉬운 전구, 호스연결부에 사용한다.
- 볼나사: 수나사와 암나사의 홈에 강구가 들어 있어 마찰계수가 적고 운동전달이 가볍기 때문에 NC공작기계나 자동차용 스테어링 장치에 사용한다. 볼의 구름 접촉을 통해 나사 운동을 시키는 나사이다. 백래시가 적으므로 정밀 이송장치에 사용된다.
- 셀러나사: 아메리카나사 또는 US표준나사라고 한다. 나사산의 각도는 60°, 피치는 1인치에 대한 나사산의 수로 표시한다.
- 기계조립(체결용)나사: 미터나사, 유니파이나사, 관용나사
- 동력전달용(운동용)나사: 사각나사, 사다리꼴나사, 톱니나사, 둥근나사, 볼나사

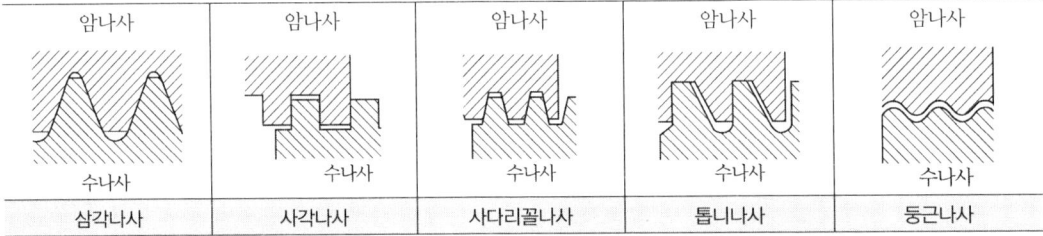

3 토크가 60,000kg$_f$·mm인 지름 60mm의 축에 장착한 성크키(sunk key)의 폭이 10mm, 길이가 50mm 일 때, 키에 발생하는 전단응력[kg$_f$/mm^2]은?

① 3
② 4
③ 5
④ 6

4 400rpm으로 2.0kW를 전달하고 있는 축에 발생하는 비틀림모멘트[kg$_f$·mm]는?

① 48,700
② 4,870
③ 487
④ 48.7

5 내압을 받는 내경 1,200mm의 보일러 용기를 두께 12mm 강판을 사용하여 리벳이음으로 설계하고자 한다. 강판의 허용인장응력이 10kg$_f$/mm^2, 리벳이음의 효율이 0.5일 때 보일러 용기의 최대 설계내압 [N/m^2]은? (단, 판의 부식 등 주어지지 않은 조건은 고려하지 않으며, 중력가속도는 9.8m/s^{2}이다.)

① 19.6×10^5
② 19.6×10^6
③ 9.8×10^5
④ 9.8×10^6

ANSWER 3.② 4.② 5.③

3 토크 T를 받고 있는 성크키(sunk key)에 생기는 전단응력을 τ, 압축응력을 σ라 할 때 $\tau = \dfrac{2T}{bdl}$, $\sigma = \dfrac{4T}{hdl}$

$\tau = \dfrac{2 \cdot 60,000}{10 \cdot 60 \cdot 50} = 4$

4 $T = 97400 \cdot \dfrac{H_{kw}}{N}[kg_f \cdot cm] = 97400 \cdot \dfrac{2}{400} = 487[kg_f \cdot cm] = 4,870[kg_f \cdot mm]$

5 $10 \times 0.5 = \dfrac{P \times 1,200}{2 \times 12}$ 이므로 $p = 0.1[kg_f/mm^2]$

$p = 0.1[kg_f/mm^2] = \dfrac{0.1 \cdot 9.8}{(10^{-3})^2}[N/m^2] = 9.8 \times 10^5[N/m^2]$

6 〈보기〉와 같이 원추마찰차 A, B가 두 축의 사이각 $\theta=120°$로 외접하여 회전하고 있다. 회전비 $i\left(=\dfrac{w_B}{w_A}\right)$가 2일 때 〈보기〉에서 α와 β의 값으로 옳은 것은?

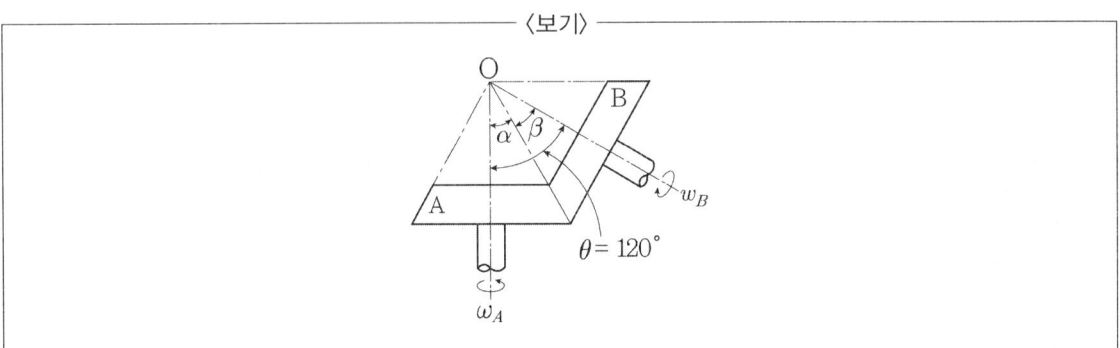

① $\alpha = 60°$, $\beta = 60°$

② $\alpha = 30°$, $\beta = 90°$

③ $\alpha = 45°$, $\beta = 75°$

④ $\alpha = 90°$, $\beta = 30°$

Answer 6.④

6 원추마찰차: 두 축이 일정 각도로 만나며 바퀴의 형상이 원뿔인 마찰차이다.

회전비 $i = \dfrac{w_B}{w_A} = \dfrac{N_B}{N_A} = \dfrac{D_A}{D_B} = \dfrac{\sin\alpha}{\sin\beta}$ 이므로

$i = \dfrac{w_B}{w_A} = 2$를 만족하는 값은 보기 중 $\alpha = 90°$, $\beta = 30°$ 이다.

7 기어의 치형곡선 중 사이클로이드 치형과 인벌류트 치형을 비교한 설명으로 가장 옳은 것은?

① 사이클로이드 치형은 2개의 치형곡선으로 구성된다.
② 사이클로이드 치형은 추력이 크다.
③ 인벌류트 치형은 굽힘강도가 약하다.
④ 인벌류트 치형은 중심거리의 정확성을 요구한다.

8 밴드 브레이크에서 긴장측 장력이 480kg$_f$이고, 밴드 두께가 2mm, 밴드 폭이 12mm, 길이가 100mm일 때 생기는 인장응력[kg$_f$/mm^2]은?

① 2.4
② 2
③ 24
④ 20

ANSWER 7.① 8.④

7 ② 사이클로이드 치형은 추력이 작다.
③ 인벌류트 치형은 굽힘강도가 강하다.
④ 사이클로이드 치형은 중심거리의 정확성을 요구한다.
※ **사이클로이드 치형** … 한 원의 안쪽 또는 바깥쪽을 다른 원이 미끄러지지 않고 굴러갈 때 구르는 원 위의 한 점이 그리는 곡선을 치형곡선으로 제작한 기어이다. (사이클로이드는 원을 직선 위에서 굴릴 때 원 위의 한 점이 그리는 곡선이다.)
 • 압력각이 변화한다.
 • 미끄럼률이 일정하고 마모가 균일하다.
 • 절삭공구는 사이클로이드 곡선이어야 하고 구름원에 따라 여러 가지 커터가 필요하다.
 • 빈 공간이라도 치수가 극히 정확해야 하고 전위절삭이 불가능하다.
 • 중심거리가 정확해야 하고 조립이 어렵다.
 • 언더컷이 발생하지 않는다.
 • 원주피치와 구름원이 모두 같아야 한다.
 • 시계, 계기류와 같은 정밀기계에 주로 사용된다.
※ **인벌류트 치형** … 원에 감은 실을 팽팽한 상태를 유지하면서 풀 때 실 끝이 그리는 궤적곡선(인벌류트 곡선)을 이용하여 치형을 설계한 기어이다.
 • 압력각이 일정하다.
 • 미끄럼률이 변화가 많으며 마모가 불균일하다. (피치점에서 미끄럼률은 0이다.)
 • 절삭공구는 직선(사다리꼴)으로서 제작이 쉽고 값이 싸다.
 • 빈 공간은 다소 치수의 오차가 있어도 된다. (전위절삭이 가능하다.)
 • 중심거리는 약간의 오차가 있어도 무방하며 조립이 쉽다.
 • 언더컷이 발생한다.
 • 압력각과 모듈이 모두 같아야 한다.
 • 전동용으로 주로 사용된다.

8 $\sigma = \sigma_t = \dfrac{T_t}{bh} = \dfrac{480}{12 \cdot 2} = 20$

9 판의 폭이 60mm이고, 두께가 10mm, 스팬이 600mm인 양단 지지형 겹판스프링이 있다. 중앙집중하중 1,200kgf를 지지하려면 몇 장의 판이 필요한가? (단, 재료의 허용응력은 30kgf/mm²이며 판 사이의 마찰 및 죔폭은 고려하지 않는다.)

① 3장
② 4장
③ 5장
④ 6장

10 1,600kgf의 베어링 하중을 지지하고 회전속도 300rpm으로 회전하는 끝저널 베어링의 최소 지름[mm]과 폭[mm]은? (단, 허용베어링압력은 0.5kgf/mm², 폭지름비 L/d=2로 한다.)

	베어링의 지름	폭
①	35	70
②	40	80
③	45	90
④	50	100

ANSWER 9.④ 10.②

9 $\sigma_b = \frac{3}{2} \cdot \frac{P \cdot L}{nbh^2} = \frac{3}{2} \cdot \frac{1200 \cdot 600}{n \cdot 60 \cdot 10^2} \leq 30$를 만족하는 $n \geq 6$이어야 한다.

10 $A = \frac{P}{\sigma_c} = d \cdot L = 2d^2 = \frac{1600}{0.5} = 3200[mm^2]$이 성립해야 하므로 $d = 40[mm]$이고 $L = 80[mm]$

11 〈보기〉와 같이 등분포하중을 받는 단순보가 있다. 이 보가 원형 단면일 때의 최대처짐량을 δ_A, 정사각형 단면일 때의 최대처짐량을 δ_B라 할 때 δ_A/δ_B의 값은? (단, 보의 재질 및 단면의 넓이는 두 경우 모두 동일하다.)

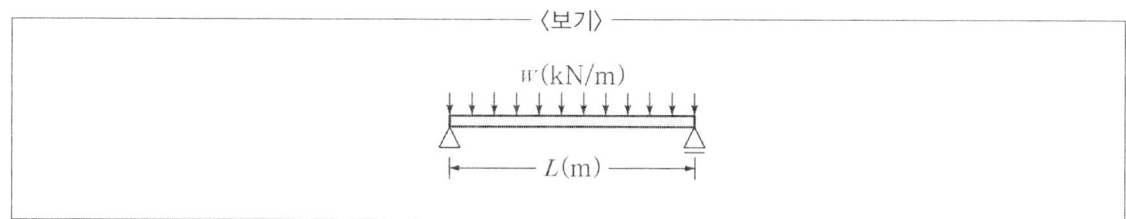

① $\dfrac{\pi^2}{4}$

② $\dfrac{\pi}{4}$

③ $\dfrac{\pi^2}{3}$

④ $\dfrac{\pi}{3}$

ANSWER 11.④

11 동일 단면적인 경우 원형단면과 정사각형 단면인 경우의 단면 2차 모멘트의 비를 이용하여 간단히 풀 수 있다.

면적이 같으므로 $h^2 = \dfrac{\pi d^2}{4}$ 이므로 $h = \dfrac{\sqrt{\pi}\, d}{2}$ 가 된다.

원형단면일 때의 단면 2차 모멘트는 $\dfrac{\pi d^4}{64}$

정사각형일 때의 단면 2차 모멘트는
$\dfrac{bh^3}{12} = \dfrac{h^4}{12} = (\dfrac{\sqrt{\pi}\, d}{2})^4 \cdot \dfrac{1}{12} = \dfrac{\pi^2 d^4}{16 \cdot 12}$

처짐은 단면 2차 모멘트에 반비례하므로

원형단면처짐 : 정사각형단면 처짐 $= \dfrac{1}{\dfrac{\pi d^4}{64}} : \dfrac{1}{\dfrac{\pi^2 d^4}{16 \cdot 12}} = 4 : \dfrac{12}{\pi} = \pi : 3$

면적이 같은 경우 단면 2차 모멘트의 크기는 'I형 > 삼각형 > 사각형 > 육각형 > 원형'이 된다.

12 〈보기〉와 같은 단식 블록 브레이크(a=900mm, b=80mm, c=50mm, μ =0.2)가 있다. 레버 끝에 힘 F=15kgf를 가할 때의 제동토크[kgf · mm]는? (단, 드럼의 지름은 400mm이다.)

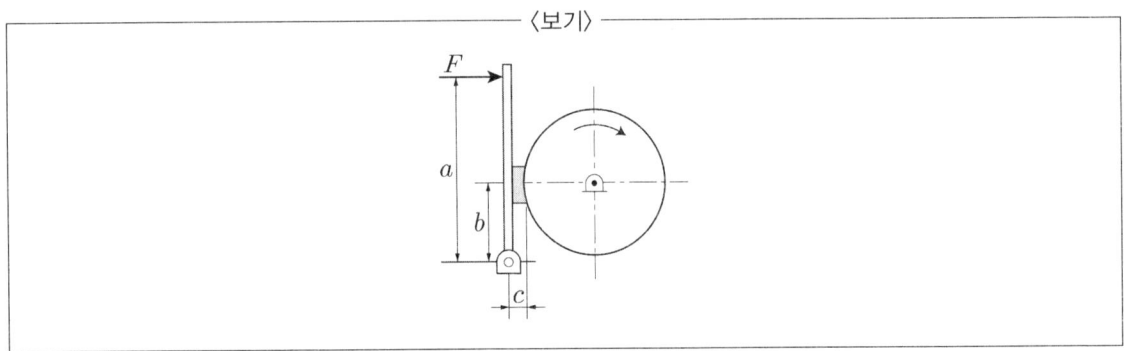

① 4,000
② 5,000
③ 6,000
④ 7,000

Answer 12.③

12 $F = \dfrac{f(b+\mu c)}{\mu a} = \dfrac{f(80+0.2 \cdot 50)}{0.2 \cdot 900} = 15$를 만족하는 $f = 30$
$f = \mu P = 0.2 \cdot P = 30$이므로 $P = 150$
$T = f \cdot \dfrac{D}{2} = 30 \cdot \dfrac{400}{2} = 6000$

형식	(a)	(b)	(c)
회전방향			
우회전	$F = \dfrac{f(l_2 + \mu l_3)}{\mu l_1}$	$F = \dfrac{fl_2}{\mu l_1}$	$F = \dfrac{f(l_2 - \mu l_3)}{\mu l_1}$
좌회전	$F = \dfrac{f(l_2 - \mu l_3)}{\mu l_1}$		$F = \dfrac{f(l_2 + \mu l_3)}{\mu l_1}$

※ 단식 블록 브레이크의 브레이크 힘
블록브레이크 : 레버(lever)를 사용하여 브레이크 블록(brake block)을 회전하는 브레이크 드럼(brake drum)에 밀어붙여서 제동하는 장치이다. 철도차량용 브레이크는 이 브레이크를 주로 사용한다.

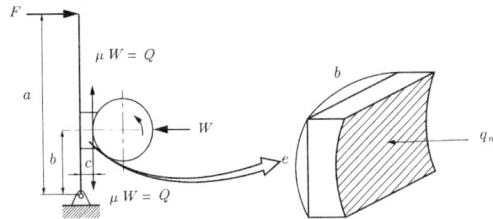

13 비틀림모멘트(T)와 굽힘모멘트(M)를 동시에 작용받는 중실축에서 상당굽힘모멘트(M_e)를 고려한 축의 지름(d)을 구하고자 한다. 이때 M_e와 d를 구하는 식으로 가장 옳은 것은?

	M_e	d
①	$\frac{1}{2}(T+\sqrt{M^2+T^2})$	$\sqrt[3]{\frac{32M_e}{\pi\sigma_a}}$
②	$\frac{1}{2}(T+\sqrt{M^2+T^2})$	$\sqrt[3]{\frac{16M_e}{\pi\sigma_a}}$
③	$\frac{1}{2}(M+\sqrt{M^2+T^2})$	$\sqrt[3]{\frac{32M_e}{\pi\sigma_a}}$
④	$\frac{1}{2}(M+\sqrt{M^2+T^2})$	$\sqrt[3]{\frac{16M_e}{\pi\sigma_a}}$

14 피아노선으로 만든 코일 스프링에 하중 5kg$_f$가 작용할 때 처짐이 10mm가 되는 스프링의 유효권수는? (단, 소선의 지름은 6mm, 코일 평균지름은 60mm, 가로탄성계수는 8.0×10^3kg$_f$/mm^{2}이다.)

① 10회

② 11회

③ 12회

④ 13회

ANSWER 13.③ 14.③

13 상당굽힘모멘트 $M_e = \frac{1}{2}(M+\sqrt{M^2+T^2})$

상당굽힘모멘트를 고려한 축의 지름 $d_e = \sqrt[3]{\frac{32M_e}{\pi\sigma_a}}$

14 스프링의 처짐량은 $\delta = \frac{8nPD^3}{Gd^4} = \frac{8 \cdot n \cdot 5 \cdot 60^3}{8.0 \cdot 10^3 \cdot 6^4} = 10$이므로 $n = 12$

15 〈보기〉에서 인장력 15kN이 작용할 때 지름 10mm인 리벳 단면에서 발생하는 전단응력[MPa]은? (단, π = 3으로 계산한다.)

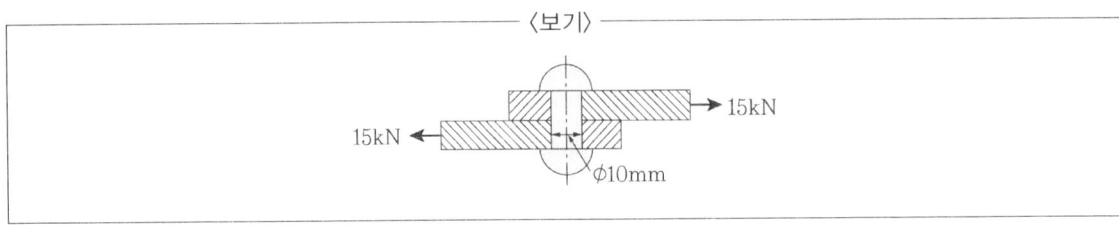

① 200
② 250
③ 300
④ 350

16 원주속도 2m/s로 5kW의 동력을 전달하기 위해 필요한 마찰차(friction wheel)를 누르는 힘의 최솟값[kN]은 약 얼마인가?(단, 마찰계수는 0.25이다.)

① 1kN
② 4kN
③ 10kN
④ 40kN

17 200mm의 중심거리를 가지고 외접하여 회전하는 표준기어 한 쌍의 잇수가 각각 60, 20일 경우 이 표준기어의 모듈은?

① 3
② 4
③ 5
④ 6

ANSWER 15.① 16.③ 17.③

15 $\dfrac{P}{A} = \dfrac{P}{\dfrac{\pi D^2}{4}} = \dfrac{15[kN]}{\dfrac{3 \cdot 10^2}{4}} = 200[MPa]$

16 $H = \dfrac{\mu P v}{102} = \dfrac{0.25 \cdot P \cdot 2}{102} = 5[kW]$
$P = 10.2[kN]$

17 $C = \dfrac{m(Z_1 + Z_2)}{2} = \dfrac{m(60+20)}{2} = 200$을 만족하는 모듈(m)은 5가 된다.

18 벨트장치에서 원동풀리의 지름 300mm, 종동풀리의 지름 500mm, 축간거리 1.5m인 벨트를 엇걸기할 때와 평행걸기할 때의 길이 차이를 계산한 값[mm]은?

① 50
② 100
③ 150
④ 200

19 스프로켓 휠의 잇수 Z_1, Z_2, 축간거리 C, 체인의 피치 p일 때 롤러 체인의 길이를 구하는 식으로 가장 옳은 것은?

① $[\frac{Z_1+Z_2}{2} + \frac{2C}{p} + \frac{0.0257p}{C}(Z_1-Z_2)^2]p$

② $[\frac{Z_1+Z_2}{2} + \frac{p}{2C} + \frac{0.0257p}{C}(Z_1-Z_2)^2]p$

③ $[\frac{Z_1+Z_2}{2} + \frac{2C}{p} + \frac{0.0257p}{C}(Z_1-Z_2)^2]$

④ $[\frac{Z_1+Z_2}{2} + \frac{p}{2C} + \frac{0.0257p}{C}(Z_1-Z_2)^2]$

20 연성재질의 부재에 주응력 $\sigma_1 = 40[MPa]$, $\sigma_2 = 0[MPa]$, $\sigma_3 = -40[MPa]$이 작용하고 있다. 재료의 항복강도는 $\sigma_Y = 120\sqrt{3}[MPa]$로 압축항복강도와 인장항복강도의 크기는 같다. Von Mises 이론에 따라 계산한 안전계수 S(safety factor)는?

① 3
② 2
③ $\sqrt{3}$
④ $\sqrt{2}$

ANSWER 18.② 19.① 20.①

18 $\frac{4D_A D_B}{4C} = \frac{D_A D_B}{C} = \frac{300 \cdot 500}{1500} = 100[mm]$

19 롤러 체인의 길이를 구하는 식
$[\frac{Z_1+Z_2}{2} + \frac{2C}{p} + \frac{0.0257p}{C}(Z_1-Z_2)^2]p$
(스프로켓 휠의 잇수 Z_1, Z_2, 축간거리 C, 체인의 피치 p)

20 $\sigma_{von} = [\frac{(\sigma_1-\sigma_2)^2+(\sigma_2-\sigma_3)^2+(\sigma_1-\sigma_3)^2}{2}]^{1/2} = [\frac{(40-0)^2+(0+40)^2+(40+40)^2}{2}]^{1/2} = 40\sqrt{3}$

따라서 재료의 항복강도는 Von mises 이론에 따라 구한 응력의 3배이므로 안전계수가 3이 된다.

기계설계

2019. 4. 6. 인사혁신처 시행

1 세 줄 나사로 된 만년필 뚜껑을 480° 회전시켰더니 3mm를 움직였다면, 이때 만년필 뚜껑에 사용된 나사의 피치[mm]는?

① 0.25
② 0.5
③ 0.75
④ 1.0

2 디스크 중심으로부터 마찰패드 중심까지의 거리가 100mm이고, 마찰계수가 0.5인 양면 디스크 브레이크에서 제동토크 50N·m가 발생할 때, 패드 하나가 디스크를 수직으로 미는 힘[N]은?

① 250
② 500
③ 1000
④ 2000

ANSWER 1.③ 2.②

1 3줄 나사가 $\frac{480}{360} = \frac{4}{3}$ 회전을 할 때 3[mm] 움직였으므로

1회전 시에는 $\frac{9}{4}[mm]$ 움직이게 된다.

따라서 $p = \frac{l}{n} = \frac{9}{4} \cdot \frac{1}{3} = \frac{3}{4} = 0.75[mm]$

2 디스크 브레이크의 일반식은 $T = \mu \cdot Q \cdot \frac{D_m}{2}$

양면디스크 브레이크이므로 $50 = 0.5 \cdot Q \cdot \frac{D_m}{2} \times 2$로 구해줘야 하므로 이를 만족하는 $Q = 500[N]$이 된다.

3 금속분말을 가압·소결하여 성형한 뒤 윤활유를 입자 사이의 공간에 스며들게 한 것으로, 급유가 곤란한 곳 또는 급유를 못하는 곳에 사용하는 베어링은?

① 오일리스 베어링(oilless bearing)
② 니들 베어링(needle bearing)
③ 앵귤러 볼 베어링(angular ball bearing)
④ 롤러 베어링(roller bearing)

4 정하중 상태에서 비틀림 모멘트만을 받아 동력을 전달하는 지름 d, 허용전단응력 T, 전단탄성계수 G 인 중실축이 전달할 수 있는 최대 토크는?

① $\dfrac{16}{\pi d^3 \tau}$

② $\dfrac{\pi d^3 \tau}{16}$

③ $\dfrac{32}{\pi d^3 \tau}$

④ $\dfrac{\pi d^3 \tau}{32}$

ANSWER 3.① 4.②

3 ① 오일리스 베어링(oilless bearing): 금속분말을 가압·소결하여 성형한 뒤 윤활유를 입자 사이의 공간에 스며들게 한 것으로, 급유가 곤란한 곳 또는 급유를 못하는 곳에 사용하는 베어링
② 니들 베어링(needle bearing): 바늘과 같이 가늘고 긴 원통형 롤러를 사용한 베어링으로서 변속기 및 자재 이음에 사용된다.
③ 앵귤러 볼 베어링(angular ball bearing): 표준 접촉각이 30°이고 자동 중심 조절을 할 수 없는 레이디얼 볼베어링으로서 고속회전부의 레이디얼 및 스러스트용이 있다.

4 $\tau = \dfrac{T \cdot \dfrac{d}{2}}{\dfrac{\pi d^4}{32}} = \dfrac{16T}{\pi d^3}$, $T = \dfrac{\pi d^3 \tau}{16}$

5 다음 그림과 같이 피치 2mm, 유효지름 10mm, 나사면 마찰계수 0.3인 삼각나사를 죄기 위한 토크가 100N·mm일 때, 나사의 축방향으로 미는 힘 Q[N]에 가장 가까운 값은? (단, $\pi = 3.0$으로 하고, 계산에 필요한 삼각함수는 주어진 값을 적용한다)

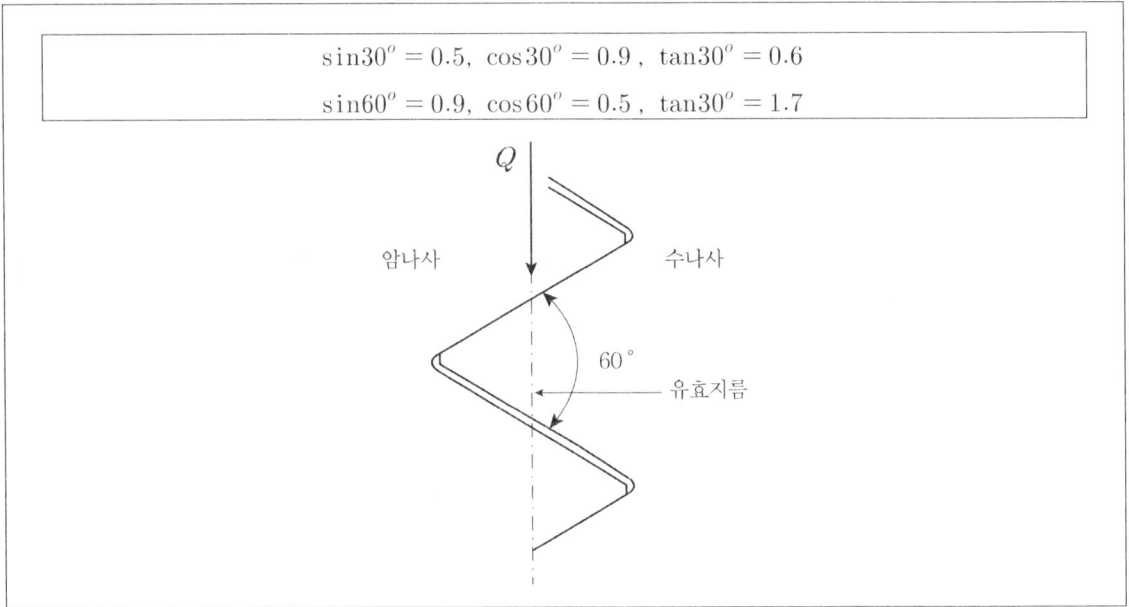

① 21
② 27
③ 49
④ 66

Answer 5.③

5 상당마찰계수 $\mu' = \dfrac{\mu}{\cos\dfrac{\beta}{2}} = \dfrac{0.3}{\cos 30°} = \dfrac{0.3}{0.9} = \dfrac{1}{3}$

리드각을 α라고 하면, $\tan\alpha = \dfrac{p}{\pi d_e} = \dfrac{2}{3.0 \times 10} = \dfrac{1}{15}$

$100 = \dfrac{10}{2} \cdot Q \cdot \dfrac{\dfrac{1}{15} + \dfrac{1}{3}}{1 - \dfrac{1}{15} \cdot \dfrac{1}{3}} \cdot Q = \dfrac{440}{9} = 49[N]$

6 그림과 같은 압력용기에서 내부압력에 의해 용기 뚜껑에 작용하는 전체 하중이 10kN이고, 용기 뚜껑을 볼트 4개로 체결할 때, 나사산의 면압력만을 고려한 너트의 높이 H[mm]는? (단, 나사의 허용접촉 면압력 10MPa, 피치 2mm이고, 볼트의 바깥지름과 골지름은 각각 11mm, 9mm이다. 또한, 너트의 각 나사산에 작용하는 축방향 하중은 균등하다)

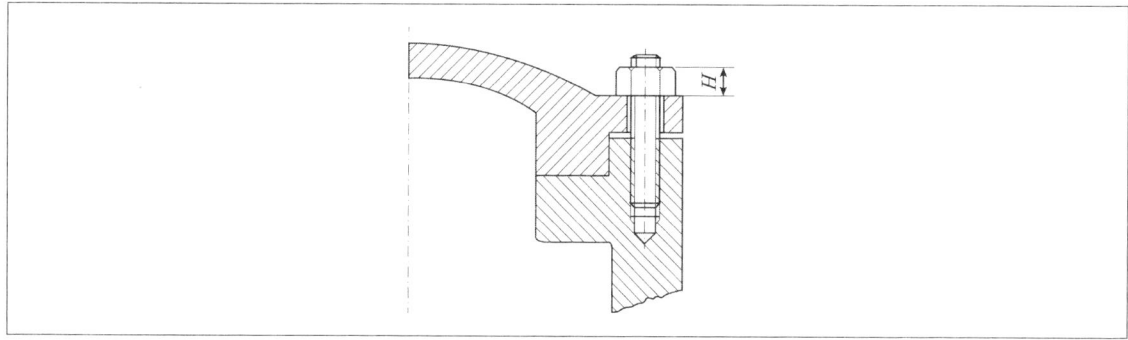

① $\dfrac{20}{\pi}$

② $\dfrac{30}{\pi}$

③ $\dfrac{40}{\pi}$

④ $\dfrac{50}{\pi}$

ANSWER 6.④

6 나사산의 수를 Z라고 하면

$$Z = \dfrac{Q}{\dfrac{\pi}{4}(d^2 - d_1^2)q} = \dfrac{10 \times 10^3 \times \dfrac{1}{4}}{\dfrac{\pi}{4}(11^2 - 9^2) \cdot 10} = \dfrac{25}{\pi}$$ (볼트가 4개임에 유의해야 함)

너트의 전 높이에 나사가 만들어져 있을 때 너트의 높이는

$H = Zp = \dfrac{25}{\pi} \cdot 2 = \dfrac{50}{\pi}[mm]$ 이 된다.

7 다음 그림은 나사와 도르래를 이용하여 무게 119.4N의 물체 M을 들어올리는 장치이다. 적용된 나사가 바깥지름 22mm, 유효지름 20mm, 피치 3mm인 사각나사일 때, 물체를 들어올리기 위해 필요한 최소 힘 P[N]는? (단, 핸들의 지름은 180mm, 사각나사의 마찰계수는 0.1이며, π = 3.0으로 한다. 또한, 물체 M 외 다른 부품의 무게는 모두 무시한다)

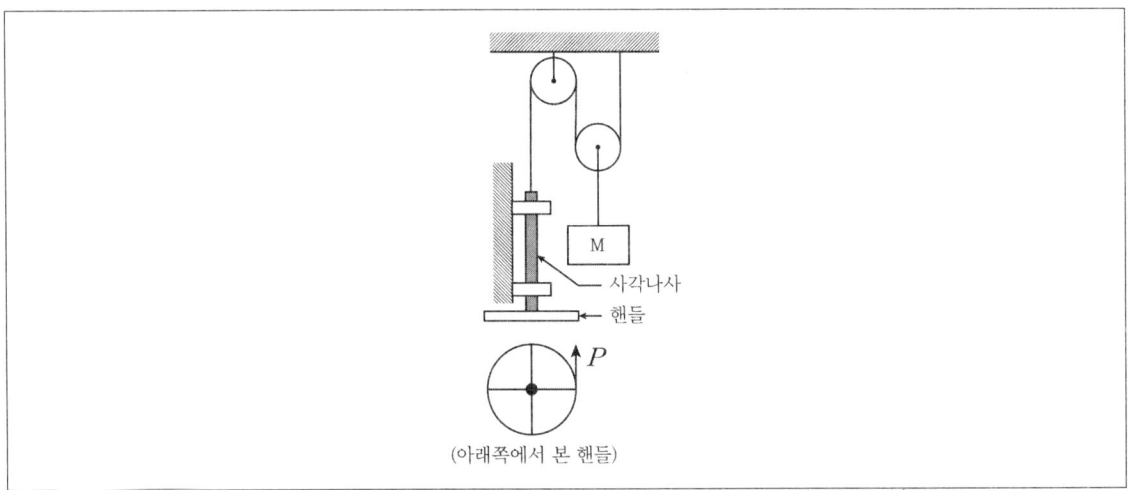

① 0.5
② 0.7
③ 1.0
④ 2.0

ANSWER 7.③

7 제시된 그림은 움직도르레이므로 나사의 축방향 하중은
$\frac{119.4}{2} = 59.7[N]$이다.
$T = \frac{d_2}{2} \cdot Q \cdot \frac{\mu\pi d_2 + p}{\pi d_2 - \mu p}$ 이므로
$P \cdot \frac{180}{2} = \frac{20}{2} \cdot 59.7 \cdot \frac{0.1 \cdot 3.0 \cdot 20 + 3}{3.0 \cdot 20 - 0.1 \cdot 3} = 18[N]$
이를 만족하는 P=1.0[kN]이 된다.

8 다음 그림은 스프링의 변형을 이용하는 악력기이다. 스프링에 작용하는 주된 변형에너지는?

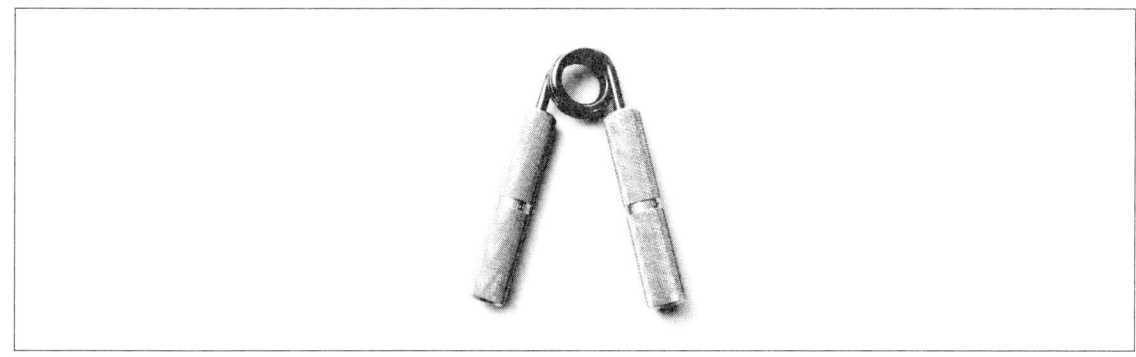

① 굽힘
② 압축
③ 비틀림
④ 인장

9 표준 스퍼기어를 사용하는 유성기어 장치에서 태양기어 잇수는 20이고, 유성기어 잇수는 25이다. 링기어를 고정하고 태양기어를 입력, 캐리어를 출력으로 사용하고자 할 때, 입력 토크가 90N·m이면 출력 토크[N·m]는? (단, 기어의 전동효율은 100%이다)

① 20
② 45
③ 405
④ 450

ANSWER 8.① 9.③

8 주어진 그림의 악력기 스프링에 작용하는 주된 변형에너지는 굽힘에 의한 변형에너지이다.

9 링기어의 잇수 $Z_R = 20 + 2 \cdot 25 = 70$

$\dfrac{w_c}{w_s} = \dfrac{20}{20+70} = \dfrac{2}{9}$, $\dfrac{T_c}{T_s} = \dfrac{w_s}{w_c} = \dfrac{9}{2}$

$T_c = \dfrac{9}{2} \cdot 90 = 405[N \cdot m]$

10 다음 그림에서 ㉠~㉢로 표시된 도면기호에 대한 설명으로 옳지 않은 것은?

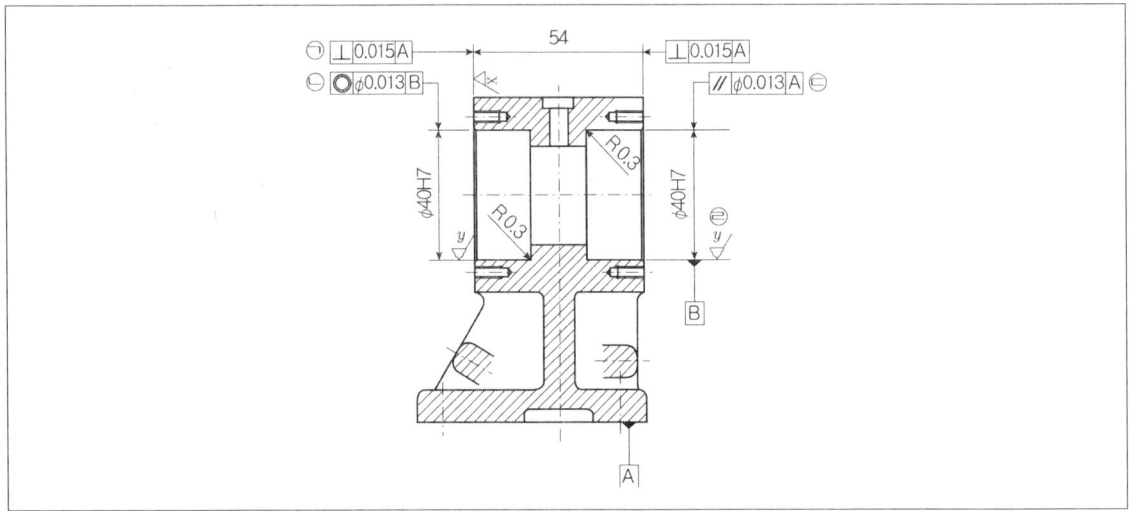

① ㉠ - 직각도 공차이며, 지시선의 화살표로 나타내는 면은 데이텀 A에 수직하고 0.015mm만큼 떨어진 두 개의 가상 평행 평면 사이에 있어야 한다.
② ㉡ - 동축도 공차이며, 지시선의 화살표로 나타낸 구멍의 중심축은 데이텀B의 중심축을 기준으로 하는 지름 0.013mm인 원통 안에 있어야 한다.
③ ㉢ - 평행도 공차이며, 지시선의 화살표로 나타내는 지름 40mm 구멍의 중심축은 데이텀 A와 B에 평행한 지름 0.013mm의 원통 내에 있어야 한다.
④ ㉣ - 표면 거칠기 기호이며, 선반이나 밀링 등에 의한 가공 흔적이 남아 있지 않은 상급 다듬질 면이어야 한다.

11 관로에서 입구 단면적이 80cm²이고, 출구 단면적은 20cm²일 때, 입구에서 4m/s의 속도로 비압축성 유체가 흘러 들어가고 있다면, 출구에서 유체 속도[m/s]는?

① 4
② 8
③ 12
④ 16

Answer 10.③ 11.④

10 ㉢ - 평행도 공차이며, 지시선의 화살표로 나타내는 지름 40mm 구멍의 중심축은 데이텀 A에 평행하고 0.013mm 간격의 두 개의 평면 안에 위치해야 한다.
11 $Q = A_1 V_1 = A_2 V_2$ 이므로 $80 \cdot 4 = 20 \cdot v$에 따라 $v = 16[m/s]$가 된다.

12 원판 모양의 디스크를 회전시켜 관을 개폐하는 방식의 밸브로서 디스크의 열림 각도를 변화시켜 유량을 조절하며, 지름이 큰 관로에 사용되는 것은?

① 버터플라이 밸브(butterfly valve)
② 체크 밸브(check valve)
③ 리듀싱 밸브(reducing valve)
④ 코크 밸브(cock valve)

13 회전축의 위험속도에 대한 설명으로 옳지 않은 것은?

① 굽힘과 비틀림 변형에너지가 축의 변형과 복원을 반복해서 일으키는 것과 관계가 있다.
② 진동현상이 발생되면 축이 파괴되기도 한다.
③ 축의 상용회전수는 위험속도로부터 ±20% 내에 들어야 한다.
④ 세로진동은 비교적 위험성이 적으므로, 주로 휨진동과 비틀림진동을 고려해서 설계한다.

14 두 개의 표준 스퍼기어를 사용하여 주축의 회전수가 3000rpm일 때, 종동축의 회전수를 2000rpm으로 감속하고자 한다. 양축의 중심 거리는 300mm이고, 기어 모듈을 3으로 하였을 때, 사용할 기어의 잇수는?

① 20, 30
② 40, 60
③ 60, 90
④ 80, 120

ANSWER 12.① 13.③ 14.④

12
- 버터플라이 밸브(butterfly valve)
  원판 모양의 디스크를 회전시켜 관을 개폐하는 방식의 밸브로서 디스크의 열림 각도를 변화시켜 유량을 조절하며, 지름이 큰 관로에 사용되는 밸브이다.
  전부 열렸을 때는 밸브 본체에 의한 저항은 적지만, 전부 닫혔을 때는 완전한 누설을 방지할 수 없는 결점이 있다.

13 축의 상용회전수는 위험속도로부터 25[%] 이상 벗어나게 하여 회전시켜야 한다.

14 $\dfrac{3(z_1+z_2)}{2}=300[mm]$, $z_1+z_2=200$

$\dfrac{z_2}{z_1}=\dfrac{w_1}{w_2}=\dfrac{3,000}{2,000}=\dfrac{3}{2}$ 이며 $z_1=80$, $z_2=120$

15 축의 원통 외면 또는 구멍의 원통 내면에 조립되는 부품을 축방향으로 고정하거나 이탈을 방지하는 기계요소로 고정링, 혹은 멈춤링으로 불리는 것은?

① 키
② 스냅링
③ 록너트
④ 코터

16 두께가 얇은 내경 d, 두께 t를 갖는 원통형 압력용기에 내압 p가 작용하고 있다. 길이방향 응력이 벽 두께에 걸쳐 균일하게 분포할 때, 응력의 크기를 계산하는 식은?

① $\dfrac{pd}{2t}$

② $\dfrac{p(d+t)}{2t}$

③ $\dfrac{pd}{4t}$

④ $\dfrac{p(d+t)}{4t}$

17 두 개의 스프로켓이 수평으로 설치된 체인 전동장치에 대한 설명으로 옳지 않은 것은?

① 이완측 체인에서 처짐이 부족한 경우 빠른 마모가 진행된다.
② 긴장측은 위쪽에 위치하고, 이완측은 아래쪽에 위치한다.
③ 체인의 피치가 작으면 낮은 부하와 고속에 적합하다.
④ 양방향회전의 경우에는 긴장측과 이완측의 체인 안쪽에 아이들러를 각각 설치한다.

ANSWER 15.② 16.③ 17.④

15 스냅링: 축의 원통 외면 또는 구멍의 원통 내면에 조립되는 부품을 축방향으로 고정하거나 이탈을 방지하는 기계요소로 고정링, 혹은 멈춤링으로 불린다.
록너트: 금속관 부속품의 일종으로, 아웃렛 박스와 전선관의 접속 부분 등에 사용되는 너트이다.

16 길이방향으로 작용하는 힘은 관의 길이방향으로 저항하는 힘과 평형을 이룬다. 따라서 $\sigma(\pi \cdot d \cdot t) = p\left(\dfrac{\pi \cdot d^2}{4}\right)$ 이므로

$\sigma = \dfrac{p \cdot d}{4t}$

17 양방향회전의 경우에는 긴장측과 이완측의 체인 바깥쪽에 아이들러를 각각 설치한다.

18 균일분포하중을 받는 축에서 양단의 경계조건이 단순지지일 경우 최대처짐각이 1도였다면, 경계조건이 고정/자유지지로 바뀔 경우 최대처짐각은?

① 1도
② 2도
③ 3도
④ 4도

19 다음은 유체 토크 컨버터(fluid torque converter)의 작동원리에 대한 설명이다. ㉠~㉢의 들어갈 말을 옳게 짝지은 것은?

> 유체 토크 컨버터에서는 크랭크 축에 직결된 (㉠)의 회전에 의해 동력을 전달받은 작동 유체가 (㉡) 을/를 회전시킨 다음 (㉢)를 통과한다.

	㉠	㉡	㉢
①	스테이터	펌프 임펠러	터빈 러너
②	펌프 임펠러	터빈 러너	스테이터
③	펌프 임펠러	스테이터	터빈 러너
④	유체 클러치	커플링	펌프 임펠러

ANSWER 18.④ 19.②

18
단순지지의 경우 양단부에서의 최대처짐각은 $\theta_{max} = \dfrac{wL^3}{24EI}$

경계조건이 고정/자유지지인 경우 자유단에서의 최대처짐각은 $\theta_{max} = \dfrac{wL^3}{6EI}$

따라서 균일분포하중을 받는 축에서 양단의 경계조건이 단순지지일 경우 최대처짐각이 1도였다면, 경계조건이 고정/자유지지로 바뀔 경우 최대처짐각은 4도가 된다.

19 유체 토크 컨버터에서는 크랭크 축에 직결된 펌프 임펠러의 회전에 의해 동력을 전달받은 작동 유체가 터빈 러너를 회전시킨 다음 스테이터를 통과한다.

20 금속재료의 기계적 성질 중 단위가 같은 것만을 모두 고른 것은?

> ㉠ 탄성계수(elastic modulus)
> ㉡ 항복강도(yield strength)
> ㉢ 인장강도(tensile strength)
> ㉣ 피로한도(fatigue limit)

① ㉡, ㉢
② ㉡, ㉢, ㉣
③ ㉠, ㉡, ㉢
④ ㉠, ㉡, ㉢, ㉣

Answer 20.④

20 보기 중 재료의 강도는 모두 단위면적당 작용력[N/mm^2]으로 표현이 되는데 탄성계수 역시 이와 같은 단위를 사용함에 유의해야 한다.

기계설계 — 2019. 6. 15. 제1회 지방직 시행

1 기계부품 가공 등의 작업에 쓰이는 보조 도구에 대한 설명으로 옳지 않은 것은?

① 드릴링 작업에 쓰이는 안내 부시는 공작물을 고정하는 보조 도구이다.
② 클램프는 공작물을 고정하는 데 쓰이는 보조 도구이다.
③ 지그는 작업종류에 따라 공작물에 맞춘 보조 도구이다.
④ 바이스는 조(jaw)가 공작물을 고정할 수 있는 보조 도구이다.

2 치공구를 사용하여 얻을 수 있는 이득으로 옳은 것만을 모두 고르면?

> ⊙ 제품 검사에 소요되는 시간을 줄일 수 있다.
> ⓒ 숙련되지 않은 작업자도 비교적 쉽게 작업할 수 있다.
> ⓒ 가공에 따른 불량을 줄이고 생산 능률을 향상시킬 수 있다.

① ⊙, ⓒ
② ⊙, ⓒ
③ ⓒ, ⓒ
④ ⊙, ⓒ, ⓒ

ANSWER 1.① 2.④

1 부시(bush): 드릴, 리머, 카운터보어 등의 절삭공구의 정확한 위치결정 및 안내를 하기 위하여 사용되는 것으로 복잡한 작업을 쉽고 정밀하게 수행할 수 있으며, 드릴지그에서는 중요한 역할을 수행하게 된다. 따라서 안내부시는 드릴링 작업에서 공작물을 고정을 하는 보조도구라고 보기에는 무리가 있다.

2 치공구에 대한 보기의 사항들은 모두 맞는 설명이다.
  ※ 치공구: 지그(Jig)와 고정구(Fixture)로 분류되며 각종 공작물의 가공 및 검사, 조립, 등의 작업을 가장 경제적이며 정밀도를 향상시키기 위하여 사용되는 보조장치이다.
  • 지그: 지그와 고정구를 명확하게 정의하기는 어려우나 사용상 같은 것으로 간주한다. 기계가공에서 공작물을 고정, 지지하거나 또는 공작물에 부착사용하는 특수장치로서 공작물을 위치결정하여 클램프뿐만 아니라 공구를 공작물에 안내할 수 있는 안내부시장치를 포함하면 이것을 지그로 통칭한다.
  • 고정구: 공작물의 위치결정 및 클램프를 사용하여 고정하는 데 대해서는 지그와 같으나 공구를 공작물에 안내하는 부시기능이 없다. 세팅블록과 필러게이지에 의한 공구의 정확한 위치장치를 포함하여 고정구라고 한다.

3 한줄 겹치기 리벳 이음의 파손 유형에 대한 대책으로 옳지 않은 것은?

① 리벳이 전단에 의해 파손되는 경우, 리벳 지름을 더 크게 한다.
② 리벳 구멍 사이에서 판재가 절단되는 경우, 리벳 피치를 줄인다.
③ 판재 끝이 리벳에 의해 갈라지는 경우, 리벳 구멍과 판재 끝 사이의 여유를 더 크게 한다.
④ 리벳 구멍 부분에서 판재가 압축 파손되는 경우, 판재를 더 두껍게 한다.

4 회전속도 N[rpm]으로 동력 H[W]를 전달할 수 있는 축의 최소 지름[m]은? (단, 축 재료의 허용 전단응력은 τ[N/m²]이며, 축은 비틀림 모멘트만 받는다)

① $\sqrt[3]{\dfrac{8H}{15\tau N}}$

② $\sqrt[3]{\dfrac{16H}{15\tau N}}$

③ $\sqrt[3]{\dfrac{480H}{\pi^2 \tau N}}$

④ $\sqrt[3]{\dfrac{960H}{\pi^2 \tau N}}$

ANSWER 3.② 4.③

3 리벳 구멍 사이에서 판재가 절단되는 경우, 리벳 피치를 늘려서 응력을 최소화시켜야 한다.

4 회전속도 N[rpm]으로 동력 H[W]를 전달할 수 있는 축의 최소 지름[m]의 산정식 : $\sqrt[3]{\dfrac{480H}{\pi^2 \tau N}}$

산정식 도출과정은 다음과 같으나 식 자체를 암기할 것을 권한다.

$$T = \dfrac{H}{\dfrac{2\pi N}{60}} = \dfrac{30H}{\pi N}[N \cdot m]$$

$\tau = \dfrac{16T}{\pi d^3}$ 이며 $d = \sqrt[3]{\dfrac{16T}{\pi \tau}} = \sqrt[3]{\dfrac{16}{\pi \tau} \cdot \dfrac{30H}{\pi N}} = \sqrt[3]{\dfrac{480H}{\pi^2 \tau N}}$

5 동일한 재료로 제작된 중공축 A와 중공축 B에 토크가 각각 작용하고 있다. 축 A의 안지름은 2mm, 바깥지름은 4mm이고, 축 B의 안지름은 4mm, 바깥지름은 8mm이다. 허용응력 범위 내에서, 축 A가 전달할 수 있는 최대 토크(T_A)에 대한 축 B가 전달할 수 있는 최대 토크(T_B)의 비($\frac{T_B}{T_A}$)는? (단, 두 축은 비틀림 모멘트만 받는다)

① 2　　② 4
③ 8　　④ 16

6 직육면체 구조물이 수평 천장에 필렛(fillet) 용접(음영 부분)되어 있을 때, 목두께를 기준으로 용접부가 견딜 수 있는 구조물의 최대 중량[kN]은? (단, 용접부 단면은 직각 이등변삼각형이고 목두께는 3mm, 용접 재료의 허용 인장응력은 30MPa이다.)

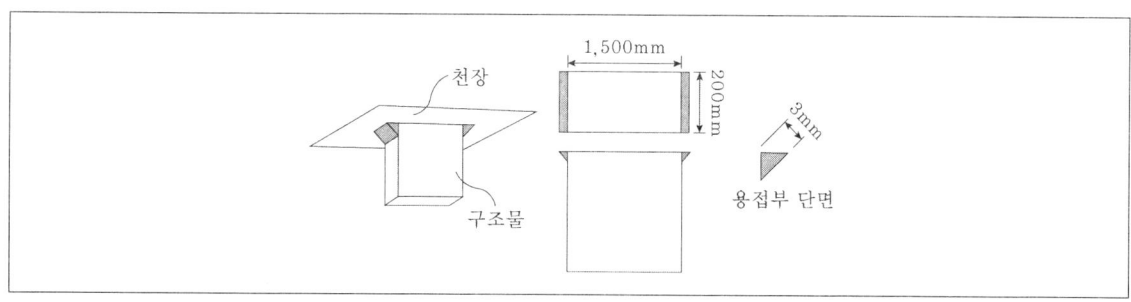

① 18　　② 20
③ 25　　④ 36

ANSWER 5.③ 6.④

5
- 축 A의 내외경비: $x_A = \dfrac{d_i}{d_o} = \dfrac{2}{4} = \dfrac{1}{2}$
- 축 B의 내외경비: $x_B = \dfrac{d_i}{d_o} = \dfrac{4}{8} = \dfrac{1}{2} = x_A = x$

$\tau = \dfrac{Tc}{J} = \dfrac{16T}{\pi d_o^3(1-x^4)}$, $T_A = \dfrac{\pi d_{o,A}^3(1-x^4)}{16}$, $T_B = \dfrac{\pi d_{o,B}^3(1-x^4)}{16}$

$\dfrac{T_B}{T_A} = \dfrac{d_{o,B}^3(1-x_B^4)}{d_{o,A}^3(1-x_A^4)} = \dfrac{8^3}{4^3} = 8$

6 유효용접면적은 목두께와 유효길이의 곱이다.
구조물이 견딜 수 있는 최대인장력은 허용인장응력과 목두께, 길이를 곱한 값이며 문제에서 주어진 경우 양쪽에 용접이 실시되므로 이 값에 2를 곱해야 한다. 따라서
$P_{max} = \sigma_t \cdot t \cdot l \cdot n = 30 \cdot 3 \cdot 200 \cdot 2 = 36,000[N]$

7 나사에 대한 설명으로 옳은 것은?

① 미터 가는나사는 지름에 대한 피치의 크기가 미터 보통나사보다 커서 기밀성이 우수하다.
② 둥근나사는 수나사와 암나사 사이에 강구를 배치하여 운동 시 마찰을 최소화한다.
③ 유니파이나사는 나사산각이 55°인 인치계 삼각나사이고, 나사의 크기는 1인치당 나사산수로 한다.
④ 톱니나사는 하중의 작용방향이 일정한 경우에 사용하고 하중을 받는 반대쪽은 삼각나사 형태로 만든다.

8 두께가 얇은 원통형 압력용기 내부에 일정한 압력이 작용할 때, 압력용기 원통 벽면에 발생하는 응력 중 원주방향 응력(σ_1)에 대한 길이방향 응력(σ_2)의 비($\frac{\sigma_2}{\sigma_1}$)는?

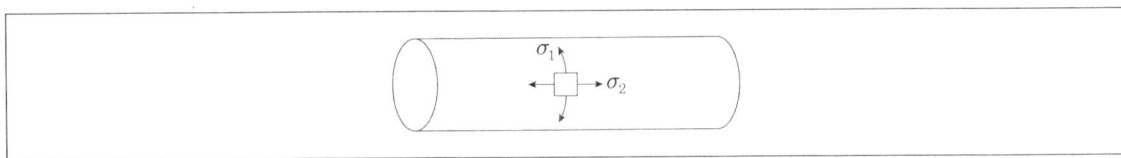

① 0.5
② 1
③ 2
④ 4

ANSWER 7.④ 8.①

7 ① 미터 가는나사는 지름에 대한 피치의 크기가 미터 보통나사보다 작다. (미터나사는 우리나라를 비롯하여 미터법을 실시하고 있는 나라에서 사용된다.)
② 수나사와 암나사 사이에 강구를 배치하여 운동 시 마찰을 최소화하는 방식은 볼나사이다.
③ 유니파이나사는 나사산각이 60°인 인치계 삼각나사이고, 나사의 크기는 1인치당 나사산수로 한다.

※ 유니파이나사
• 1948년 미국, 영국, 캐나다의 3국 협정에 의하여 제정된 것으로서, 주로 미국에서 사용하고 있으나 실질적으로는 세계의 표준 나사라 볼 수 있으며 ABC나사라고도 부른다.
• 기호 U로 나타내고, 호칭 치수는 수나사의 바깥 지름을 인치로 나타낸 값과 1인치(25.4mm) 사이의 수로 나타낸다.
• 나사산의 각도가 60°인 것은 미터나사와 같으나, 각 부분의 치수를 결정하는 방법이 미터나사에서는 P(피치)를 기준으로 해서 결정하는 데 비하여 U나사에서는 1인치당 나사산의 수 n을 기준으로 하여 결정하는 것이 다르다.
• 유니파이 보통나사와 유니파이 가는나사가 있다. 유니파이 가는나사는 특히 항공기용 작은나사에 사용된다.

8 $\sigma_{길이방향} = \frac{PD}{4t}$, $\sigma_{원주방향} = \frac{PD}{2t}$ 이므로 0.5가 답이 된다.

9 일정한 단면을 갖는 길이 250mm인 원형 단면봉에 길이방향 하중을 작용하여 길이가 1mm 늘어났을 때, 반경방향 변형률(strain)의 절댓값은? (단, 봉은 재질이 균질하고 등방성이며, 세로탄성계수(Young's modulus)는 100GPa이고, 전단탄성계수(shear modulus of elasticity)는 40GPa이다)

① 0.001　　　　　　　　　　　② 0.004
③ 0.015　　　　　　　　　　　④ 0.25

10 재료의 피로에 대한 설명으로 옳지 않은 것은?

① 정하중이 작용할 때의 항복응력보다 낮은 응력에서도 반복횟수가 많으면 파괴되는 현상을 피로파괴라 한다.
② 가해지는 반복하중의 크기가 작을수록 파괴가 일어날 때까지의 반복횟수가 줄어든다.
③ 피로강도는 재료의 성질, 표면조건, 부식 등에 영향을 받는다.
④ 엔진, 터빈, 축, 프로펠러 등의 기계부품 설계에 반복하중의 영향을 고려한다.

11 롤러체인 전동장치에서 체인의 피치가 10mm, 스프로킷의 잇수가 20개, 스프로킷 휠의 회전속도가 700rpm일 때, 체인의 평균 속도에 가장 가까운 값[m/s]은?

① 0.5　　　　　　　　　　　② 1.2
③ 2.3　　　　　　　　　　　④ 3.7

ANSWER 9.① 10.② 11.③

9 축방향의 탄성계수를 E, 전단탄성계수를 G라고 하면 $G=\dfrac{E}{2(1+\nu)}$가 성립된다. (ν는 포아송비이다.)

따라서, 포아송비는 $\nu = \dfrac{E}{2G}-1 = \dfrac{100}{2\cdot 40}-1 = \dfrac{1}{4}$

축방향 변형률은 $\varepsilon = \dfrac{1}{250} = 0.004$이므로 반경방향 변형률의 절댓값은 $0.25 \times 0.004 = 0.001$

10 가해지는 반복하중의 크기가 클수록 파괴가 일어날 때까지의 반복횟수가 줄어든다.

11 $v = \dfrac{N\cdot p\cdot Z}{60,000} = \dfrac{700\cdot 10\cdot 20}{60,000} = \dfrac{7}{3} = 2.3[m/s]$

12 두께 5mm, 폭 50mm인 평판 부재의 중앙에 한 변의 길이가 10mm인 정사각형 관통구멍이 있다. 탄성 한계 내에서 평판양단에 5kN의 인장하중(P)이 작용할 때, 구멍 부분에서 응력의 최댓값[N/mm²]은? (단, 구멍의 응력집중계수는 2.0이다)

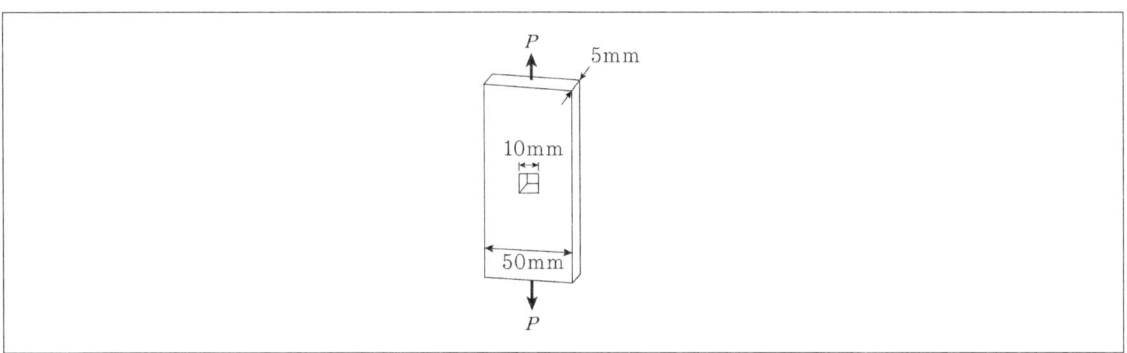

① 20
② 25
③ 40
④ 50

13 용기 내에서 유체의 압력이 일정 압을 초과하였을 때, 자동적으로 열리면서 유체를 외부로 방출하여 압력 상승을 억제하는 밸브는?

① 게이트밸브
② 안전밸브
③ 체크밸브
④ 스톱밸브

ANSWER | 12.④ 13.②

12 평균인장응력

$$\frac{5[kN]}{5[mm] \cdot (50-10)[mm]} = \frac{5000[N]}{200[mm^2]} = 25[N/mm^2]$$

응력집중계수가 2이므로 평균인장응력의 2배를 한 값이 최대인장응력이 된다.

13 안전밸브는 용기 내에서 유체의 압력이 일정 압을 초과하였을 때, 자동적으로 열리면서 유체를 외부로 방출하여 압력 상승을 억제하는 밸브이다.

14 평벨트 전동에서 벨트의 긴장측과 이완측의 장력이 각각 2.4kN, 2.0kN이고 원동측 벨트풀리의 지름과 회전속도가 각각 200mm, 300rpm일 때, 벨트가 전달하는 동력[kW]은? (단, 벨트에 걸리는 응력은 허용범위 이내이고 벨트의 원심력과 두께는 무시하며 벨트와 벨트풀리 사이의 미끄럼은 없다)

① 0.4π
② 0.6π
③ 0.8π
④ 1.2π

15 그림과 같이 드럼축에 토크 M이 작용하여 드럼이 시계방향으로 돌고 있다. 밴드와 드럼 사이의 마찰계수가 μ이고 접촉각이 θ일 때, 드럼을 정지시키기 위해 밴드와 연결된 브레이크 레버에 작용시켜야 할 최소 힘 F는? (단, b=2a이다.)

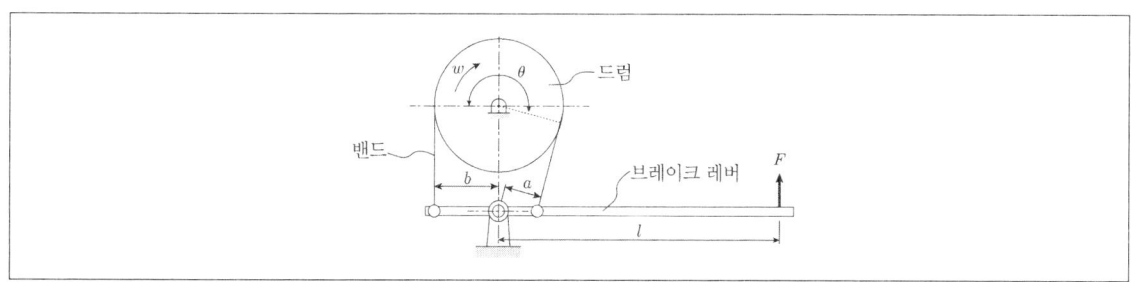

① $\dfrac{M(e^{\mu\theta}-1)}{2l(2e^{\mu\theta}-1)}$
② $\dfrac{M(2e^{\mu\theta}-1)}{2l(e^{\mu\theta}-1)}$
③ $\dfrac{M(e^{\mu\theta}-1)}{l(2e^{\mu\theta}-1)}$
④ $\dfrac{M(2e^{\mu\theta}-1)}{l(e^{\mu\theta}-1)}$

ANSWER 14.① 15.②

14 $P=(2.4-2.0)\cdot\dfrac{200}{2}\cdot 10^{-3}\cdot\dfrac{2\pi\cdot 300}{60}=0.4\pi\,[kW]$

15 $M=(T_t-T_s)b=(e^{\mu\theta}-1)T_s b$ 이므로
$T_t b = T_s a + Fl$ 이 된다.

$F=\dfrac{T_t b - T_s a}{l}=\dfrac{T_s e^{\mu\theta}-T_s\dfrac{b}{s}}{l}=\dfrac{(2e^{\mu\theta}-1)T_s b}{2l}$

$T_s b = \dfrac{M}{e^{\mu\theta}-1}$ 이므로 $F=\dfrac{M(2e^{\mu\theta}-1)}{2l(e^{\mu\theta}-1)}$ 이 된다.

16 칼라(collar)의 바깥지름이 300mm, 안지름이 200mm인 칼라 베어링(collar bearing)에 축 방향 하중 3.6×10^5N이 작용하고 있다. 칼라가 2개일 때, 베어링에 작용하는 평균 압력[N/mm²]은? (단, $\pi = 3$이며, 베어링에 작용하는 압력은 허용압력 범위 이내이다)

① 3.2
② 4.8
③ 6.2
④ 9.6

17 맞물려 회전하는 기어에서 축의 자세에 따른 기어의 설명으로 옳지 않은 것은?

① 베벨기어는 두 축이 교차할 때 사용한다.
② 스퍼기어는 두 축이 평행할 때 사용한다.
③ 하이포이드기어는 두 축이 만나지 않을 때 사용한다.
④ 헬리컬기어는 두 축이 평행하지도 만나지도 않을 때 사용한다.

ANSWER 16.② 17.④

16 $p = \dfrac{3.6 \times 10^5}{\dfrac{\pi(300^2 - 200^2)}{4} \cdot 2} = 4.8 [N/mm^2]$

17 헬리컬기어는 두 축이 서로 평행한 경우 사용한다.
※ 기어의 종류
  • 두 축이 서로 평행한 경우
    − 스퍼기어
    − 래과 피니언
    − 내접기어
    − 헬리컬기어
  • 두 축이 만나는 경우
    − 베벨기어
    − 마이터기어
    − 크라운기어
  • 두 축이 평행하지도 만나지도 않는 경우
    − 웜기어
    − 하이포이드기어
    − 나사기어
    − 스큐기어

18 베벨기어와 스퍼기어를 이용하여 모터의 동력을 축 A와 축 B에 전달하고 있다. 모터의 회전속도가 100rpm일 때, 축 A와 축 B의 회전속도 차이[rpm]는? (단, a, b는 베벨기어이고 c, d, e, f는 스퍼기어이며, $Z_a \sim Z_f$는 각 기어의 잇수이다.)

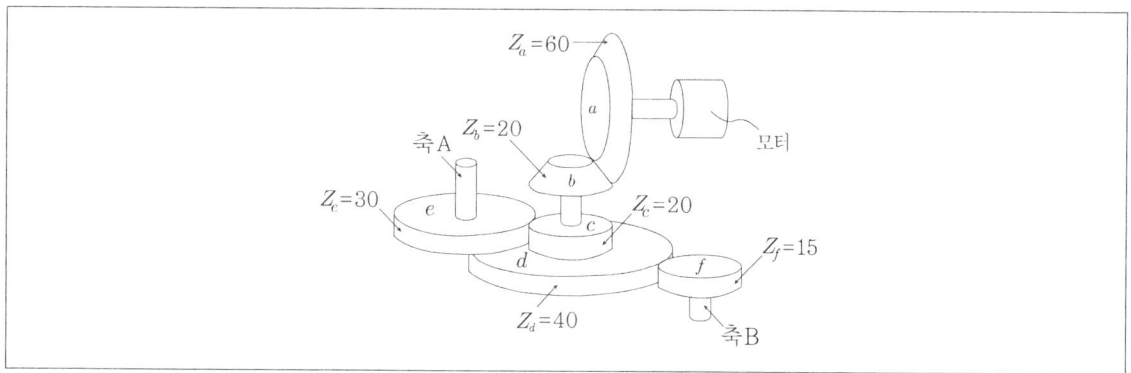

① 460
② 500
③ 560
④ 600

19 잇수 42개, 이끝원지름(바깥지름) 132mm인 표준 보통이 스퍼기어의 모듈은?

① 2
② 3
③ 4
④ 5

ANSWER 18.④ 19.②

18 $\dfrac{w_e}{w_a} = \dfrac{Z_a}{Z_b} \cdot \dfrac{Z_c}{Z_e} = \dfrac{60}{20} \cdot \dfrac{20}{30} = 2$ 이므로 $w_e = 200 rpm$

$\dfrac{w_f}{w_a} = \dfrac{Z_a}{Z_b} \cdot \dfrac{Z_d}{Z_f} = \dfrac{60}{20} \cdot \dfrac{40}{15} = 8$ 이므로 $w_f = 800 rpm$

축A와 축B의 회전속도 차이는 600[rpm]이 된다.

19 $D_0 = D + 2m = m(Z+2)$ 이므로 $D_0 = m \cdot (42+2) = 132$를 만족하는 m은 3이 된다.

20 평벨트를 벨트풀리에 거는 방법에 대한 설명으로 옳은 것만을 모두 고르면? (단, 원동축은 시계방향으로 회전한다)

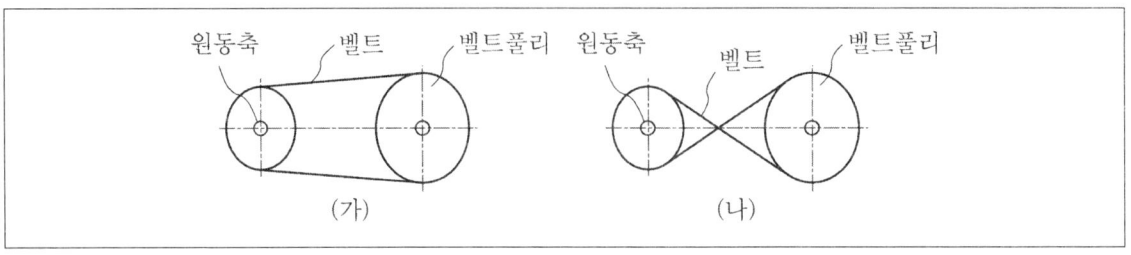

㉠ (가)는 위쪽 벨트가 이완측이 된다.
㉡ (나)는 원동축과 종동축의 회전 방향이 같다.
㉢ (가)는 (나)보다 미끄럼이 작다.
㉣ (나)는 (가)보다 큰 동력을 전달할 수 있다.

① ㉠, ㉡
② ㉠, ㉣
③ ㉡, ㉢
④ ㉢, ㉣

ANSWER 20.②

20 ㉡ (나)는 원동축과 종동축의 회전 방향이 서로 반대이다.
㉢ (가)는 (나)보다 미끄럼이 크다.

기계설계   2019. 6. 15. 제2회 서울특별시 시행

1 축방향 하중은 Q, 리드각은 α, 마찰각은 ρ라고 하고 자리면의 마찰은 무시한다. 사각 나사를 풀 때 필요한 회전력(P')을 표현한 식으로 가장 옳은 것은?

① $Q\tan(\rho - \alpha)$
② $Q\sin(\rho - \alpha)$
③ $Q\tan(\alpha - \rho)$
④ $Q\sin(\alpha - \rho)$

2 사각 나사의 리드각을 β, 마찰각을 ρ라고 할 때, 사각 나사가 자립되는 한계 조건에서 나사의 효율은?

① $\dfrac{\tan 2\beta}{\tan \beta}$
② $\dfrac{\tan \rho}{\tan \beta + \tan \rho}$
③ $\dfrac{1}{2} + \dfrac{1}{2}\tan^2 \beta$
④ $\dfrac{1}{2} - \dfrac{1}{2}\tan^2 \beta$

3 키가 전달시킬 수 있는 회전토크가 T이고, 키의 폭이 b, 키의 높이가 h, 키의 길이가 l인 경우, 키에 발생하는 압축응력은? (단, 키홈의 깊이는 키의 높이 h의 절반이다.)

① $\dfrac{4T}{hld}$
② $\dfrac{2T}{hld}$
③ $\dfrac{4Th}{ld}$
④ $\dfrac{2Th}{ld}$

ANSWER 1.① 2.④ 3.①

1 사각나사를 풀 때 요구되는 회전력의 식은 $Q\tan(\rho - \alpha)$로 표현된다. (축방향 하중은 Q, 리드각은 α, 마찰각은 ρ)

2 나사가 자립할 수 있는 한계조건은 나사의 리드각과 마찰각이 같을 때이다. 이 때의 나사의 효율은
$$\eta = \dfrac{\tan \beta}{\tan(\beta + \rho)} = \dfrac{\tan \beta}{\tan 2\beta}$$

3
$$\sigma = \dfrac{F}{A} = \dfrac{\dfrac{2T}{d}}{\dfrac{h}{2}l} = \dfrac{4T}{hld}$$

4 180kN의 인장력이 작용하고 있는 양쪽 덮개판 맞대기 이음에서 리벳의 단면적이 100mm²이고 리벳의 허용 전단응력이 250N/mm²라면 리벳은 최소 몇 개가 필요한가? (단, 1열 리벳이음으로 가정한다.)

① 4개　　　　　　　　　　　② 6개
③ 8개　　　　　　　　　　　④ 10개

5 양단에 단순 지지된 중실축 중앙에 한 개의 회전체가 설치되어 있다. 축의 길이와 직경이 각각 2배가 되면 위험 속도는 몇 배가 되는가? (단, 축의 자중은 무시한다.)

① $\frac{1}{\sqrt{2}}$ 배

② $\frac{1}{2}$ 배

③ $\sqrt{2}$ 배

④ 2배

6 구동축의 전단응력에 대한 설명 중 가장 옳은 것은?(단, 구동축은 중실축이다.)

① 전단응력은 비틀림모멘트에 비례하고 축경의 3승에 반비례한다.
② 전단응력은 비틀림모멘트에 반비례하고 축경의 3승에 반비례한다.
③ 전단응력은 비틀림모멘트에 비례하고 축경의 3승에 비례한다.
④ 전단응력은 비틀림모멘트에 반비례하고 축경의 3승에 비례한다.

ANSWER 4.①　5.③　6.①

4 양쪽 덮개판 맞대기 이음(복 전단면)이므로 $180 \times 10^3 = 250 \times 100 \times 1.8 \times n$을 만족하는 n=4

5 처짐량 $\delta = \frac{PL^3}{48EI}$ 이므로 축길이와 직경이 각각 2배가 되면 처짐량이 $\frac{2^3}{2^4} = \frac{1}{2}$ 배가 된다.

위험속도 $N = \frac{30}{\pi}\sqrt{\frac{g}{\delta}}$ 이므로 위험속도는 $\sqrt{2}$ 배가 된다.

6 $\tau = \frac{Tc}{J} = \frac{T \cdot \frac{d}{2}}{\frac{\pi d^4}{32}} = \frac{16T}{\pi d^3}$ 이므로 구동축의 전단응력은 비틀림모멘트에 비례하고 축경의 3승에 반비례한다.

7 중실축에 굽힘모멘트 M=100N·m와 비틀림모멘트 T=$100\sqrt{3}$ N·m를 동시에 작용할 때 최대전단응력은 최대주응력의 몇 배인가?

① $\frac{2}{5}$ 배

② $\frac{2}{3}$ 배

③ $\frac{1}{\sqrt{3}}$ 배

④ $\frac{1}{\sqrt{5}}$ 배

8 접촉면의 안지름이 60mm, 바깥지름이 80mm이고 접촉면의 마찰계수가 0.3인 단판 클러치가 200kgf·mm의 토크를 전달시키는 데 필요한 접촉면압의 값[kgf/mm²]은?

① $\frac{1}{294\pi}$ kgf/mm²

② $\frac{1}{588\pi}$ kgf/mm²

③ $\frac{2}{147\pi}$ kgf/mm²

④ $\frac{4}{147\pi}$ kgf/mm²

ANSWER 7.② 8.④

7 상당비틀림모멘트 $T_e = \sqrt{100^2 + (100\sqrt{3})^2} = 200[N \cdot m]$

상당굽힘모멘트 $M_e = \frac{M + T_e}{2} = \frac{100 + 200}{2} = 150[N \cdot m]$

최대전단응력 $\tau = \frac{16 T_e}{\pi d^3}$, 최대주응력 $\sigma = \frac{32 M_e}{\pi d^3}$

$\frac{\tau}{\sigma} = \frac{16 T_e}{32 M_e} = \frac{200}{2 \cdot 150} = \frac{2}{3}$

8 $0.3 \cdot p \cdot \frac{\pi(80^2 - 60^2)}{4} \cdot \frac{60 + 80}{4} = 200$

따라서 $p = \frac{4}{147\pi}$ kgf/mm²

9 키가 있는 플랜지 고정 커플링에 허용전단강도 200MPa이고, 전단면적이 400mm²인 볼트 6개가 체결되어 있고, 볼트의 기초원 지름은 200mm이다. 볼트의 전단응력은 균일하고, 플랜지와 키의 마찰은 무시하며, 토크 용량은 볼트의 허용전단강도에 의해 결정된다고 가정할 때, 허용전달토크의 값[kN·m]은?

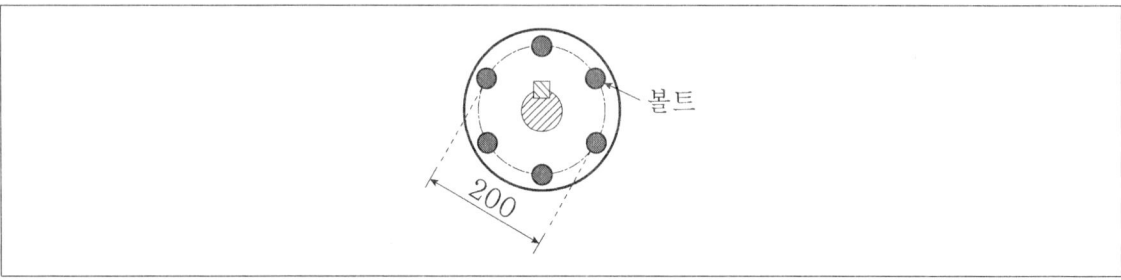

① 24kN·m
② 48kN·m
③ 72kN·m
④ 96kN·m

10 마찰면의 바깥지름이 110mm, 안지름이 90mm, 폭이 20mm인 원추 클러치가 접촉면압이 0.1N/mm² 이하로 사용될 때 최대전달토크의 값[N·mm]은? (단, 마찰계수는 0.2, π=3으로 계산한다.)

① 1,000N·mm
② 2,000N·mm
③ 4,000N·mm
④ 6,000N·mm

Answer 9.② 10.④

9 $200 \cdot 400 \cdot 6 \cdot \dfrac{200}{2} \cdot 10^{-3} = 48[kN \cdot m]$

10 $T = \mu \cdot Q \cdot \dfrac{D_m}{2}$ 이며 $Q = \pi D_m b q$

$T = 0.2 \cdot 0.1 \cdot \dfrac{\pi(110+90)}{2} \cdot 20 \cdot \dfrac{110+90}{4} = 6000[N \cdot mm]$

11 베어링 번호가 6310인 단열 깊은 홈 볼 베어링을 그리스 윤활로 900시간의 수명을 주려고 할 때 베어링 하중의 값[kN]은? (단, 그리스 윤활의 dN값은 200,000이고 6310 베어링의 동적부하용량은 48kN으로 계산한다.)

① 4kN
② 6kN
③ 8kN
④ 10kN

12 지름이 250mm인 축이 9,000kgf의 스러스트 하중을 받고, 칼라 베어링의 칼라의 외경이 350mm이고 최대허용압력이 0.04kgf/mm²라 하면 최소 몇 개의 칼라가 필요한가? (단, π =3으로 한다.)

① 3개
② 5개
③ 7개
④ 10개

ANSWER 11.③ 12.②

11 안지름번호가 10이므로 안지름은 10×5=50[mm] 한계속도지수 $dN=200,000$이므로

$$N=\frac{200,000}{50}=4,000[rpm]$$

$$900=\left(\frac{48}{P}\right)^3 \cdot \frac{10^6}{60 \cdot 4,000}$$ 이므로 $P=8[kN]$

12 $9,000=0.04 \cdot \frac{\pi(350^2-250^2)}{4} \cdot n$을 만족하는 $n=5$

13 원판에 의한 무단 변속장치에서 그림과 같이 종동차(2)가 원동차(1)의 중심에서 x 거리만큼 떨어져 구름 접촉을 할 때 속도비와 회전토크비로 가장 옳은 것은? (단, N_1과 N_2는 각각 원동축(Ⅰ축)과 종동축(Ⅱ축)의 회전속도이고, T_1과 T_2는 각각 원동차와 종동차의 회전토크이다.)

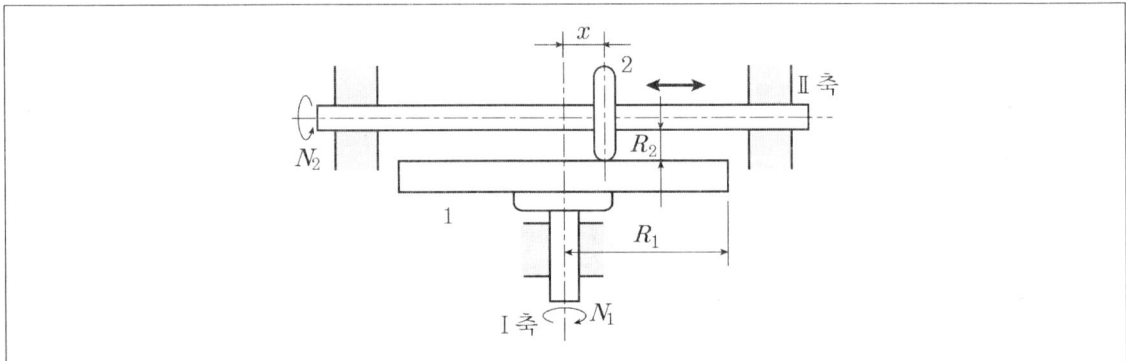

① $\dfrac{N_2}{N_1} = \dfrac{R_2}{x}$, $\dfrac{T_2}{T_1} = \dfrac{x}{R_2}$

② $\dfrac{N_2}{N_1} = \dfrac{R_1}{x}$, $\dfrac{T_2}{T_1} = \dfrac{x}{R_1}$

③ $\dfrac{N_2}{N_1} = \dfrac{x}{R_2}$, $\dfrac{T_2}{T_1} = \dfrac{R_2}{x}$

④ $\dfrac{N_2}{N_1} = \dfrac{x}{R_1}$, $\dfrac{T_2}{T_1} = \dfrac{R_1}{x}$

ANSWER 13.③

13 접촉점에서의 속도가 같으므로 $xN_1 = R_2 N_2$

$\dfrac{N_2}{N_1} = \dfrac{x}{R_2}$ 이며 $\dfrac{T_2}{T_1} = \dfrac{N_1}{N_2} = \dfrac{R_2}{x}$

14 기어에 대한 설명으로 가장 옳지 않은 것은?

① 언더컷을 방지하려면 압력각을 크게 한다.
② 하이포이드 기어는 두 축이 교차할 때 사용하는 기어의 종류이다.
③ 인벌류트 치형은 사이클로이드 치형에 비해 강도가 우수하다.
④ 전위기어는 표준기어에 비해 설계가 복잡하다.

15 스퍼 기어의 중심거리가 100mm이고, 모듈이 5일 때, 회전각속도비가 1/4배로 감속한다면 각 기어의 피치원 지름과 각 기어의 잇수를 순서대로 바르게 나열한 것은?

① 40mm, 160mm, 8개, 32개
② 10mm, 80mm, 8개, 32개
③ 10mm, 160mm, 4개, 16개
④ 40mm, 160mm, 4개, 32개

ANSWER 14.② 15.①

14 하이포이드 기어는 두 축이 교차하지 않을 때 사용하는 기어의 종류이다. (두 축이 엇갈리는 기어이다.)

15 $\dfrac{Z_2}{Z_1} = \dfrac{w_1}{w_2} = 4$ 이며 중심거리

$C = \dfrac{m(Z_1 + Z_2)}{2} = \dfrac{5(Z_1 + 4Z_1)}{2} = 100$ 이므로 $\dfrac{5(8 + 4 \times 8)}{2} = 100$

$Z_1 = 8$, $Z_2 = 4Z_1 = 32$

$D_1 = mZ_1 = 40[mm]$

$D_2 = mZ_2 = 5 \times 32 = 160[mm]$

따라서 40mm, 160mm, 8개, 32개가 된다.

16 클러치형 원판 브레이크가 〈보기〉와 같은 조건에서 사용되고 있을 때 제동할 수 있는 동력에 가장 가까운 값[PS]은?

〈보기〉

접촉면의 평균지름이 100mm, 밀어서 접촉시키는 힘이 500kgf, 회전각속도가 200rpm, 마찰계수는 0.2

① 0.14PS
② 1.40PS
③ 14.00PS
④ 140.00PS

17 체인 전동의 특징에 대한 설명으로 가장 옳지 않은 것은?

① 인장강도가 높아 큰 동력을 전달하는 데 사용됨
② 초기장력이 필요하지 않아 이로 인한 베어링 반력이 발생되지 않음
③ 유지 및 수리가 간단하고 수명이 긺
④ 미끄러짐이 발생하여 이에 대한 충분한 고려를 하여야 함

ANSWER 16.② 17.④

16 $P = 0.2 \cdot 500 \cdot \dfrac{2\pi \cdot 200}{60} \cdot \dfrac{100}{2} \cdot 10^{-3} \cdot \dfrac{1}{75}$

$P = 1.396 ≒ 1.4[PS]$

17 체인전동은 미끄러짐이 없이 안정적으로 동력전달을 할 수 있다.

18 브레이크 드럼축에 300,000N·mm의 토크가 작용하는 밴드 브레이크가 있다. 드럼축의 우회전을 멈추기 위해 브레이크 레버에 주는 힘 F의 값[N]은? (단, D=200mm, l=500mm, a=50mm, $e^{\mu\theta}$=4로 한다.)

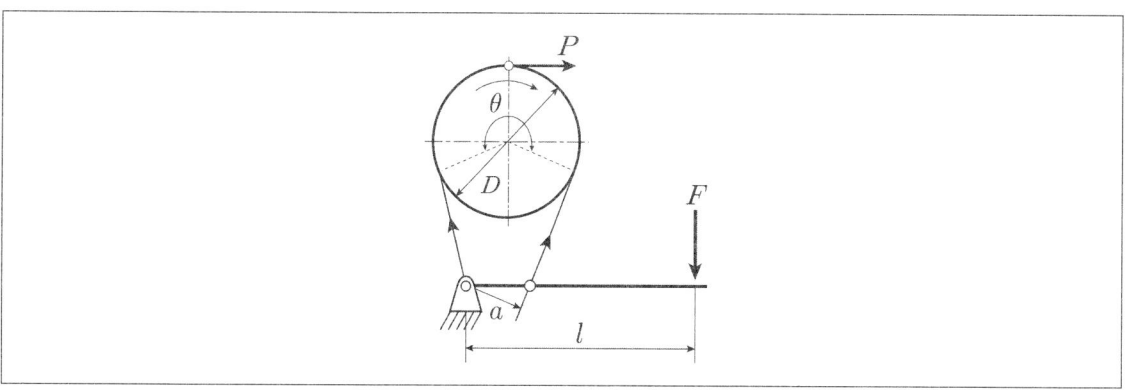

① 40N ② 60N
③ 80N ④ 100N

19 소선의 지름이 10mm, 코일의 평균 지름이 50mm, 스프링 상수가 4kg$_f$/mm인 원통 코일 스프링의 유효 감김수는 몇 회인가? (단, 횡탄성계수 G=4×10³kg$_f$/mm²이다.)

① 6회 ② 8회
③ 10회 ④ 12회

ANSWER 18.④ 19.③

18 $T_t - T_s = \dfrac{300,000}{100} = 3,000[N]$

$4T_s - T_s = 3000$이며 $T_s = 1,000[N]$, $T_t = 4,000[N]$

$50 \cdot T_s = 500 \cdot F$이므로 $F = 100[N]$

19 $k = \dfrac{P}{\delta} = \dfrac{Gd^4}{8N_a D^3}$ 이므로 $4 = \dfrac{4 \cdot 10^3 \cdot 10^4}{8 \cdot N_a \cdot 50^3}$ 가 된다.

이를 만족하는 $N_a = 10$

20 두 개의 스프링이 직렬로 연결되어 P[N]의 하중이 작용될 때, 늘어난 길이를 계산한 식으로 가장 옳은 것은?

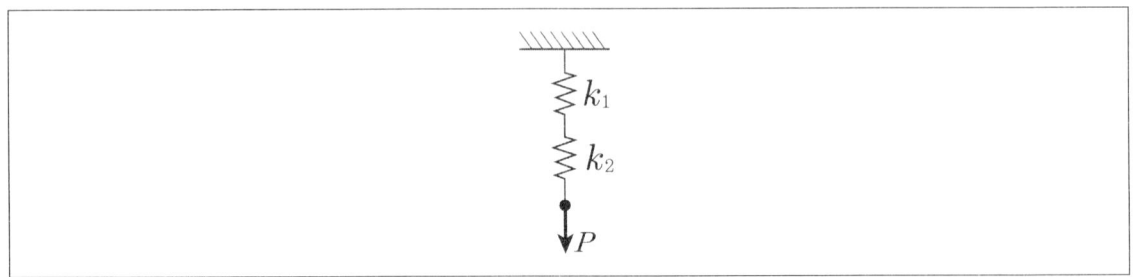

① $\dfrac{P(k_1 + k_2)}{k_1 k_2}$

② $\dfrac{P k_1 k_2}{k_1 + k_2}$

③ $\dfrac{P k_1}{k_2}$

④ $\dfrac{P k_2}{k_1}$

ANSWER 20.①

20 직렬로 연결된 스프링이므로 등가스프링상수를 구하면 $k_{eq} = \dfrac{k_1 \cdot k_2}{k_1 + k_2}$ 가 되며 따라서 변위는 $\delta = \dfrac{P}{k_{eq}} = \dfrac{P(k_1 + k_2)}{k_1 k_2}$

기계설계

2020. 6. 13. 제1회 지방직 / 제2회 서울특별시 시행

1 그림과 같은 연강의 응력-변형률 선도에서 훅(Hooke)의 법칙이 성립되는 구간은?

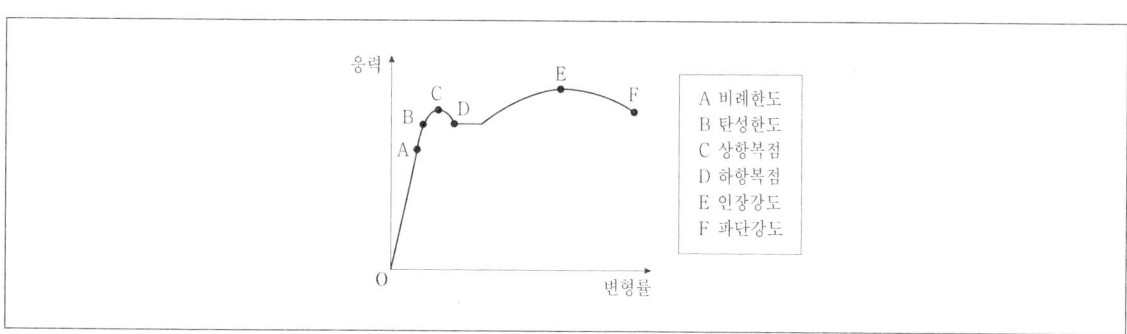

① OA
② AB
③ CD
④ EF

2 마찰계수가 0.5인 단판 브레이크에서 축방향으로의 힘이 400N일 때, 제동토크[N·m]는? (단, 원판의 평균지름은 500mm이다)

① 30
② 40
③ 50
④ 60

ANSWER 1.① 2.③

1 훅의 법칙이 성립되는 구간은 OA구간이며 A점 이후부터는 훅의 법칙이 성립되지 않는다.

2 $T = 0.5 \cdot 400 \cdot \dfrac{0.5}{2} = 50[N \cdot m]$

3 나사에 대한 설명으로 옳지 않은 것은?

① 미터나사는 결합용 나사로서 기호 M으로 나타낸다.
② 둥근나사는 나사골에 강구를 넣어 볼의 구름 접촉에 의해 나사 운동을 한다.
③ 유니파이나사의 피치는 1인치 안에 들어 있는 나사산의 수로 나타낸다.
④ 사다리꼴나사는 운동용 나사로서 공작기계의 이송 나사로 사용된다.

4 리벳 이음에서 리벳지름이 d, 피치가 $2p$인 판의 효율은?

① $\dfrac{p-d}{p}$
② $\dfrac{2p-d}{p}$
③ $\dfrac{2p-d}{2p}$
④ $\dfrac{d-2p}{2p}$

ANSWER 3.② 4.③

3 나사골에 강구를 넣어 볼의 구름 접촉에 의해 나사 운동을 하는 것은 볼나사이다. 둥근나사는 나사산의 단면이 원호(圓弧) 모양으로 되어 있는 형태의 나사로서 모난 곳이 없으므로 먼지나 가루 따위가 나사부에 끼이기 쉬운 곳에 사용된다. 또 전구(電球)의 마구리쇠와 같이 박판에 프레스 가공을 가하여 나사를 찍어내는 데에 적합한 나사이다. (아래 그림 참조)

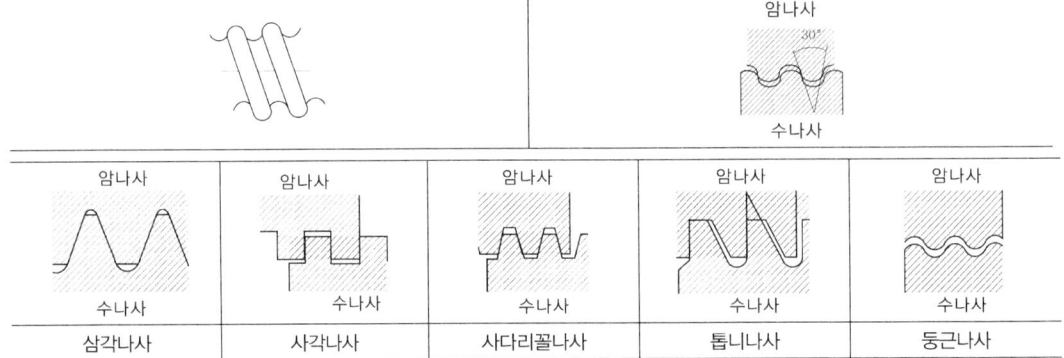

4 리벳이음에서 강판의 효율은

$\eta = \dfrac{\text{구멍이 있을 때의 인장력}}{\text{구멍이 없을 때의 인장력}} = \dfrac{\sigma_t \cdot (p-d) \cdot t}{\sigma_t \cdot p \cdot t} = \dfrac{(p-d)}{p}$

(d: 리벳구멍의 지름, t: 판의 두께, p: 리벳의 피치)

따라서 리벳 이음에서 리벳지름이 d, 피치가 $2p$인 판의 효율은 $\dfrac{2p-d}{2p}$가 된다.

5 900[rpm]으로 회전하고 있는 단열 레이디얼 볼 베어링에 200kgf의 반경방향 하중이 작용하고 있다. 이 베어링의 기본 동적부하용량이 900kgf이고 하중계수가 1.5일 때, 베어링의 수명[시간]은?

① 500
② 1,000
③ 1,500
④ 2,000

6 중실축의 지름이 d이고, 중공축의 바깥지름이 d, 안지름이 $\frac{2}{3}d$이다. 두 축이 같은 재료일 때, 전달할 수 있는 토크비($\frac{T_{중공축}}{T_{중실축}}$)는?

① $\frac{15}{16}$
② $\frac{16}{81}$
③ $\frac{65}{81}$
④ $\frac{16}{15}$

ANSWER 5.① 6.③

5 $L_h = \left(\frac{900}{200 \cdot 1.5}\right)^3 \cdot \frac{10^6}{60 \cdot 900} = 500[hr]$

6

구분	중실축의 외경	중공축의 외경
굽힘모멘트(M) 관련	$d_o = \sqrt[3]{\frac{32M}{\pi\sigma_a}}$	$d_o = \sqrt[3]{\frac{32M}{\pi\sigma_a(1-x^4)}}$
비틀림모멘트(T) 관련	$d_o = \sqrt[3]{\frac{16T}{\pi\tau_a}}$	$d_o = \sqrt[3]{\frac{16T}{\pi\tau_a(1-x^4)}}$

따라서 문제에서 주어진 조건을 대입하면 다음의 식이 성립되어야 한다. 두 축의 바깥지름이 같으므로

$\sqrt[3]{\frac{16T_{중공축}}{\pi\tau_a(1-x^4)}} = \sqrt[3]{\frac{16T_{중실축}}{\pi\tau_a}}$ 이 성립되므로,

$\frac{16T_{중공축}}{\pi\tau_a(1-x^4)} = \frac{16T_{중실축}}{\pi\tau_a}$ 이며 $x = \frac{2}{3}$를 대입하면

$\frac{T_{중공축}}{T_{중실축}} = 1 - \left(\frac{2}{3}\right)^4 = \frac{65}{81}$ 이 된다.

7 그림과 같은 브레이크 드럼의 반지름(r) 50mm, 접촉중심각(θ) 60°, 폭(b) 20mm인 블록 브레이크에 1,000N의 하중(Q)이 작용할 때, 브레이크 패드가 받는 압력[N/mm²]은?

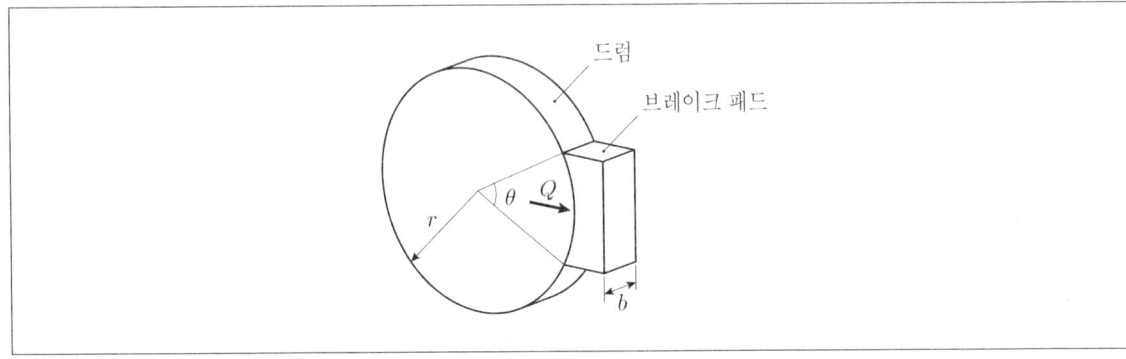

① 0.8
② 1.0
③ 1.2
④ 1.4

ANSWER 7.②

7 $q = \dfrac{Q}{b \cdot r\theta} = \dfrac{1000}{20 \cdot 50 \cdot \dfrac{\pi}{3}} = \dfrac{3}{\pi} = 0.954$

8 그림과 같이 코일스프링의 평균 지름 D[mm], 소선의 지름 d[mm]인 스프링의 중심축 방향으로 압축하중 F[N]가 작용할 때, 스프링의 최대전단응력[N/mm²]으로 가장 옳은 것은?

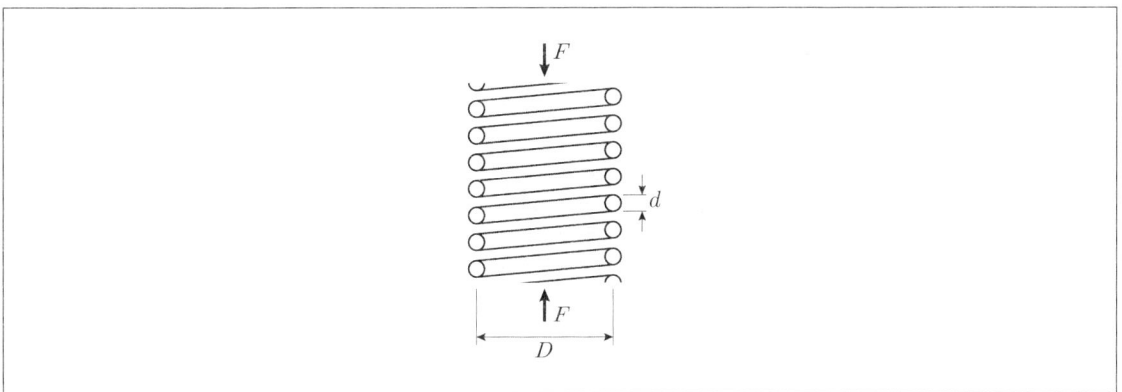

① $\dfrac{4F}{\pi d^2}$

② $\dfrac{8FD}{\pi d^3}$

③ $\dfrac{16FD}{\pi d^3}$

④ $\dfrac{4F}{\pi d^2} + \dfrac{8FD}{\pi d^3}$

ANSWER 8.④

8 직접전단응력은 $\tau_d = \dfrac{F}{\dfrac{\pi d^2}{4}} = \dfrac{4F}{\pi d^2}$

비틀림전단응력은 $\tau_t = \dfrac{F \cdot \dfrac{D}{2} \cdot \dfrac{d}{2}}{\dfrac{\pi d^4}{32}} = \dfrac{8FD}{\pi d^3}$

따라서 최대전단응력은 이 두 값의 합인 $\dfrac{4F}{\pi d^2} + \dfrac{8FD}{\pi d^3}$ 가 된다.

9 얇은 벽의 원통형 압력 용기 설계식으로 옳지 않은 것은? (단, 압력 p[N/cm^2], 원통의 안지름 D[mm], 원통길이 l[mm], 철판두께 t[mm], 부식에 대한 상수 C[mm], 허용인장응력 σ_a[MPa], 이음효율 η이다)

① 원주방향 하중[N] $= \dfrac{pDl}{100}$

② 길이방향 하중[N] $= \dfrac{\pi p D t}{400}$

③ 길이방향의 인장응력[MPa] $= \dfrac{Dp}{400\,t}$

④ 용기 두께[mm] $= \dfrac{Dp}{200\,\sigma_a\,\eta} + C$

10 지름이 10mm인 중실축이 50Hz의 주파수로 1kW의 동력을 전달할 때, 발생되는 최대 유효응력(Von Mises 응력)[MPa]은?

① $\dfrac{160}{\pi^2}$
② $\dfrac{160\sqrt{3}}{\pi^2}$
③ $\dfrac{320}{\pi^2}$
④ $\dfrac{320\sqrt{3}}{\pi^2}$

ANSWER 9.② 10.②

9 내압을 받는 원통형 용기의 원주 방향의 응력은 길이 방향 응력의 2배이다.

- 원주방향의 응력 : $\sigma_1 = \dfrac{PD}{2t}$
- 축(길이)방향의 응력 : $\sigma_2 = \dfrac{PD}{4t}$

따라서 동일한 면적인 경우 길이방향의 하중은 원주방향 하중의 0.5가 된다.
축(길이)방향의 하중은 응력과 단면면적을 곱한 값이며,
$\sigma_2 \cdot A_2 = \dfrac{PD}{4t} \cdot \pi D t = \dfrac{\pi P D^2}{4}$ 이 된다.

10 축의 각속도는 $w = 2\pi f = 2\pi \cdot 50 = 100\pi \,[rad/sec]$

축의 토크는 $T = \dfrac{P}{w} = \dfrac{10^3}{100\pi} = \dfrac{10}{\pi}\,[N \cdot m]$

축의 전단응력은 $\tau = \dfrac{16T}{\pi d^3} = \dfrac{160}{\pi^2}\,[MPa]$

최대유효응력(Von Mises 응력)은
$\sigma_{V.M.} = \sqrt{3}\,\tau = \dfrac{160\sqrt{3}}{\pi^2}\,[MPa]$

11 헬리컬기어에 대한 설명으로 옳지 않은 것은?

① 축직각 모듈은 치직각 모듈보다 크다.
② 이에 작용하는 힘이 점진적이고 탄성변형이 적어 진동과 소음이 작다.
③ 축방향의 추력을 상쇄하기 위해 이중 헬리컬기어를 사용한다.
④ 비틀림 방향이 같은 기어를 한 쌍으로 사용한다.

12 9.6kN의 축방향하중이 작용하는 볼트에서 허용 가능한 볼트의 가장 작은 바깥지름은? (단, 볼트의 허용응력은 100MPa, 볼트의 골지름은 바깥지름의 0.8배이다)

① M8
② M12
③ M16
④ M20

13 기어의 모듈 5, 작은 기어의 잇수 20인 표준 보통이 평기어에서 작은 기어의 회전속도는 300rpm, 큰 기어의 회전속도는 100rpm일 때, 작은 기어와 큰 기어의 이끝원 지름[mm]은?

① 105, 305
② 105, 310
③ 110, 305
④ 110, 310

ANSWER 11.④ 12.③ 13.④

11 헬리컬기어는 비틀림 방향이 서로 반대인 기어를 한 쌍으로 사용한다.

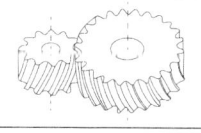

헬리컬기어

- 잇줄이 축방향에 대해 경사져 있는 기어로 맞물리는 기어의 잇줄방향은 서로 반대를 이룬다. (즉, 비틀림 방향이 서로 반대방향이다.)
- 이의 물림이 우수하며 큰 하중을 지지할 수 있고 소음이 적으나 축방향의 하중이 발생하게 되는 문제가 있으며 평기어보다 제작이 어렵다.
- 나선각을 크게 해야 물림률이 높아진다.

12 볼트에 축방향의 정하중 W[kgf]가 작용할 때, 허용인장응력 $\sigma_a[kg_f/mm^2]$를 만족시키기 위한 볼트의 최소 바깥지름 d[mm]은 $\sqrt{\dfrac{2W}{\sigma_a}}$ 이며 주어진 문제의 조건을 대입하면

$$d_o = \sqrt{\dfrac{2W}{\sigma_a}} = \sqrt{\dfrac{2 \cdot 9.6 \cdot 10^3}{100}} = \sqrt{192} = 13.856[mm]$$

가 나오므로 보기 중에서는 M16볼트가 가장 적합하다.

13 "이끝원지름(외경)=모듈×(잇수+2)"이므로, 작은 기어의 경우 잇수 20을 대입하면 이끝원 지름은 110[mm]이 된다. 큰 기어의 회전속도는 작은 기어의 회전속도의 1/3배이므로 직경이 3배가 되므로 300[mm]가 되며 모듈값이 5이므로 큰 기어의 잇수는 작은 기어잇수의 1/5값인 4가 된다. 따라서 이끝원 지름은 310[mm]가 된다.

14 기계설계에서 안전율(safety factor)에 대한 설명으로 옳지 않은 것은?

① 안전율은 재료의 기준강도를 허용응력으로 나눈 값으로 나타낼 수 있다.
② 안전율을 지나치게 크게 하면 경제성이 떨어질 수 있다.
③ 동일 조건에서 노치(notch)가 없을 때보다 노치가 있을 때에 안전율을 작게 한다.
④ 제품의 가공정밀도에 따라 안전율을 다르게 정할 수 있다.

15 그림과 같이 용접부의 치수 t_1 10mm, t_2 12mm, 폭(b) 60mm인 맞대기 용접이음에서 굽힘모멘트(M) 20,000N·mm가 작용할 때, 목두께에서의 굽힘응력[N/mm²]은?

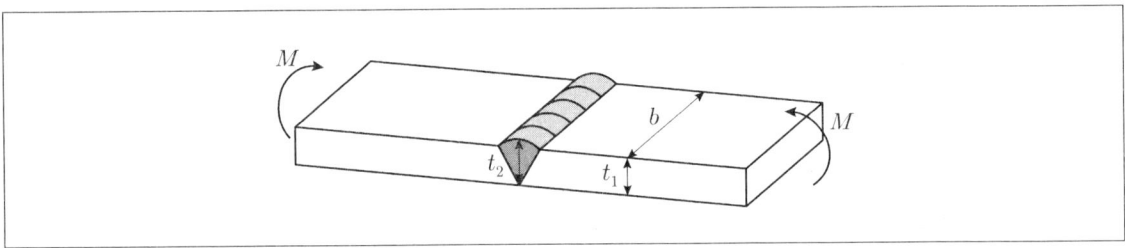

① $\dfrac{125}{9}$

② 20

③ $\dfrac{250}{9}$

④ 30

Answer 14.③ 15.②

14 노치가 있으면 응력집중현상이 발생하게 되므로 동일 조건에서 노치(notch)가 없을 때보다 노치가 있을 때에 안전율을 크게 해야 한다.

15 $\sigma_b = \dfrac{M \cdot \dfrac{t_1}{2}}{\dfrac{bt_1^3}{12}} = \dfrac{6M}{bt_1^2} = \dfrac{6 \cdot 20,000}{60 \cdot 10^2} = 20[N/mm^2]$

16 원통코일 스프링에 3kN의 힘이 작용하였을 때, 변형이 50mm가 되도록 설계하려면 유효감김수는?
(단, 소선의 지름은 15mm, 스프링지수는 10, 스프링 재료의 전단탄성계수(Shear modulus of elasticity)는 80GPa이다)

① 2.5
② 4
③ 5.5
④ 6

17 폭 70mm, 두께 5mm인 가죽 평벨트의 속도가 8m/s일 때, 전달할 수 있는 최대동력[kW]은? (단, 벨트의 허용 인장응력은 2.5MPa, 장력비는 2, 이음 효율은 0.8, 원심력은 무시한다)

① 2
② 2.4
③ 2.8
④ 3.5

ANSWER 16.① 17.③

16 $\delta = \dfrac{8nPD^3}{Gd^4} = 50 = \dfrac{8 \cdot n \cdot 3 \cdot 150^3}{80 \cdot 15^4}$ 이므로

$n = \dfrac{50 \cdot 80 \cdot 15^4}{8 \cdot 3 \cdot 150^3} = 2.5$

코일스프링의 처짐량 $\delta = \dfrac{8nPD^3}{Gd^4}$ 이므로 문제에서 주어진 조건을 대입하여 구할 수 있다.

(δ : 코일스프링의 처짐량, n : 유효감김수, P : 작용하중, D : 코일스프링의 평균지름, d : 소선의 직경, G : 전단탄성계수)

스프링지수 $C = \dfrac{D(\text{코일의 평균지름})}{d(\text{소선의 지름})} = \dfrac{D}{15[mm]} = 10$

17 긴장측의 장력은 $T_t = \eta \sigma_a b \cdot t = 0.8 \cdot 2.5 \cdot 70 \cdot 5 = 700[N]$

이완측의 장력은 $T_s = \dfrac{T_t}{2} = 350[N]$ 이므로 유효장력은 $700 - 350 = 350[N]$

전달할 수 있는 최대동력 $P = T_e v = 350 \cdot 8 = 2,800 = 2.8[kW]$

18 내경 600mm, 두께 10mm인 원통형 압력 용기의 내압이 1.6N/mm²일 때, 얇은 벽 이론에 의한 원주-길이 방향면 내 최대전단응력[N/mm²]은?

① 6
② 12
③ 24
④ 48

19 원동풀리의 지름이 750mm, 회전속도가 600rpm, 벨트 두께가 6mm이고, 종동풀리의 지름은 450mm이다. 벨트의 두께를 고려하여 종동풀리의 회전속도에 가장 가까운 값[rpm]은? (단, 미끄럼에 의해 종동풀리의 속도가 2%만큼 감소한다)

① 974.8
② 980
③ 994.7
④ 1,000

ANSWER 18.② 19.①

18 원통형 압력용기의 응력은 다음과 같다.

원주방향 응력 $\dfrac{PD}{2t} = \dfrac{1.6 \cdot 600}{2 \cdot 10} = 48[N/mm^2]$

축(길이)방향 응력 $\dfrac{PD}{4t} = 24[N/mm^2]$

최대전단응력은 $\dfrac{\sigma_1 - \sigma_2}{2} = \dfrac{48 - 24}{2} = 12[N/mm^2]$

19 미끄럼에 의한 종동풀리속도 손실을 고려하지 않은 경우,

$i = \dfrac{N_2}{N_1} = \dfrac{N_2}{600} = \dfrac{D_1 + t}{D_2 + t} = \dfrac{750 + 6}{450 + 6}$ 이므로

$N_2 = \dfrac{756}{456} \cdot 600 = 994.73[rpm]$

그런데 문제에서는 종동풀리속도 손실이 2%라고 하였으므로 $N_2 \times (1 - 0.02) = 994.73 \times 0.98 = 974.8$

20 그림과 같이 지름이 d인 축에 토크가 작용하고, $\frac{d}{4}$의 너비를 가지는 키가 $\frac{d}{8}$의 깊이로 삽입되어 있다. 키는 축의 최대허용토크에서 압축력으로 전달되어 항복점에서 파손될 때, 필요한 평행키의 최소길이는? (단, 항복강도는 σ_Y, 키의 허용전단강도는 $\frac{\sigma_Y}{\sqrt{3}}$ 이다)

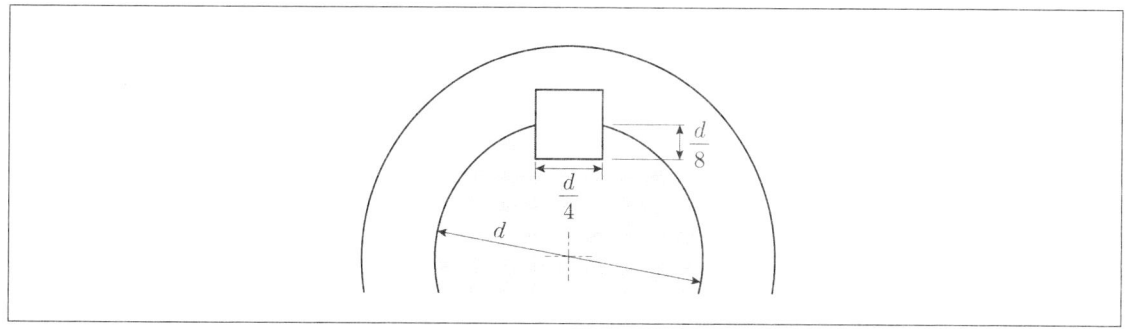

① $\frac{\pi d}{\sqrt{3}}$

② $\frac{\pi d}{2\sqrt{3}}$

③ $\frac{\pi d}{3\sqrt{3}}$

④ $\frac{\pi d}{4\sqrt{3}}$

ANSWER 20.①

20 축의 허용전단강도와 키의 허용전단강도에 대한 조건이 누락되어 있어 문제에 오류가 있다고 볼 수 있다. (문제에서 이러한 전제조건이 주어졌다고 볼 경우 풀이는 다음과 같다.)

키의 압축응력은 $\sigma_C = \sigma_Y = \dfrac{T \cdot \frac{2}{d}}{\frac{d}{8} \cdot l} = \dfrac{16T}{\pi d^3}$

축의 최대허용토크는 $\dfrac{\sigma_Y}{\sqrt{3}} = \dfrac{16T}{\pi d^3}$ 을 충족해야 하므로 $l = \dfrac{\pi d}{\sqrt{3}}$ 가 된다.

기계설계 — 2020. 7. 11. 인사혁신처 시행

1 두 축 사이에 동력을 전달할 때, 마찰차를 사용하는 경우로 옳지 않은 것은?

① 무단 변속이 필요한 경우
② 작은 동력을 전달하는 경우
③ 정확한 속도비가 요구되는 경우
④ 두 축 사이의 동력을 자주 단속할 필요가 있는 경우

2 다음에서 설명하는 밸브의 종류는?

- 유체를 한쪽 방향으로만 흐르게 하고 역류를 방지한다.
- 외력을 사용하지 않고 자중이나 밸브에 작용하는 압력차에 의해 작동한다.
- 모양에 따라 리프트형(lift type)과 스윙형(swing type)이 있다.

① 스톱 밸브(stop valve)
② 게이트 밸브(gate valve)
③ 콕(cock)
④ 체크 밸브(check valve)

ANSWER 1.③ 2.④

1 정확한 속도비가 요구되는 경우에는 마찰차가 아닌 기어전동방식을 택하는 것이 바람직하다.

2 제시된 지문의 내용은 체크 밸브(check valve)에 관한 설명이다.

3 저탄소강 시편의 공칭응력-공칭변형률 선도에서 정의되는 응력을 크기 순서대로 바르게 나열한 것은?

① 인장강도 > 비례한도 > 항복강도 > 탄성한도
② 인장강도 > 항복강도 > 탄성한도 > 비례한도
③ 항복강도 > 인장강도 > 비례한도 > 탄성한도
④ 항복강도 > 인장강도 > 탄성한도 > 비례한도

4 맞물려 있는 두 스퍼기어의 중심거리가 96 mm이며, 구동기어와 종동기어의 잇수가 각각 24개, 40개이다. 구동기어의 이끝원 지름[mm]은? (단, 치형은 표준이(full depth form)이다)

① 72 ② 78
③ 120 ④ 126

ANSWER 3.② 4.②

3 저탄소강 시편의 공칭응력-공칭변형률 선도를 살펴보면 다음과 같다.

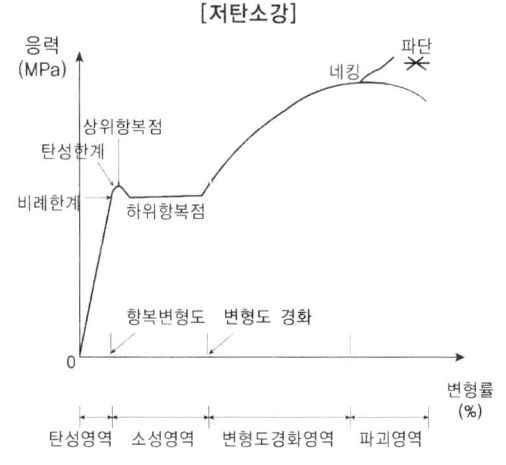
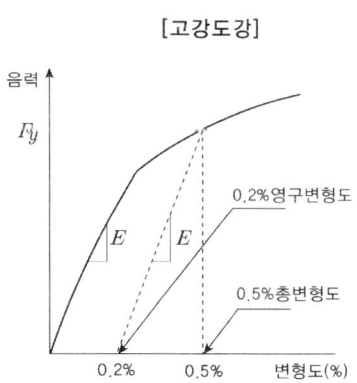

따라서 인장강도 > 항복강도 > 탄성한도 > 비례한도가 된다.

4 $\dfrac{m(24+40)}{2} = 96$을 만족하는 모듈값은 $m = 3$이므로

구동기어의 이끝원 지름 $D_o = mZ_1 + 2m = m(Z_1 + 2) = 3 \cdot (24+2) = 78[mm]$

5 체적불변조건을 이용하여, 진응력(σ_T)을 공칭응력(σ_N)과 공칭변형률(ε_N)로 바르게 표현한 것은?

① $\sigma_T = \sigma_N \cdot (1 + \varepsilon_N)$

② $\sigma_T = \sigma_N \cdot \ln(1 + \varepsilon_N)$

③ $\sigma_T = \sigma_N \cdot (1 + \dfrac{1}{\varepsilon_N})$

④ $\sigma_T = \sigma_N \cdot \ln(1 + \dfrac{1}{\varepsilon_N})$

6 비틀림 상태에 있는 중실축이 각속도 ω[rad/s]로 회전하며 동력 H[W]를 전달하기 위한 최소 지름 d[mm]는? (단, 허용전단응력은 τ_a[Pa]이다)

① $1000\sqrt[3]{\dfrac{16H}{\pi \tau_a \omega}}$

② $1000\sqrt[3]{\dfrac{32H}{\pi \tau_a \omega}}$

③ $1000\sqrt[3]{\dfrac{\pi H}{16 \tau_a \omega}}$

④ $1000\sqrt[3]{\dfrac{\pi H}{32 \tau_a \omega}}$

ANSWER 5.① 6.①

5 체적은 변하지 않으므로 $A_o L_o = A_f (L_o + \triangle L) = A_f L_o (1 + \varepsilon_N)$

$A_f = \dfrac{A_o}{1 + \varepsilon_N}$ 이며 진응력은 $\sigma_T = \dfrac{F}{A_f} = \dfrac{F}{\dfrac{A_o}{1 + \varepsilon_N}} = \sigma_N (1 + \varepsilon_N)$

6 최소지름 $d = \sqrt[3]{\dfrac{16T}{\pi \tau_a}} = \sqrt[3]{\dfrac{16 \cdot \dfrac{H}{w}}{\pi \tau_a}} = \sqrt[3]{\dfrac{16H}{\pi \tau_a w}}$ [m]

단위가 [mm]이므로 $1000\sqrt[3]{\dfrac{16H}{\pi \tau_a \omega}}$ 가 된다.

7 다음 중 나사의 풀림을 방지하기 위한 방법으로 옳은 것만을 모두 고르면?

> ㉠ 로크 너트(lock nut) 적용
> ㉡ 절입 너트(split nut) 적용
> ㉢ 코킹(caulking) 적용
> ㉣ 톱니붙이 와셔(toothed washer) 적용
> ㉤ 멈춤 나사 적용
> ㉥ 플러링(fullering) 적용

① ㉠, ㉡, ㉣, ㉤
② ㉠, ㉢, ㉤, ㉥
③ ㉡, ㉢, ㉣, ㉤
④ ㉡, ㉣, ㉤, ㉥

8 웜(worm)과 웜휠(worm wheel)에서 웜의 리드각이 γ, 웜의 피치원 지름이 D_1, 웜휠의 피치원 지름이 D_2이다. 웜의 회전속도를 n_1, 웜휠의 회전속도를 n_2로 할 때, $\dfrac{n_2}{n_1}$는?

① $\dfrac{D_1 \tan\gamma}{\pi D_2}$

② $\dfrac{\pi D_1}{D_2 \tan\gamma}$

③ $\dfrac{D_1}{D_2 \tan\gamma}$

④ $\dfrac{D_1 \tan\gamma}{D_2}$

ANSWER 7.① 8.④

7 • 코킹: 리벳머리의 둘레와 강판의 가장자리를 정과 같은 공구로 때리는 것으로 나사풀림방지와는 거리가 멀다.
• 플러링: 리벳과 판재의 접합 시 기밀성을 더 우수하게 하기 위해 강판과 같은 두께의 플러링공구로 때려서 붙이는 것으로 나사풀림방지법과는 거리가 멀다.

8 $\dfrac{n_2}{n_1} = \dfrac{Z_w}{Z_g} = \dfrac{\frac{l}{p}}{\frac{\pi D_2}{p}} = \dfrac{l}{\pi D_2} = \dfrac{\pi D_1 \tan\gamma}{\pi D_2} = \dfrac{D_1 \tan\gamma}{D_2}$

9 얇은 원통형 용기에 내부압력 P와 축방향 압축하중 F가 동시에 가해지고 있다. 용기에 걸리는 전단응력 최댓값($\tau_{\max}$)이 허용전단응력(τ_a)을 넘지 않는 조건에서 용기둘레 최소 두께 t를 구하는 식은? (단, r = 용기의 내측 반경이다)

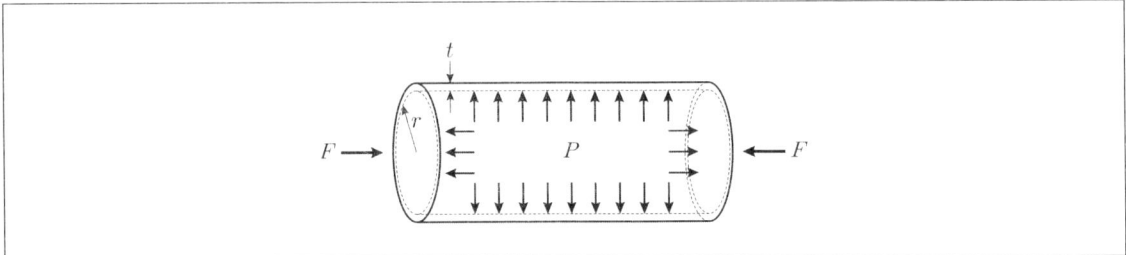

① $\dfrac{1}{2\tau_a}\left(F \cdot r + \dfrac{P}{\pi r}\right)$

② $\dfrac{1}{2\tau_a}\left(P \cdot r + \dfrac{F}{\pi r}\right)$

③ $\dfrac{1}{4\tau_a}\left(F \cdot r + \dfrac{P}{\pi r}\right)$

④ $\dfrac{1}{4\tau_a}\left(P \cdot r + \dfrac{F}{\pi r}\right)$

ANSWER 9.④

9 접선방향의 응력은 $\sigma_{접선} = \dfrac{\text{P}r}{t}$, 길이방향의 응력은

$\sigma_{접선} = \dfrac{\text{P}r}{2t} - \dfrac{F}{2\pi rt}$

전단응력의 최댓값은

$\tau_{\max} = \left|\dfrac{\sigma_1 - \sigma_2}{2}\right| = \dfrac{\dfrac{\text{P}r}{t} - \left(\dfrac{\text{P}r}{2t} - \dfrac{F}{2\pi rt}\right)}{2} = \dfrac{\text{P}r}{4} + \dfrac{F}{4\pi rt}$

$\tau_a = \dfrac{\text{P}r}{4t} + \dfrac{F}{4\pi rt}$ 이므로 최소두께는 $t_{\min} = \dfrac{1}{4\tau_a}\left(\text{P}r + \dfrac{F}{\pi r}\right)$

10 지름이 D, 두께가 b, 밀도가 ρ인 원판형 관성차가 각속도 ω로 회전하고 있을 때, 이 관성차의 운동에너지는? (단, 축의 운동에너지는 무시한다)

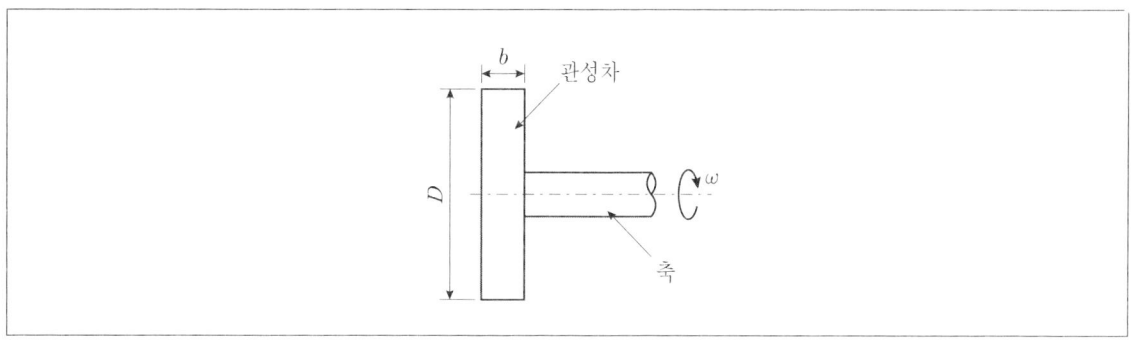

① $\frac{1}{8}\rho b\pi D^2\omega^2$
② $\frac{1}{16}\rho b\pi D^4\omega^2$
③ $\frac{1}{32}\rho b\pi D^2\omega^2$
④ $\frac{1}{64}\rho b\pi D^4\omega^2$

11 두 축이 서로 평행하고 축 중심이 어긋나 있을 때 사용하기에 가장 적합한 커플링은?

① 플랜지(flange) 커플링
② 올덤(oldham) 커플링
③ 유니버설 조인트(universal joint)
④ 슬리브(sleeve) 커플링

ANSWER 10.④ 11.②

10 적분문제로서 복잡한 식을 통해서 식을 도출하기에는 시간이 많이 소요되므로 과감히 넘어갈 것을 권한다. 극관성모멘트의 값은

$$J = \int r^2 dm = \int_0^{\frac{D}{2}} r^2 d(2\pi rb\rho) = 2\rho b\pi \left[\frac{r^4}{4}\right]_0^{\frac{D}{2}} = \frac{\rho b\pi D^4}{32}$$

운동에너지는 $E = \frac{1}{2}J\omega^2 = \frac{1}{64}\rho b\pi D^4\omega^2$

11 두 축이 서로 평행하고 축 중심이 어긋나 있을 때 사용하기에 가장 적합한 커플링은 올덤(oldham) 커플링이다.

12 좌우대칭으로 연결된 스프링에 하중 100N이 가해지고 있다. 상부 스프링 두 개의 스프링상수(k_a)는 각각 2N/mm이고, 하부 스프링의 스프링상수(k_b)는 4N/mm이다. 전체 늘어난 길이[mm]는? (단, 모든 부재의 자중은 무시한다)

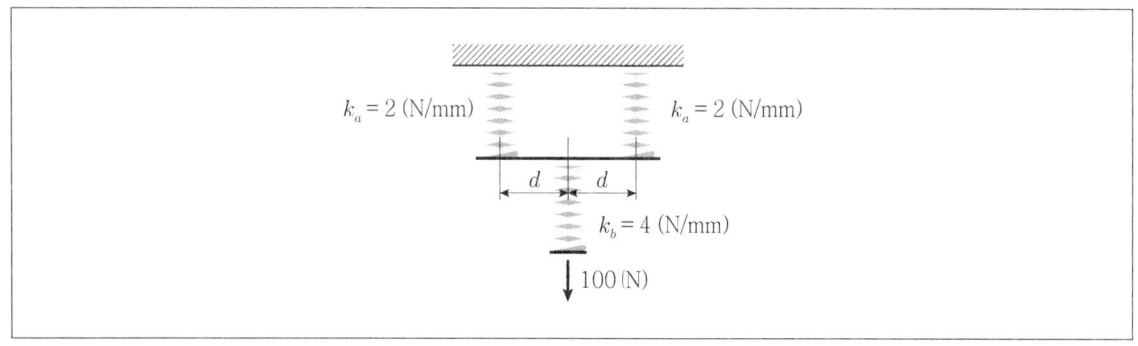

① 40　　　　　　　　　　　② 50
③ 60　　　　　　　　　　　④ 70

13 내경 80mm 관의 한쪽 끝에 볼트 4개로 덮개를 고정하여 관 내부 압력을 100kgf/cm²으로 유지하려고 할 때, 볼트의 최소 골지름[cm]은? (단, 볼트의 허용인장응력은 σ_a[kgf/cm²]이다)

① $\dfrac{20}{\sqrt{\sigma_a}}$　　　　　　　　　② $\dfrac{30}{\sqrt{\sigma_a}}$

③ $\dfrac{40}{\sqrt{\sigma_a}}$　　　　　　　　　④ $\dfrac{50}{\sqrt{\sigma_a}}$

ANSWER 12.② 13.③

12 병렬로 연결된 스프링의 등가스프링상수는 $k_{eq} = k_a + k_a = 4[N/mm]$

최종 등가스프링상수는 $k_{eq}' = \dfrac{k_{eq} k_b}{k_{eq} + k_b} = \dfrac{4 \cdot 4}{4+4} = 2[N/mm]$

따라서 전체 늘어난 길이는 $\delta_t = \dfrac{F}{k_{eq}'} = \dfrac{100}{2} = 50[mm]$

13 $100 \cdot \dfrac{\pi \cdot 80^2}{4} = 4\sigma_a \cdot \dfrac{\pi d^2}{4}$ 이므로 $d = \dfrac{400}{\sqrt{\sigma_a}}[mm]$

14 양쪽에 동일한 형태로 필릿용접(fillet welding)한 부재에 28kN의 하중(P)이 작용할 때, 용접부에 걸리는 전단응력[N/mm²]은? (단, l = 100mm, f = 10mm, sin45° = 0.7이다)

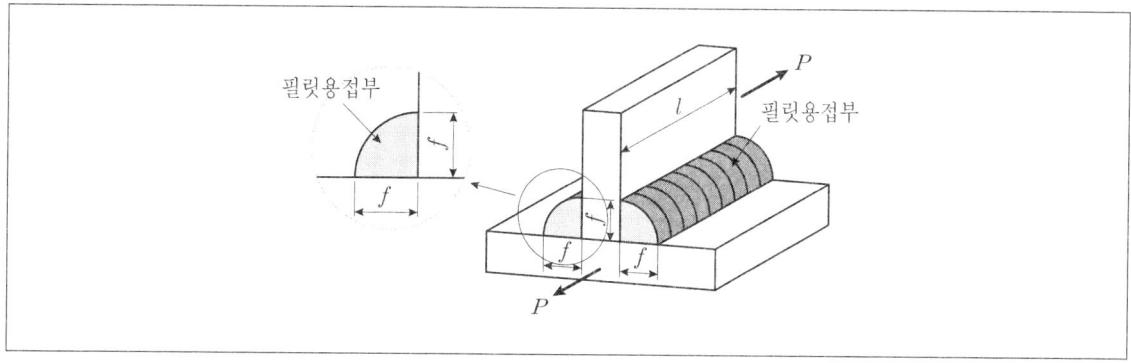

① 10
② 20
③ 30
④ 40

15 동적 부하용량이 3000kgf인 레이디얼 볼베어링이 하중 100kgf를 받고 있다. 회전수가 1000rpm일 때, 베어링의 기본 정격 수명시간[hour]은? (단, 하중계수(f_w) = 1이다)

① 9×10^4
② 30×10^4
③ 45×10^4
④ 90×10^4

ANSWER 14.② 15.③

14 $\tau = \dfrac{P}{2 \cdot f\sin45° \cdot l} = \dfrac{P}{1.4 \cdot f \cdot l} = \dfrac{28 \cdot 10^3}{1.4 \cdot 10 \cdot 100} = 20[N/mm^2]$

15 $L_h = \dfrac{10^6}{60 \cdot 1000} \cdot \left(\dfrac{3000}{100}\right)^3 = 45 \cdot 10^4 [h]$

16 엇걸기 벨트로 연결된 원동축 풀리와 종동축 풀리를 각각 1500rpm, 300rpm으로 회전시키려고 한다. 이때 요구되는 평벨트의 길이에 가장 가까운 값[mm]은? (단, 원동축과 종동축 사이의 중심거리는 1m, 원동축 풀리의 직경은 200mm, 벨트의 두께는 무시하며, $\pi = 3$이다)

① 3960
② 4160
③ 4460
④ 4660

17 다음에 주어진 치수 허용표기에 대한 설명으로 옳지 않은 것은?

- $\phi12H6$
- 위 표기에 대한 기본 공차 수치는 $11\,\mu m$ 임

① 직경이 12mm인 구멍에 대한 공차표현이다.
② IT공차는 6급이다.
③ 헐거운 끼워맞춤으로 결합되는 상대 부품의 공차역은 g5이다.
④ $\phi12H6$을 일반공차 표기로 나타내면 $\phi12^{\ 0}_{-0.011}$ 이다.

ANSWER 16.② 17.④

16 $\dfrac{D_2}{200} = \dfrac{1500}{300}$ 이므로 $D_2 = 1000[mm]$

$L = \dfrac{\pi}{2}(D_1 + D_2) + 2C + \dfrac{(D_2 + D_1)^2}{4C}$

$L = 1.5 \cdot (200 + 1000) + 2 \cdot 1000 + \dfrac{(1000 + 200)^2}{4 \cdot 1000} = 4160[mm]$

17 구멍의 공차역이 H이므로 최소허용치수가 허용치수가 되어 $\phi12H6$을 일반공차 표기로 나타내면 $\phi12^{+0.011}_{\ 0}$이 된다.
$\phi12$이므로 직경이 12mm인 구멍이므로 H6이므로 IT공차는 6등급이며 구멍의 공차역이 H이므로 h이하의 축의 공차역에 대해서는 헐거운 끼워맞춤이 된다.

18 양쪽 덮개판 한줄 맞대기 리벳이음에서 리벳지름은 10mm, 강판두께는 10mm, 리벳피치는 50mm이다. 리벳 전단강도가 강판 인장강도의 50%일 때, 가장 가까운 리벳효율[%]은? (단, W = 인장하중, $\pi = 4$ 이다)

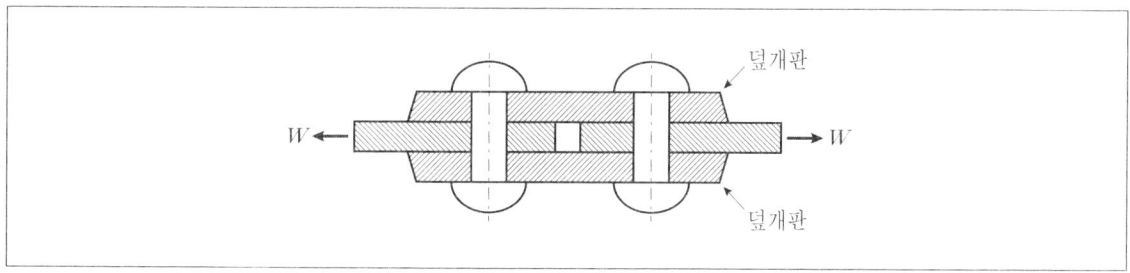

① 18
② 24
③ 30
④ 36

19 외접하는 두 원통 마찰차의 중심거리가 400mm이고, 회전수는 각각 150rpm, 50rpm이다. 이때, 밀어붙이는 힘 5 kN, 전달 동력이 3 PS(마력)이면, 두 원통 마찰차 표면의 마찰계수에 가장 가까운 값은? (단, $\pi = 3$이다)

① 0.11
② 0.14
③ 0.22
④ 0.30

ANSWER 18.① 19.④

18
$$\eta = \frac{\tau \cdot \frac{\pi \cdot 10^2}{4} \cdot 1.8 \cdot 1}{\sigma \cdot 50 \cdot 10} = \frac{180\tau}{500\sigma} = \frac{180}{1000} = 0.18 \text{이므로 } 18[\%]$$

19 $\frac{D_2}{D_1} = \frac{150}{50}$ 이므로 $D_2 = 3D_1$

$\frac{D_1 + D_2}{2} = 400[mm]$ 이므로 $D_1 = 200[mm]$, $D_2 = 600[mm]$

$\mu \cdot 5 \cdot 10^3 \cdot \frac{0.2}{2} \cdot \frac{2\pi \cdot 150}{60} \cdot \frac{1}{735.5} = 3$ 이므로 $\mu = 0.2942 \fallingdotseq 0.30$

20 유성기어열에서 기어 A, B, C의 피치원 지름은 각각 200mm, 100mm, 400mm이다. 암 D를 일정한 각속도(ω_D = 10rad/s)로 반시계방향으로 돌릴 때, 태양기어 A의 각속도와 회전방향은? (단, A = 태양기어, B = 유성기어, C = 고정된 링기어, D=암)

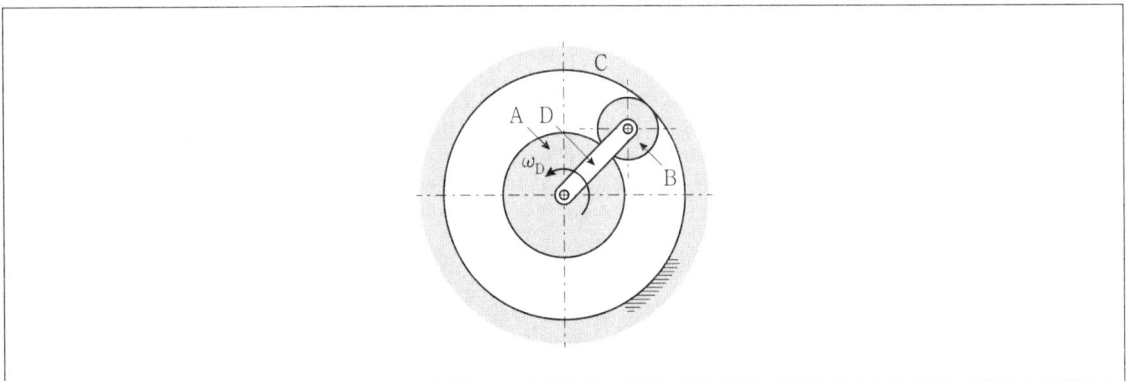

각속도	회전방향
① 30rad/s	반시계방향
② 30rad/s	시계방향
③ 45rad/s	반시계방향
④ 45rad/s	시계방향

ANSWER 20.①

20 $\dfrac{w_B - w_D}{w_A - w_D} = -\dfrac{D_A}{D_B}$ 이며 $\dfrac{w_C - w_D}{w_B - w_D} = \dfrac{D_B}{D_C}$ 이므로 $\dfrac{w_C - w_D}{w_A - w_D} = \dfrac{D_A}{D_C}$ 이다. 따라서 $\dfrac{0-10}{w_A - 10} = \dfrac{200}{400}$ 이므로 $w_A = 30 [rad/\sec]$

암 D의 경우 반시계방향을 +방향으로 잡으면 $w_A > 0$이므로 태양기어의 회전방향 또한 반시계방향이다.

기계설계

2021. 4. 17. 인사혁신처 시행

1 축방향 하중과 반경방향 하중을 동시에 지지하는 베어링으로 가장 적합한 것은?

① 테이퍼 롤러 베어링
② 자동조심 볼 베어링
③ 깊은 홈 볼 베어링
④ 니들 베어링

2 기어에 발생하는 언더컷 방지법에 대한 설명으로 옳은 것만을 모두 고르면?

> ㉠ 치형수정을 한다.
> ㉡ 압력각을 증가시킨다.
> ㉢ 피니언의 잇수를 최소잇수 이상으로 한다.
> ㉣ 이높이를 높인다.

① ㉠, ㉡
② ㉢, ㉣
③ ㉠, ㉡, ㉢
④ ㉠, ㉡, ㉢, ㉣

ANSWER 1.① 2.③

1 테이퍼 롤러 베어링은 축방향하중과 반경방향의 하중을 동시에 지지할 수 있는 베어링이다.

2 언더컷을 방지하려면 이높이를 낮추어야 한다.
　언더컷… 이의 간섭이 계속되어 피니언의 이뿌리를 파내 이의 강도와 물림률이 저하되는 것으로 방지법은 다음과 같다.
　• 이의 높이를 낮춘다.
　• 압력각을 증가시킨다.
　• 피니언의 잇수를 최소잇수 이상으로 한다.
　• 기어의 잇수를 한계잇수 이하로 한다.
　• 치형수정을 한다.

3 모재의 두께가 다른 맞대기 용접에서 t_1 = 5mm, t_2 = 10mm, 용접길이 100mm, 허용인장응력 5MPa일 때, 최대 허용하중 P[N]는?

① 1,250
② 2,500
③ 5,000
④ 10,000

4 코일 스프링이 압축력에 의해 변형하여 저장한 탄성에너지가 600N·mm일 때, 코일 스프링에 작용한 압축력[N]은? (단, 스프링 상수는 3N/mm이다)

① 40
② 50
③ 60
④ 70

5 두 줄 사각나사의 자립조건(self-locking)으로 옳은 것은? (단, d_2 : 나사의 유효지름, μ : 나사면의 마찰계수, p : 나사의 피치이다)

① $2\pi d_2 - \mu p \leq 0$
② $2\pi d_2 - \mu p \geq 0$
③ $\pi d_2 \mu - 2p \leq 0$
④ $\pi d_2 \mu - 2p \geq 0$

ANSWER 3.② 4.③ 5.④

3 모재의 허용두께가 다를 경우는 두께가 작은 쪽을 두께로 하여 계산한다. 따라서 허용하중은
$P = \sigma_t \cdot t_1 \cdot L = 5 \cdot 5 \cdot 100 = 2,500$[N]

4 탄성변형에너지 $U = \frac{1}{2} P \cdot \delta = \frac{1}{2} \frac{P^2}{k}$ 이며
압축력 $P = \sqrt{2kU} = \sqrt{2 \cdot 3 \cdot 600} = 60$[N]

5 마찰계수 $\mu = \tan\rho$, 리드각 $\tan\lambda = \frac{2p}{\pi d_2}$
나사의 자립조건 $\rho \geq \lambda$
양변에 tan를 취하게 되면 $\tan\rho \geq \tan\lambda$
$\mu \geq \frac{2p}{\pi d_2}$ 이므로 $\pi d_2 \mu - 2p \geq 0$가 성립한다.

6 그림과 같이 중앙에 지름 d = 40 mm의 구멍이 뚫린 폭 D = 100mm, 두께 10mm인 평판에 인장하중 P = 12kN이 작용할 때, 평판에 발생하는 최대 응력[N/mm²]에 가장 가까운 값은? (단, 응력집중계수는 a_k이다)

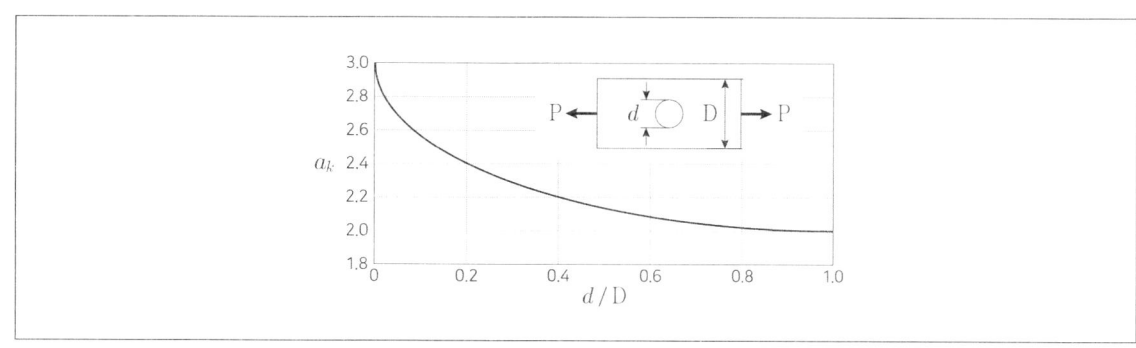

① 20
② 44
③ 200
④ 440

7 다음 IT 기본 공차표를 이용하여, $\phi 62\text{H}9$의 일반공차 표기법으로 옳은 것은?

(단위 : μm)

치수 구분(mm)	공차등급	IT6	IT7	IT8	IT9
30 초과	50 이하	16	25	39	62
50 초과	80 이하	19	30	46	74

① $\phi 62^{+0.062}_{-0.074}$
② $\phi 62^{\ 0}_{-0.074}$
③ $\phi 62^{+0.074}_{-0.074}$
④ $\phi 62^{+0.074}_{\ 0}$

ANSWER 6.② 7.④

6 $\dfrac{d}{D} = \dfrac{40}{100} = 0.4$이므로 응력집중계수 $\sigma_k = 2.2$이다.
최대응력
$\sigma_{\max} = \sigma_k \dfrac{P}{A} = \sigma_k \dfrac{P}{(D-d)t} = 2.2 \cdot \dfrac{12 \cdot 10^3}{(100-40)(10)} = 44[\text{N/mm}^2]$

7 $\phi 62\text{H}9$에서 H(대문자)이므로 구멍기준 끼워맞춤이며
62는 기준치수로서 50을 초과하고 80이하에 속하며 등급(H9)은 IT9이므로 치수공차는 0.074mm이다.
0.074는 위치수 허용차이며 구멍기준 치수허용차에서 H공차역의 아래치수 허용차는 0이므로 $\phi 62^{+0.074}_{\ 0}$가 된다.

8 기어의 종류별 특징에 대한 설명으로 옳지 않은 것은?

① 웜과 웜휠은 큰 감속비를 얻을 수 있고, 항상 역회전이 가능하다.
② 래크와 피니언을 이용해 회전운동을 직선운동으로 변환할 수 있다.
③ 마이터기어는 베벨기어의 일종으로 잇수가 같은 한 쌍의 원추형기어이다.
④ 헬리컬기어는 스퍼기어에 비해 운전이 정숙한 반면, 추력이 발생한다.

9 1,000rpm으로 회전하면서 100π kW의 동력을 전달시키는 회전축이 4kN·m의 굽힘모멘트를 받고 있을 때, 상당 비틀림모멘트 T_e에 대한 상당 굽힘모멘트 M_e의 비($\dfrac{M_e}{T_e}$)는?

① 0.6
② 0.7
③ 0.8
④ 0.9

ANSWER 8.① 9.④

8 웜과 웜휠은 큰 감속비를 얻을 수 있고, 역회전을 방지할 수 있다.

9 동력 $H' = Tw = \dfrac{2\pi NT}{60}$

비틀림모멘트
$T = \dfrac{60H'}{2\pi N} = \dfrac{60 \cdot 100\pi}{2\pi N} = \dfrac{60 \cdot 100\pi}{2\pi \cdot 1,000} = 3[\text{kN} \cdot \text{m}]$

상당비틀림모멘트
$T_e = \sqrt{M^2 + T^2} = \sqrt{4^2 + 3^2} = 5[\text{kN} \cdot \text{m}]$

상당굽힘모멘트
$M_e = \dfrac{1}{2}(M + T_e) = \dfrac{1}{2}(4+5) = 4.5[\text{kN} \cdot \text{m}]$

상당 비틀림모멘트 T_e에 대한 상당 굽힘모멘트 M_e의 비($\dfrac{M_e}{T_e}$)는 0.9가 된다.

10 평벨트를 엇걸기에서 바로걸기로 변경할 때, 작은 풀리의 접촉각 차이를 나타낸 것은? (단, D_1 : 작은 풀리의 지름, D_2 : 큰 풀리의 지름, C : 축간거리이다)

① $\sin^{-1}\left(\dfrac{D_2+D_1}{2C}\right) - \sin^{-1}\left(\dfrac{D_2-D_1}{2C}\right)$

② $\sin^{-1}\left(\dfrac{D_2+D_1}{2C}\right) + \sin^{-1}\left(\dfrac{D_2-D_1}{2C}\right)$

③ $2\sin^{-1}\left(\dfrac{D_2+D_1}{2C}\right) - 2\sin^{-1}\left(\dfrac{D_2-D_1}{2C}\right)$

④ $2\sin^{-1}\left(\dfrac{D_2+D_1}{2C}\right) + 2\sin^{-1}\left(\dfrac{D_2-D_1}{2C}\right)$

11 치공구에서 위치결정구의 요구사항으로 옳지 않은 것은?

① 교환이 가능할 것
② 청소가 용이할 것
③ 가시성이 우수할 것
④ 경도가 높지 않을 것

ANSWER 10.④ 11.④

10 평벨트의 접촉각(엇걸기)
$\theta_{rev} = 180° + 2\sin^{-1}\left(\dfrac{D_2+D_1}{2C}\right)$

평벨트의 접촉각(바로걸기)
$\theta_{rig} = 180° - 2\sin^{-1}\left(\dfrac{D_2-D_1}{2C}\right)$

두 각의 차는 $2\sin^{-1}\left(\dfrac{D_2+D_1}{2C}\right) + 2\sin^{-1}\left(\dfrac{D_2-D_1}{2C}\right)$

11 치공구의 위치결정구는 경도가 높아야 한다.

12 베어링 A, B에 적합한 호칭번호를 순서대로 나열한 것은?

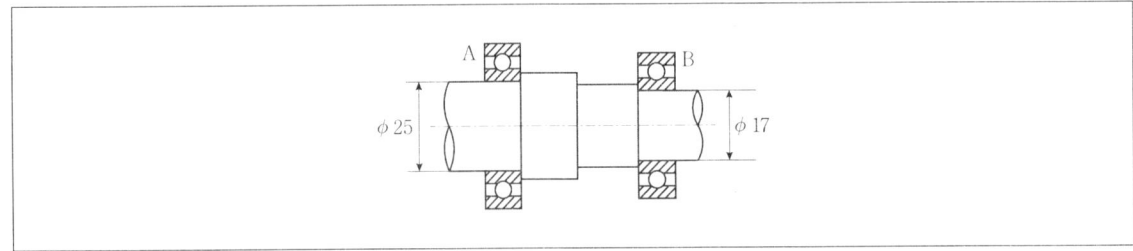

① 6205, 6203
② 6203, 6215
③ 6205, 6207
④ 6225, 6217

13 단식 블록 브레이크에서 블록에 작용하는 힘 P = 20N, 마찰계수 μ = 0.2일 때, 드럼을 정지시키기 위해 레버에 작용해야 하는 최소 힘 F[N]는?

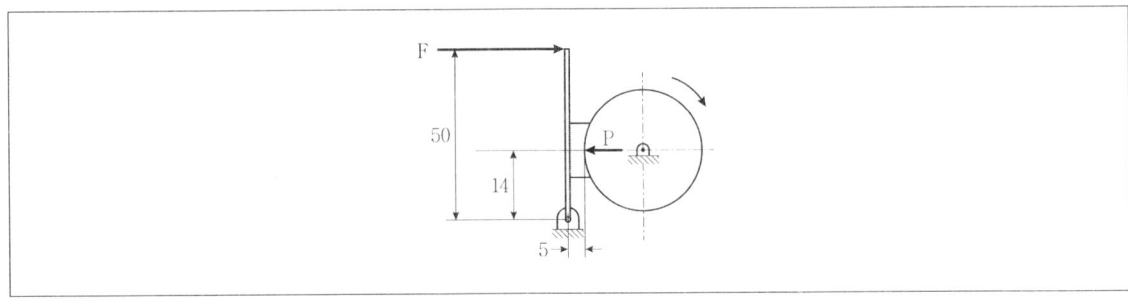

① 6
② 7
③ 8
④ 9

ANSWER 12.① 13.①

12 베어링 호칭번호의 뒷 두자리 숫자는 베어링의 내경을 의미한다. 안지름의 범위가 10mm 이상 20mm 미만일 경우
  d=10mm : 안지름번호 00
  d=12mm : 안지름번호 01
  d=15mm : 안지름번호 02
  d=17mm : 안지름번호 03
  d=20mm : 안지름번호 04
안지름의 범위가 20mm이상 500mm 미만일 경우 안지름 번호는 안지름을 5로 나눈 수로 나타낸다.
따라서 A는 6205, B는 6203으로 표기한다.

13 $\sum M_o = 0$ 이어야 하므로 $-F \cdot 50 + P \cdot 14 + \mu P \cdot 5 = 0$
$$F = \frac{P \cdot 14 + \mu P \cdot 5}{50} = \frac{20 \cdot 14 + 0.2 \cdot 20 \cdot 5}{50} = 6N$$

14 강판의 인장강도 40MPa, 두께 5mm, 안지름 50mm인 원통형 압력용기에 작용할 수 있는 최대 내부압력[MPa]은? (단, 얇은 벽으로 가정하고, 안전율 4, 부식여유 1mm, 이음효율 1이다)

① 1.0
② 1.3
③ 1.6
④ 2.0

15 인장하중 54kN을 받는 양쪽 덮개판 1줄 맞대기 리벳이음에서 리벳의 지름 10mm, 리벳의 허용전단응력 100MPa일 때, 전단에 의해 파괴되지 않을 리벳의 최소 개수는?

① 2
② 3
③ 4
④ 5

ANSWER 14.③ 15.③

14 원주방향응력 $\sigma_1 = \dfrac{pdS}{2(t-c)\eta}$

내부압력 $p = \dfrac{2(t-c)\eta\sigma_1}{dS} = \dfrac{2(5-1)(1)(40)}{50 \cdot 4} = 1.6[\text{MPa}]$

15 리벳의 전단응력 $\tau = \dfrac{P}{1.8An} = \dfrac{4P}{1.8\pi d^2 n}$

리벳의 개수 $n = \dfrac{4P}{1.8\pi d^2 \tau} = \dfrac{4(54 \cdot 10^3)}{1.8\pi(10)^2(100)} = 3.82 ≒ 4$

16 그림과 같이 회전속도가 일정한 스프로킷에 물려있는 체인의 최대속도($V_{\max}$)와 최소속도($V_{\min}$)의 비 $\left(\dfrac{V_{\min}}{V_{\max}}\right)$는? (단, $\theta = 60°$, R = 100mm이다)

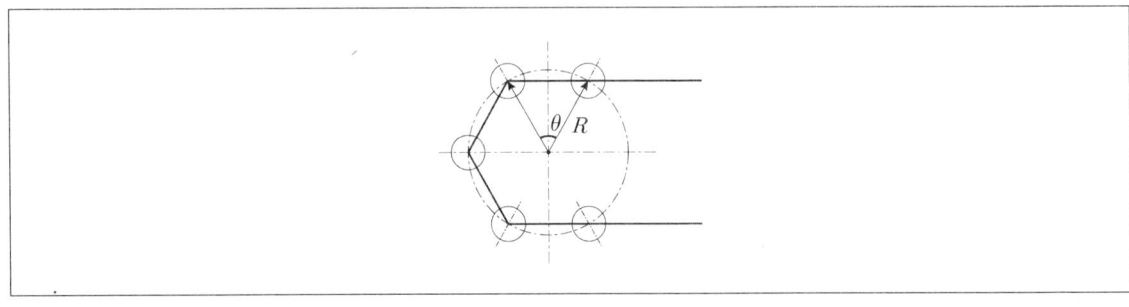

① $\dfrac{\sqrt{3}}{4}$ ② $\dfrac{\sqrt{3}}{2}$

③ $\dfrac{1}{4}$ ④ $\dfrac{1}{2}$

17 두께 t, 구 안쪽 반지름이 r인 얇은 벽의 구형 압력용기 안쪽 표면에서 압력 p에 의해 발생하는 면외(out-of-plane) 최대 전단응력은?

① $\dfrac{pr}{2t} + \dfrac{p}{4}$ ② $\dfrac{pr}{4t} + \dfrac{p}{2}$

③ $\dfrac{pr}{4t} + \dfrac{p}{4}$ ④ $\dfrac{pr}{t} + \dfrac{p}{2}$

ANSWER 16.② 17.②

16 최대속도 $v_{\max} = wr_{\max}$,

최소속도 $v_{\min} = wr_{\max}\cos\dfrac{\theta}{2}$

$\dfrac{v_{\min}}{v_{\max}} = \dfrac{wr_{\max}\cos\dfrac{60°}{2}}{wr_{\max}} = \cos 30° = \dfrac{\sqrt{3}}{2}$

17 $\sigma_1 = \sigma_2 = \dfrac{pr}{2t}$ 이며 $\sigma_3 = -p$

$\tau_{\max} = \dfrac{1}{2}(\sigma_1 - \sigma_3) = \dfrac{1}{2}(\sigma_1 + p) = \dfrac{pr}{4t} + \dfrac{p}{2}$

18 그림과 같은 기어잇수를 가진 복합 기어열에서 입력축 기어1의 회전속도가 600rpm일 때, 출력축 기어4의 회전속도[rpm]는?

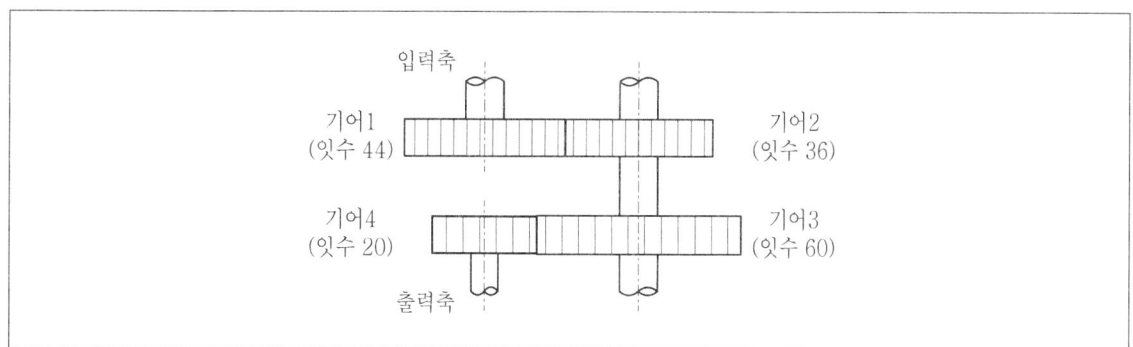

① 2,100
② 2,200
③ 2,300
④ 2,400

19 마찰각 ρ, 리드각 α, 마찰계수 $\mu = \tan\rho$인 사각나사에서 $\alpha = \rho$일 때, 나사효율은? (단, 자리면의 마찰은 무시한다)

① $\frac{1}{2}(1-\tan^2\rho)$
② $\frac{1}{2}(1+\tan^2\rho)$
③ $\frac{1}{2}(1-\tan^2 2\rho)$
④ $\frac{1}{2}(1+\tan^2 2\rho)$

ANSWER 18.② 19.①

18 속도비 $i = \frac{N_2}{N_1}\frac{N_4}{N_3} = \frac{N_4}{N_1} = \frac{Z_1 Z_3}{Z_2 Z_4} = \frac{44}{36} \cdot \frac{60}{20} = \frac{11}{3}$

기어 4의 회전속도는 $N_4 = \frac{11}{3}N_1 = \frac{11}{3} \cdot 600 = 2,200[\text{rpm}]$

19 $\eta = \frac{\tan\alpha}{\tan(\alpha+\rho)} = \frac{\tan\rho}{\tan 2\rho} = \frac{\tan\rho(1-\tan^2\rho)}{2\tan\rho} = \frac{1}{2}(1-\tan^2\rho)$

20 그림과 같이 단면이 균일한 원형축에 집중하중 W[N]가 축의 중앙에 작용하고, 지지점의 허용 경사각 β_a[rad]일 때, 최소 축 지름 d[mm]는? (단, 축은 단순 지지 되고 자중은 무시하며, 축의 길이는 L [mm], 탄성계수는 E[N/mm²]이다)

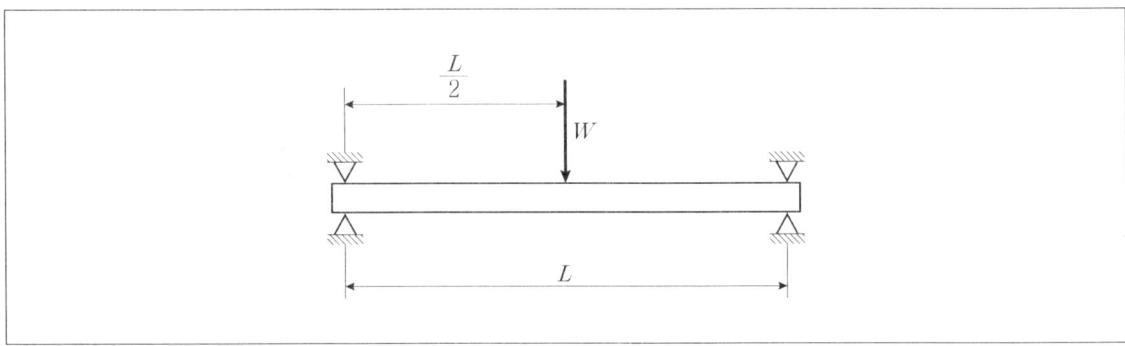

① $\sqrt[4]{\dfrac{2\,WL^3}{\pi E \beta_a}}$ ② $\sqrt[4]{\dfrac{4\,WL^2}{\pi E \beta_a}}$

③ $\sqrt[3]{\dfrac{4\,WL^3}{\pi E \beta_a}}$ ④ $\sqrt[3]{\dfrac{2\,WL^2}{\pi E \beta_a}}$

Answer 20.②

20 축의 처짐각 $\beta = \dfrac{WL^2}{16EI} = \dfrac{64\,WL^2}{16E\pi d^2}$ 이며 $I = \dfrac{\pi d^4}{64}$

최소 축지름 $d = \sqrt[4]{\dfrac{64\,WL^2}{16E\pi \beta_a}} = \sqrt[4]{\dfrac{4\,WL^2}{\pi E \beta_a}}$

기계설계 2021. 6. 5. 제1회 지방직 시행

1 축이음에 대한 설명으로 옳지 않은 것은?

① 분할원통커플링은 고정커플링의 일종이다.
② 클러치는 운전 중에 단속이 가능한 축이음이다.
③ 플랜지커플링은 약간의 축심 어긋남과 축의 팽창 및 수축을 흡수할 수 있다.
④ 유니버설 조인트는 일반적으로 두 축이 30° 이하로 교차할 때 사용하는 축이음이다.

2 보기의 키 중 전달 가능한 토크가 가장 큰 키와 가장 작은 키를 올바르게 짝 지은 것은? (단, 키의 종류 및 키 홈의 모양 외 나머지 조건은 동일하다)

| ㉠ 묻힘키 | ㉡ 접선키 |
| ㉢ 평키 | ㉣ 안장키 |

① ㉠, ㉡
② ㉠, ㉢
③ ㉡, ㉢
④ ㉡, ㉣

ANSWER 1.③ 2.④

1 플랜지커플링은 고정커플링의 일종으로서 축심의 어긋남을 허용하지 않는다.
※ 커플링의 종류
  ㉠ 고정커플링(rigid coupling)
   • 두 축이 일직선상에 있어야 하고, 축심의 어긋남이 허용되지 않는다. 축방향 이동이 없는 경우에 사용한다. 온도변화 등으로 인하여 축의 팽창 및 수축으로 발생하는 축방향 하중을 흡수하는 능력이 작으며, 진동 등으로 인하여 발생하는 축심의 불일치를 흡수하는 능력이 작다.
   • 플랜지커플링(flange coupling) : 양축의 끝에 플랜지를 각각 억지 끼워맞춤하고 키로 고정한 후, 양 축에 끼워져 있는 플랜지를 리머볼트(reamer bolt)를 이용하여 연결한 것이다. 가장 일반적으로 사용되는 것으로 지름이 큰 회전축이나 고속 회전축에도 널리 사용된다.
   • 슬리브커플링(sleeve coupling) : 두 축을 주철제의 원통속에 양쪽에서 끼워 넣은 후 키로 고정한 것으로 축지름이 작고 하중이 작은 경우에 사용된다.
   • 마찰원통커플링(friction slip coupling) : 두 축의 끝 부분에 축 방향으로 분할된 2개의 반원통 축을 감싸는 형상으로 맞대고, 반원통의 안쪽은 축방향 구배가 없으나 반원통의 바깥쪽은 축방향 구배가 있는 형상이다. 맞대어진 반원통의 바깥 끝 부분에 링을 끼워 구배진 부분을 따라 때려 박으면 된다. 큰 토크의 전달이 불가능하고, 진동이나 충격에 의하여 쉽게 이완 된다.
   • 분할원통커플링(split muff coupling) : 축의 양끝에 축방향으로 2개 분할된 반원통 커플링으로 축을 감싸는 형상으로 맞댄 후 두 개의 반원통은 볼트를 사용하여 결합한다.
   • 반겹치기커플링(half lap coupling) : 축의 끝 부분을 반지름을 크게하고 끝을 경사지게 겹쳐서 서로 고정한 커플링이다. 축방향 인장력이 작용할 때 사용한다.
   • 셀러원추커플링(seller coupling) : 안쪽은 원통형이고 바깥쪽은 테이퍼진 원추형인 안통 2개를 양축 끝에 각각 끼운다. 안통의 바깥에 내경이 양쪽방향으로 테이퍼진 바깥통을 축에 끼운다. 안통과 바깥통을 관통하는 3개의 볼트를 죄어 내외 원뿔면 사이의 미끄럼을 방지한다.
  ㉡ 유연성커플링(flexible coupling)
   • 회전토크의 전달기능과 두 축간의 축경사와 편심을 흡수하는 기능에 따라 여러 종류가 개발되어 사용된다. 두 축사이의 약간의 축심의 어긋남과 축의 팽창 및 수축을 커플링에서 흡수할 수 있다. 두 축사이의 진동을 절연시키는 역할을 한다.
   • 기어형축이음(gear coupling) : 연결하고자 하는 두 축의 끝에 한 쌍의 외접기어(내통)를 각각 키박음하여 결합한다. 내접기어를 갖는 한 쌍의 바깥쪽 통(외통)을 결합하면 외접기어와 내접기어는 맞물리게 된다. 외치와 내치 사이의 틈새가 축의 편심을 어느 정도 흡수한다. 고속 및 큰 토크에 견딜 수 있다. 치의 형태와 커플링이 수행하는 기능에 따라 여러 가지로 분류된다. 이것은 원심펌프, 컨베이어, 교반기, 팬, 발전기, 송풍기, 믹서, 유압펌프, 압축기, 크레인, 기중기, 광산기계 등에 쓰인다.
   • 체인축이음(chain coupling) : 결합할 두 축의 끝에 스프로킷 휠을 키박음하여 장착하고, 2줄 체인을 사용하여 두 축에 끼워져 있는 스프로킷 휠을 이은 것이다. 회전속도가 중간속도이고 일정한 하중이 작용되는 기계에 장착된다. 교반기, 컨베이어, 펌프, 기중기 등에 사용된다.
   • 그리드형축이음(grid coupling) : 결합하고자 하는 두 축의 끝 부분에 축 방향으로 홈(groove)이 파져 있는 한 쌍의 원통을 키박음하여 각각 고정시킨다. 양 축의 축방향 홈이 일직선이 되도록 조정한 후 S자 모양의 금속격자(그리드)를 홈 속으로 집어넣어 연결시킨다. 케이스의 결합형태에 따라 수평분할형과 수직분할형으로 분류한다.
   • 고무축이음(elastometic coupling) : 고무는 인장과 압축이 반복되는 피로강도에 약하고 압축하중에 강하다. 이러한 성질을 이용하여 고무부에 예비압축을 한 후 장착하면 작동 중에 계속 압축하중을 받게 되어 압축하중의 크기 변동만을 하도록 한 것도 있다. 감쇠작용이 뛰어나 진동 및 충격을 잘 흡수한다.
   • 유니버설커플링(universal coupling) : 유니버설 조인트 라고도 하며 두 축이 같은 평면 내에서 어느 각도로 교차하는 경우에 사용한다. 회전 중 양축이 맺는 각도가 변화해도 되는 특징을 가지고 있다. 자동차의 동력전달기구, 압연롤러의 전동축 등에 사용된다.

2 전달가능한 토크의 크기 … 세레이션 > 스플라인 > 접선키 > 묻힘키 > 반달키 > 평키 > 안장키

3 리벳에 대한 설명으로 옳지 않은 것은?

① 리벳의 호칭지름은 리벳 자루의 끝부분에서 측정한다.
② 리벳구멍이 없는 판에 대한 리벳구멍이 있는 판의 인장강도 비를 판의 효율이라고 한다.
③ 리벳의 머리모양에 따라 둥근머리, 접시머리, 납작머리, 냄비머리, 둥근접시머리 리벳 등으로 구분한다.
④ 보일러와 같이 기밀이 필요할 때는 리벳머리 둘레와 강판의 가장자리를 정과 같은 공구로 코킹작업을 한다.

4 용접이음에 대한 설명으로 옳지 않은 것은?

① 용접의 종류에는 압접, 융접 등이 있다.
② 열응력에 의한 잔류변형이 생기지 않는다.
③ 정밀한 작업 시 작업자의 숙련도가 요구된다.
④ 리벳이음에 비하여 기밀성과 수밀성이 양호하다.

5 안쪽 반지름이 2m이며 두께가 얇은 원통형 압력 용기에서 원통 벽면의 원주방향 허용응력이 80MPa이다. 다음 중 1,000kPa의 내압이 작용할 때, 원주방향 허용응력을 넘지 않는 조건에서 최소 벽 두께 [mm]에 가장 가까운 값은?

① 15
② 30
③ 45
④ 60

Answer 3.① 4.② 5.②

3 리벳의 호칭지름은 자리면으로부터 리벳지름의 1/4인 곳에서 측정한다.
4 용접이음은 고열로 이루어지므로 열응력에 의한 잔류변형이 필연적으로 발생된다.
5 원주방향 응력 $\frac{PD}{2t} = \frac{1,000[\text{kPa}] \cdot 4[\text{m}]}{2t} \leq 80[\text{MPa}]$을 충족하려면 벽 두께는 25mm 이상이어야 한다. 주어진 보기에서 이 값에 가장 가까운 값은 30[mm]이다.

6 길이 50mm, 지름 20mm, 포아송비(ν) 0.3인 봉에 1,200kN의 인장하중이 작용하여 봉의 횡방향 압축변형률(ϵ_d)이 0.006이 되었을 때, 이 봉의 세로탄성계수 E [GPa]는? (단, π = 3이고 봉의 변형은 비례한도 내에 있다)

① 100
② 150
③ 200
④ 250

7 벨트의 장력비 1.6, 벨트의 이완측 장력 500N, 벨트의 허용응력 1MPa, 벨트의 폭 10cm, 벨트의 이음효율 80%일 때, 필요한 벨트의 최소 두께[mm]는? (단, 벨트의 원심력 및 굽힘응력은 무시한다)

① 5
② 10
③ 15
④ 20

8 원동차와 종동차의 지름이 각각 200mm, 600mm이며 서로 외접하는 원통마찰차가 있다. 원동차가 1,200rpm으로 회전하면서 종동차를 10kN으로 밀어붙여 접촉한다면 최대 전달동력[kW]은? (단, 마찰계수는 μ = 0.2이다)

① 2π
② 4π
③ 8π
④ 12π

ANSWER 6.③ 7.② 8.③

6 횡방향 압축변형률 $\varepsilon_d = \dfrac{\delta}{L}\nu = \dfrac{P}{AE}\nu$

세로탄성계수

$E = \dfrac{P\nu}{A\varepsilon_d} = \dfrac{4P\nu}{\pi d^2 \varepsilon_d} = \dfrac{4(1,200 \times 10^3)(0.3)}{3(20)^2(0.006)} = 200,000 \text{[MPa]} = 200 \text{[GPa]}$

7 벨트의 두께는 $t = \dfrac{T_t}{\sigma b \eta}$ (η : 이음효율, b : 벨트의 너비, σ : 벨트의 인장응력)

벨트의 장력비는 $\dfrac{T_t}{T_s} = \dfrac{긴장측장력}{500N} = 1.6$이므로 긴장측장력은 800N이 된다.

따라서 $t = \dfrac{T_t}{\sigma_a b \eta} = \dfrac{800 \text{[N]}}{1\text{[MPa]} \cdot 10\text{[cm]} \cdot 0.80} = 10 \text{[mm]}$ (벨트의 허용응력이 주어졌으므로 $\sigma = \sigma_a$를 대입해야 한다.)

8 $H' = \mu P v = \mu P \dfrac{\pi D_1 N_a}{60(1,000)} = 0.2(10 \times 10^3)\dfrac{\pi(200)(1,200)}{60(1,000)} \cdot \dfrac{1}{1,000} = 8\pi \text{[kW]}$

9 접촉면 평균지름(D_m)이 200mm, 면압이 0.2 N/mm²인 단판 마찰클러치가 80π N·m의 토크를 전달하기 위해 필요한 접촉면의 최소 폭(b)[mm]은? (단, 접촉면의 마찰계수는 μ = 0.2이고, 축방향 힘은 균일 압력조건, 토크는 균일 마모조건으로 한다)

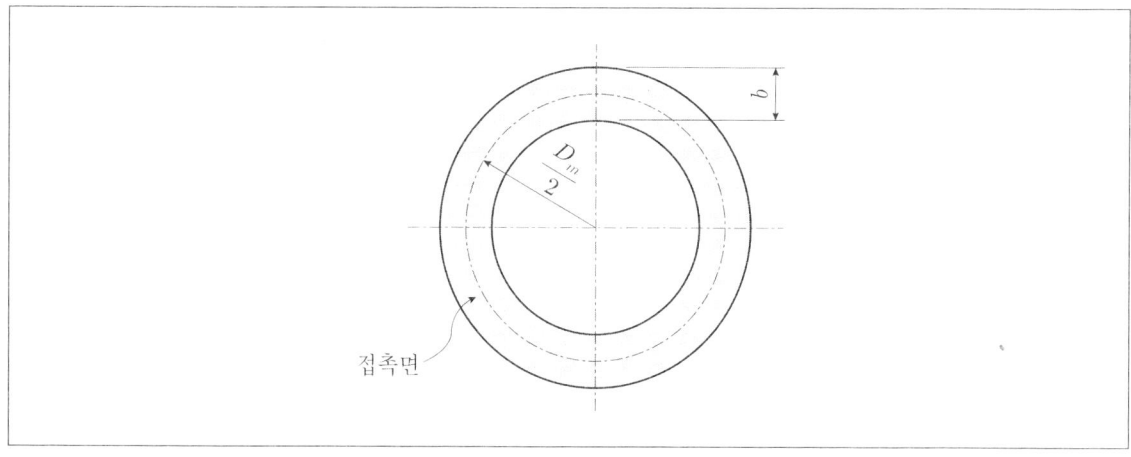

① 5 ② 10
③ 50 ④ 100

ANSWER 9.④

9 접촉면압 $q = \dfrac{2T}{\mu\pi D_m^2 b}$,

접촉면의 폭 $b = \dfrac{2T}{\mu\pi D_m^2 q} = \dfrac{2(80\pi \times 10^3)}{0.2\pi(200)^2(0.2)} = 100[\text{mm}]$

10 강도를 고려하여 지름 d인 끝저널(엔드저널)을 설계하기 위해 베어링 폭이 l인 미끄럼베어링 내의 평균 압력 p_m을 길이 l인 저널 중앙지점에 작용하는 집중하중 P로 대체하고 저널을 외팔보로 취급하여 설계한다면 $\dfrac{l}{d}$은? (단, 저널의 허용굽힘응력은 σ_a이다)

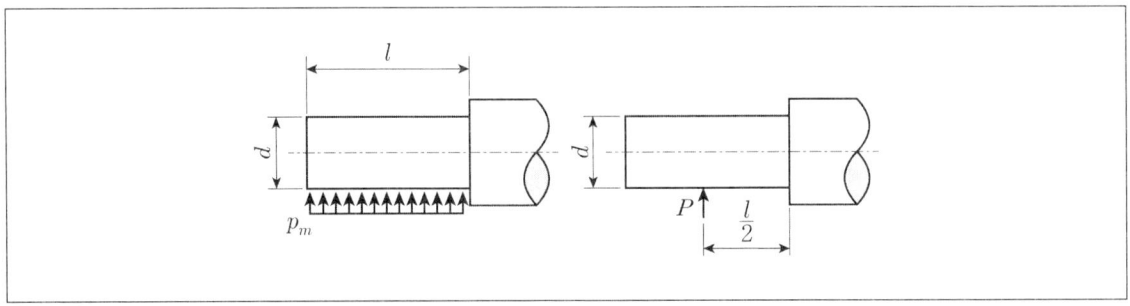

① $\sqrt{\dfrac{32p_m}{\pi\sigma_a}}$
② $\sqrt{\dfrac{\pi\sigma_a}{32p_m}}$
③ $\sqrt{\dfrac{16p_m}{\pi\sigma_a}}$
④ $\sqrt{\dfrac{\pi\sigma_a}{16p_m}}$

11 외접하는 표준 스퍼기어 두 개의 잇수가 각각 40, 60개이고 원주피치가 3π mm일 때, 두 축 사이의 중심거리[mm]는?

① 100
② 150
③ 200
④ 250

ANSWER 10.④ 11.②

10 $M = \sigma_a Z$이므로 $\dfrac{Pl}{2} = \sigma_a \dfrac{\pi d^3}{32}$

따라서 $\dfrac{p_m d l^2}{2} = \sigma_a \dfrac{\pi d^3}{32}$ 이므로 $\dfrac{l}{d} = \sqrt{\dfrac{\pi\sigma_a}{16p_m}}$ 이 성립한다.

11 축간거리 $C = \dfrac{D_1 + D_2}{2} = \dfrac{m}{2}(Z_1 + Z_2)$

원주피치 $p = \pi\dfrac{D}{Z} = \pi m$, 모듈 $m = \dfrac{D}{Z}$

주어진 문제에서 모듈은 $m=3$이 되며

축간거리는 $C = \dfrac{D_1 + D_2}{2} = \dfrac{3}{2}(40+60) = 150[\text{mm}]$

12 클러치의 종류에 관한 설명으로 옳지 않은 것은?

① 맞물림클러치 : 양쪽의 턱이 서로 맞물려서 미끄럼 없이 동력이 전달된다.
② 원심클러치 : 원동축의 원심력으로 전자코일에서 기전력을 발생시켜 동력을 전달한다.
③ 유체클러치 : 일정한 용기 속에 유체를 넣어서 구동축을 회전시키면 유체를 통해 종동축에 동력이 전달된다.
④ 마찰클러치 : 원동축과 종동축에 붙어 있는 접촉면을 서로 접촉시킬 때 발생하는 마찰력에 의해 동력을 전달한다.

13 전위기어의 사용 목적으로 옳지 않은 것은?

① 언더컷을 방지하려고 할 때 사용한다.
② 최소 잇수를 줄이려고 할 때 사용한다.
③ 물림률을 감소시키려고 할 때 사용한다.
④ 이의 강도를 증가시키려고 할 때 사용한다.

Answer 12.② 13.③

12 • 원심클러치 : 자동클러치의 일종으로 마찰클러치를 원심력에 의해 제어하는 클러치이다. 원동기가 달린 자전거 등 소형차량에 주로 사용되며 엔진의 회전수에 의해 동력을 접속하거나 차단한다. (기전력을 발생시켜 동력을 전달하는 것은 전자클러치이다.)
• 클러치 : 엔진과 변속기 사이에 설치되어 엔진의 동력을 변속기로 연결하거나 차단하는 기능을 수행한다.

13 전위기어는 물림률 증가, 이의 강도개선(최소잇수를 줄일 수 있음), 중심거리변화, 언더컷 방지 등을 목적으로 전위절삭으로 가공한 기어이다.

14 원통 또는 원뿔의 플러그를 90° 회전시켜 유체의 흐름을 개폐시킬 수 있는 밸브는?

① 콕
② 스톱밸브
③ 슬루스밸브
④ 버터플라이밸브

15 짝 지어진 두 개의 물리량을 SI 기본단위(m, kg, s)로 환산할 경우, 동일한 단위로 연결되지 않은 것은?

① PS − J
② mmHg − Pa
③ kg_f/m^2 − N/m^2
④ $kg_f \cdot m/s$ − W

ANSWER 14.① 15.①

14 밸브의 종류
- **콕** : 저압으로 작은 지름의 관로 개폐용의 밸브로 조작이 간단하다. 원통 또는 원뿔의 플러그를 90° 회전시켜 유체의 흐름을 개폐시킬 수 있는 밸브이다.
- **스톱밸브** : 관로의 내부나 용기에 설치하여 유동하는 유체의 유량과 압력을 제어하는 밸브로서 밸브 디스크가 밸브대에 의하여 밸브시트에 직각방향으로 작동한다.
- **게이트밸브** : 밸브 몸체가 문짝처럼 오르락내리락하면서 유체가 흐르는 통로를 개폐하는 구조를 가진 밸브의 총칭. 보통 완전히 열거나 닫은 상태로 사용되고 유량조절에는 잘 사용되지 않는다.
- **글로브밸브** : 공모양의 밸브몸통을 가지며 입구와 출구의 중심선이 같은 일직선상에 있으며 유체의 흐름이 S자모양으로 되는 밸브이다.
- **슬루스밸브** : 압력이 높은 유로 차단용의 밸브이다. 밸브 본체가 흐름에 직각으로 놓여 있어 밸브 시트에 대해 미끄럼 운동을 하면서 개폐하는 형식의 밸브이다.
- **역류방지밸브(체크밸브)** : 유체를 한 방향으로만 흐르게 해, 역류를 방지하는 밸브. 체크 밸브라고도 한다.
- **게이트밸브** : 배관 도중에 설치하여 유로의 차단에 사용한다. 변체가 흐르는 방향에 대하여 직각으로 이동하여 유로를 개폐한다. 부분적으로 개폐되는 경우 유체의 흐름에 와류가 발생앞어 내부에 먼지가 쌓이기 쉽다.
- **이스케프밸브** : 관내의 유압이 규정 이상이 되면 자동적으로 작동하여 유체를 밖으로 흘리기도 하고 원래대로 되돌리기도 하는 밸브이다.
- **버터플라이 밸브** : 밸브의 몸통 안에서 밸브대를 축으로 하여 원판 모양의 밸브 디스크가 회전하면서 관을 개폐하여 관로의 열림각도가 변화하여 유량이 조절된다.

15 [PS]는 동력을 나타내는 단위이며 J은 일(에너지)을 나타내는 단위이다.
또한 1[PS]=2,646[kJ/h]의 관계가 성립한다.

16 다음 그림은 두 개의 기어로 이루어진 감속장치 개념도이다. 입력축은 10rad/s의 각속도로 10kW의 동력을 받아 모듈 5mm, 압력각 30°인 두 개의 표준 스퍼기어(G_1, G_2)를 통하여 출력축으로 내보낸다. 입력축에서 G_1 기어와 B_1, B_2 베어링 사이의 수평거리가 각각 100mm일 때, B_1 베어링에 작용하는 하중[N]은? (단, 입력축 G_1 기어의 잇수는 40개이다)

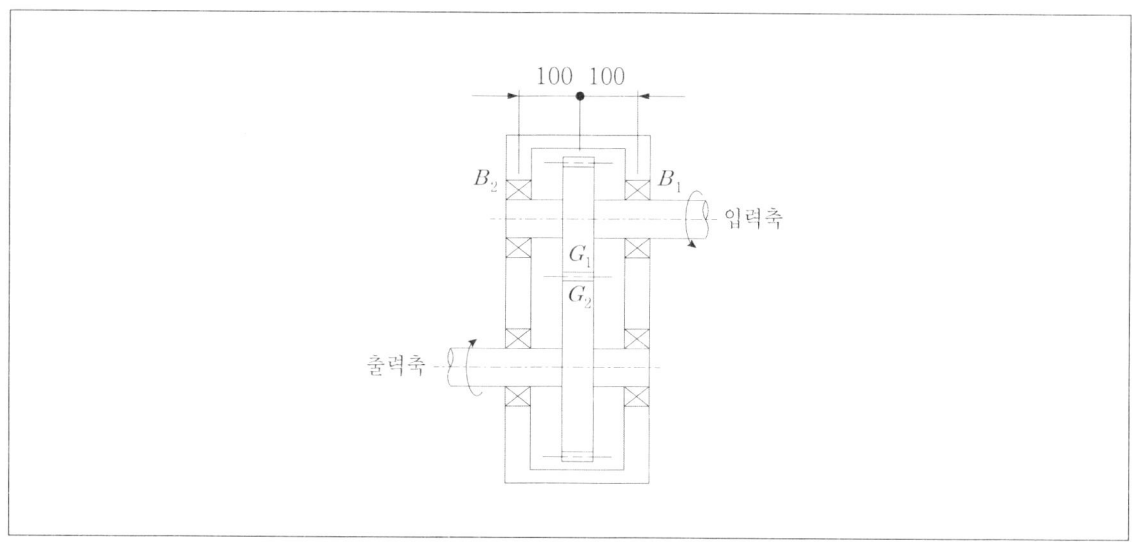

① 5,000
② $\dfrac{5,000}{\sqrt{3}}$
③ $\dfrac{10,000}{\sqrt{3}}$
④ $\dfrac{20,000}{\sqrt{3}}$

Answer 16.③

16 전달토크를 구하면 $T = \dfrac{H'}{w} = \dfrac{10 \cdot 10^3}{10} = 10^3 [\text{N} \cdot \text{m}] = 10^6 [\text{N} \cdot \text{mm}]$

G_1 기어의 피치원지름 $D_1 = mZ_1 = 5(40) = 200 [\text{mm}]$

전달토크 $T = F_t \dfrac{D_1}{2} = F_n \cos 30° \dfrac{D_1}{2}$ (F_t는 기어를 회전시키려는 회전력)

기어의 이에 작용하는 하중은 $F_n = \dfrac{2T}{D_1 \cos 30°} = \dfrac{2(10^6)}{200 \cos 30°} = \dfrac{20,000}{\sqrt{3}} [\text{N}]$

G_1 기어에서 B_1, B_2 베어링까지의 거리가 동일하므로 베어링에 걸리게 되는 하중은 전체하중의 절반인 $\dfrac{10,000}{\sqrt{3}} [\text{N}]$이 된다.

17 동일 재료로 제작된 길이 l, 지름 d인 중실축과 길이 $2l$, 지름 $2d$인 중실축이 각각 T_1과 T_2의 비틀림 모멘트를 받아 동일한 비틀림각이 발생하였다면 $\dfrac{T_1}{T_2}$은?

① $\dfrac{1}{2}$ ② $\dfrac{1}{4}$

③ $\dfrac{1}{8}$ ④ $\dfrac{1}{16}$

18 나사산 높이가 2mm이고 바깥지름이 40mm이며, 2회전할 때 축 방향으로 8mm 이동하는 한 줄 사각나사가 있다. 나사를 조일 때 나사 효율은? (단, 마찰각은 ρ이며, 자리면 마찰은 무시한다)

① $\dfrac{\frac{4}{38\pi}}{\tan\left(\rho+\tan^{-1}\frac{4}{38\pi}\right)}$ ② $\dfrac{\frac{8}{38\pi}}{\tan\left(\rho+\tan^{-1}\frac{8}{38\pi}\right)}$

③ $\dfrac{\frac{4}{36\pi}}{\tan\left(\rho+\tan^{-1}\frac{4}{36\pi}\right)}$ ④ $\dfrac{\frac{8}{36\pi}}{\tan\left(\rho+\tan^{-1}\frac{8}{36\pi}\right)}$

ANSWER 17.③ 18.①

17 비틀림각 $\theta = \dfrac{TL}{GJ} = \dfrac{32\,TL}{\pi d^4}$[rad]이며 $\theta_1 = \dfrac{32\,T_1 l}{\pi d^4} = \theta_2 = \dfrac{32\,T_2(2l)}{\pi(2d)^4}$

$\dfrac{T_1}{T_2} = \dfrac{2l}{l} \cdot \dfrac{d^4}{(2d)^4} = \dfrac{1}{8}$

18 피치 $p = \dfrac{l}{n} = \dfrac{8}{2} = 4$[mm]

유효지름 $d_2 = d - 0.5p = 40 - 0.5(4) = 38$[mm]

$\tan\lambda = \dfrac{p}{\pi d_2} = \dfrac{4}{38\pi}$ 이므로 나선각 $\lambda = \tan^{-1}\dfrac{4}{38\pi}$

따라서 나사의 효율은 $\eta = \dfrac{\tan\lambda}{\tan(\lambda+\rho)} = \dfrac{\frac{4}{38\pi}}{\tan\left(\rho+\tan^{-1}\frac{4}{38\pi}\right)}$

19 질량 40kg인 원판형 플라이휠이 장착된 절단기는 강판을 한 번 절단할 때 플라이휠의 회전속도가 2,000rpm에서 1,000rpm으로 줄어들어 30kJ의 운동에너지가 소모된다. 이 플라이휠의 반지름[m]은? (단, π = 3이고, 플라이휠의 재료는 균일하다)

① $\dfrac{1}{\sqrt{5}}$

② $\dfrac{1}{\sqrt{10}}$

③ $\dfrac{1}{\sqrt{20}}$

④ $\dfrac{1}{\sqrt{40}}$

ANSWER 19.②

19 질량관성모멘트 $I = \dfrac{1}{2}mr^2 = \dfrac{1}{2}(40)r^2 = 20r^2$

최소각속도 $w_1 = \dfrac{2\pi N_1}{60} = \dfrac{2(3)(1,000)}{60} = 100[\text{rad/s}]$

최대각속도 $w_2 = \dfrac{2\pi N_2}{60} = \dfrac{2(3)(2,000)}{60} = 200[\text{rad/s}]$

평균각속도 $w_m = \dfrac{w_1 + w_2}{2} = \dfrac{100 + 200}{2} = 150[\text{rad/s}]$

각속도 변동계수 $\delta = \dfrac{w_2 - w_1}{w_m} = \dfrac{200 - 100}{150} = \dfrac{2}{3}$

에너지변화량 $\triangle E = I w_m^2 \delta = 20 r^2 w_m^2 \delta$

반지름 $r = \sqrt{\dfrac{\triangle E}{20 w_m^2 \delta}} = \sqrt{\dfrac{30 \cdot 10^3}{20(150)^2 \cdot \dfrac{2}{3}}} = \dfrac{1}{\sqrt{10}}$

20 다음 그림과 같이 길이가 l이며 폭, 높이가 각각 b, h인 직사각형 단면으로 한쪽 끝이 고정된 단판스프링이 있다. 다른 한쪽 끝에 수직하중 P가 작용할 때, 단판스프링에 작용하는 최대굽힘응력 $\sigma_{\max}$와 끝단 처짐에 따른 등가 스프링상수 k는? (단, E는 단판스프링 재료의 세로탄성계수이다)

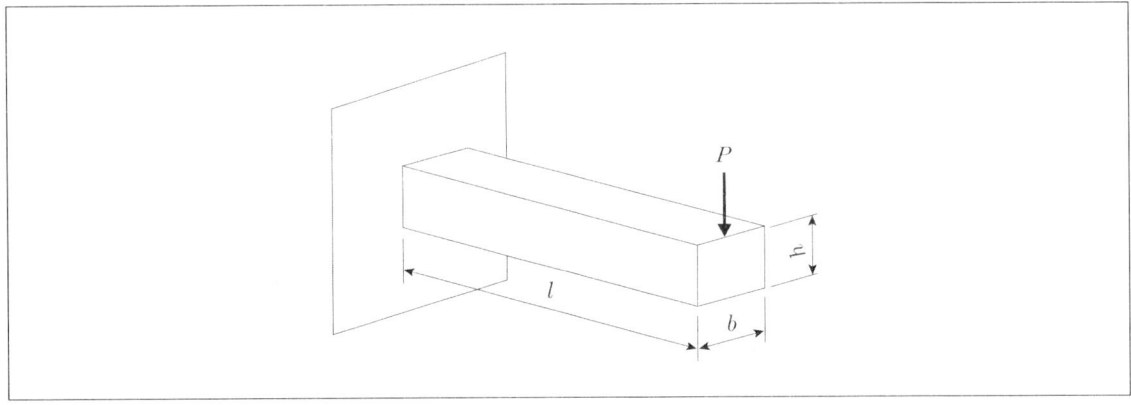

	$\sigma_{\max}$	k
①	$\dfrac{3Pl}{bh^2}$	$\dfrac{Ebh^3}{2l^3}$
②	$\dfrac{3Pl}{bh^2}$	$\dfrac{Ebh^3}{4l^3}$
③	$\dfrac{6Pl}{bh^2}$	$\dfrac{Ebh^3}{2l^3}$
④	$\dfrac{6Pl}{bh^2}$	$\dfrac{Ebh^3}{4l^3}$

ANSWER 20.④

20 공식을 암기해서 답을 즉각적으로 찾아내야 하는 문제이다.

길이가 l이며 폭, 높이가 각각 b, h인 직사각형 단면으로 한쪽 끝이 고정된 단판스프링의 경우,

최대처짐은 $\delta_{\max} = \dfrac{4Pl^3}{bh^3 E}$

단판스프링에 작용하는 최대굽힘응력 $\sigma_{\max} = \dfrac{M_c}{I} = \dfrac{Pl \cdot \dfrac{h}{2}}{\dfrac{bh^3}{12}} = \dfrac{6Pl}{bh^2}$

끝단 처짐에 따른 등가 스프링상수 $k = \dfrac{P}{\delta_{\max}} = \dfrac{P}{\dfrac{4Pl^3}{bh^3 E}} = \dfrac{Ebh^3}{4l^3}$

기계설계 2022. 4. 2. 인사혁신처 시행

1 크리프(creep) 현상에 대한 설명으로 옳지 않은 것은?

① 크리프 곡선의 제1기 크리프에서는 변형률 속도가 증가한다.
② 크리프 곡선의 제2기 크리프에서는 변형률 속도가 거의 일정하게 나타난다.
③ 가스터빈, 제트엔진, 로켓 등 고온에 노출되는 부품은 크리프 특성이 중요시 된다.
④ 일정한 하중이 작용하는 경우 온도가 높아지면 파단에 이르는 시간이 짧아진다.

ANSWER 1.①

1 크리프 곡선의 제1기 크리프에서는 변형률 속도가 감소한다.

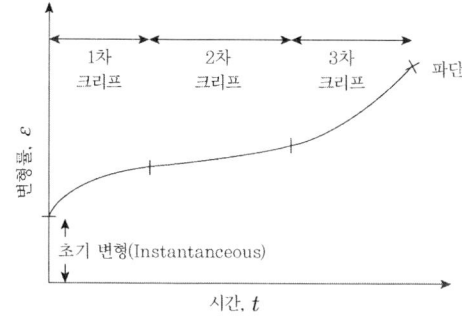

2 평행하지도 교차하지도 않는 두 축 사이에 동력을 전달하기 위해 사용하는 기어는?

① 스퍼 기어
② 베벨 기어
③ 크라운 기어
④ 하이포이드 기어

3 배관에서 조립 플랜지와 파이프를 이음하는 방식으로 옳지 않은 것은?

① 나사 플랜지
② 주조 플랜지
③ 리벳이음 플랜지
④ 용접이음 플랜지

ANSWER 2.④ 3.②

2 기어의 종류
　① 두 축이 서로 평행한 경우
　　㉠ 스퍼기어
　　㉡ 랙과 피니언
　　㉢ 내접기어
　　㉣ 헬리컬기어
　② 두 축이 만나는 경우
　　㉠ 베벨기어
　　㉡ 마이터기어
　　㉢ 크라운기어
　③ 두 축이 평행하지도 만나지도 않는 경우
　　㉠ 웜기어
　　㉡ 하이포이드기어
　　㉢ 나사기어
　　㉣ 스큐기어

3 주조플랜지, 단조플랜지는 이음방법이 아니라 플랜지를 생산하는 방식에 따른 분류이다.

4 상온에서 초기응력 없이 양단이 고정되어 있는 강관에 고온의 유체가 흐를 때 발생하는 현상 및 그 특징으로 옳지 않은 것은?

① 강관에 발생하는 길이 방향 하중은 압축력이다.
② 강관에 발생하는 길이 방향 응력은 온도변화에 비례한다.
③ 강관에 발생하는 길이 방향 하중은 종탄성계수에 비례한다.
④ 강관에 발생하는 길이 방향 응력은 관 길이의 제곱에 비례한다.

5 기준치수가 동일한 구멍과 축에서 구멍의 공차역이 H7일 때, 헐거운 끼워맞춤에 해당하는 축의 공차역은?

① g6
② js6
③ k6
④ m6

ANSWER 4.④ 5.①

4 강관에 발생하는 길이방향의 응력은 관 길이의 제곱에 비례하지 않는다.

5 아래의 끼워맞춤 공차도에 따라 헐거운 끼워맞춤이 되려면 축이 작아져야 하므로 H보다 좌측에 있어야 한다. 주어진 보기 중 g6이 H7보다 좌측에 있으며 나머지는 모두 우측에 있다.

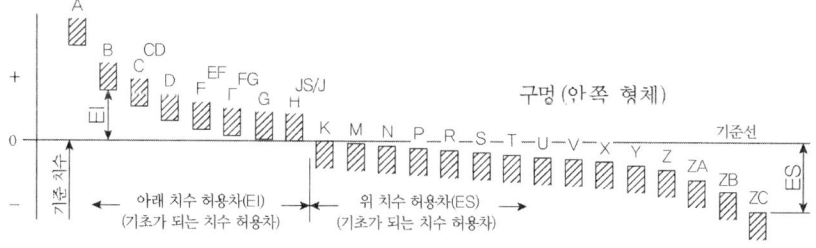

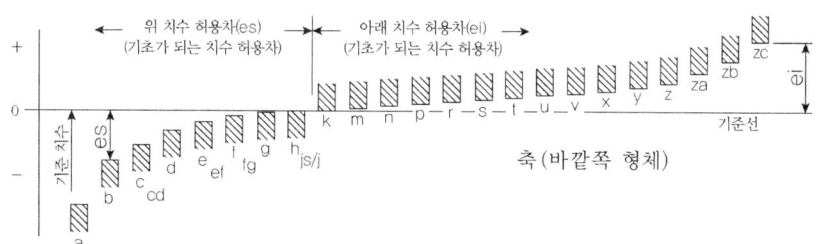

6 다음 중 사이클로이드 치형의 특징이 아닌 것은?

① 압력각이 변화한다.

② 전위기어를 사용할 수 없다.

③ 언더컷이 발생하고 인벌류트 치형에 비해 소음이 크다.

④ 접촉면의 미끄럼률이 일정하며 치면의 마모가 균일하다.

ANSWER 6.③

6 사이클로이드 치형은 언더컷이 발생하지 않는다.
① **사이클로이드 치형**: 한 원의 안쪽 또는 바깥쪽을 다른 원이 미끄러지지 않고 굴러갈 때 구르는 원 위의 한 점이 그리는 곡선을 치형 곡선으로 제작한 기어이다. (사이클로이드는 원을 직선 위에서 굴릴 때 원 위의 한 점이 그리는 곡선이다.)
  ㉠ 압력각이 변화한다.
  ㉡ 미끄럼률이 일정하고 마모가 균일하다.
  ㉢ 절삭공구는 사이클로이드곡선이어야 하고 구름원에 따라 여러가지 커터가 필요하다.
  ㉣ 빈 공간이라도 치수가 극히 정확해야 하고 전위절삭이 불가능하다.
  ㉤ 중심거리가 정확해야 하고 조립이 어렵다.
  ㉥ 언더컷이 발생하지 않는다.
  ㉦ 원주피치와 구름원이 모두 같아야 한다.
  ㉧ 시계, 계기류와 같은 정밀기계에 주로 사용된다.
② **인벌류트 치형**: 원에 감은 실을 팽팽한 상태를 유지하면서 풀 때 실 끝이 그리는 궤적곡선(인벌류트 곡선)을 이용하여 치형을 설계한 기어이다.
  ㉠ 압력각이 일정하다.
  ㉡ 미끄럼률이 변화가 많으며 마모가 불균일하다. (피치점에서 미끄럼률은 0이다.)
  ㉢ 절삭공구는 직선(사다리꼴)으로 제작이 쉽고 값이 싸다.
  ㉣ 빈 공간은 다소 치수의 오차가 있어도 된다. (전위절삭이 가능하다.)
  ㉤ 중심거리는 약간의 오차가 있어도 무방하며 조립이 쉽다.
  ㉥ 압력각과 모듈이 모두 같아야 한다.
  ㉦ 전동용으로 주로 사용된다.

7 그림과 같이 4개의 스프링에 의해 지지되는 강체의 중앙에 600N의 하중을 가하여 강체가 60mm 내려 갈 때, 스프링상수 k_3[N/mm]의 값은? (단, 스프링상수 값은 $k_1 = 2k_3$, $k_2 = 4k_3$의 관계를 가지며, 스프링과 강체의 무게는 무시한다)

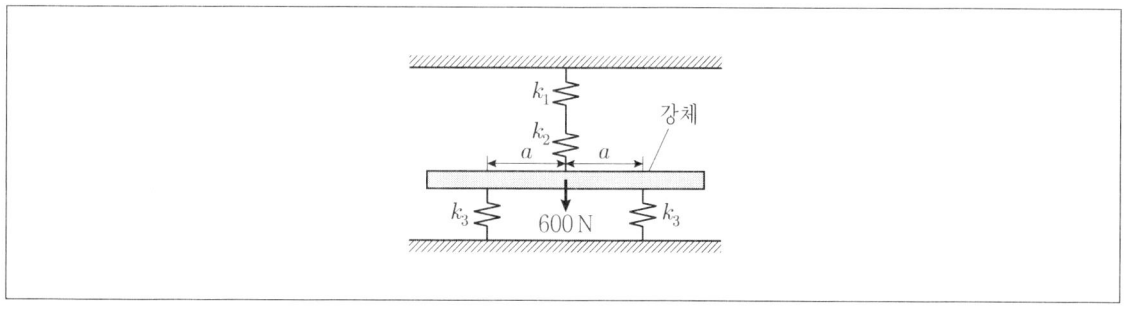

① 2
② 2.5
③ 3
④ 3.5

8 지름 2cm인 회전하는 중실축이 30kg_f·cm의 굽힘모멘트와 40kg_f·cm의 비틀림모멘트를 동시에 받고 있을 때, 발생하는 최대 굽힘응력[$\text{kg}_\text{f}/\text{cm}^2$]은? (단, π = 3.2이고, 최대 주응력 이론을 적용한다)

① 20
② 30
③ 40
④ 50

ANSWER 7.③ 8.④

7 $k_1' = \dfrac{k_1 k_2}{k_1 + k_2} = \dfrac{2k_3 \cdot 4k_3}{2k_3 + 4k_3} = \dfrac{4}{3}k_3$, $k_2' = k_3 + k_3 = 2k_3$

$k_{eq} = k_1' + k_2' = \dfrac{10}{3}k_3$이며 $k_{eq} = \dfrac{P}{\delta} = 10 = \dfrac{10}{3}k_3$이므로 $k_3 = 3$

8 $M_e = \dfrac{M}{2} + \dfrac{1}{2}\sqrt{M^2 + T^2} = 15 + \dfrac{1}{2}\sqrt{30^2 + 40^2} = 40$

$\sigma = \dfrac{M_{\max}}{Z} = \dfrac{32 M_e}{\pi d^3} = \dfrac{32 \cdot 40}{3.2 \cdot 2^3} = \dfrac{400}{8} = 50[\text{kg}_\text{f}/\text{cm}^2]$

9 지름 20mm인 봉을 강판에 필릿용접하고 토크 $T = 65,000\,\text{kg}_f \cdot \text{mm}$를 가할 때, 용접부에 발생하는 최대 전단응력[kg_f/mm^2]은? (단, $f = \dfrac{10}{\sqrt{2}}$ mm, $\pi = 3.2$이고, 봉의 무게는 무시한다)

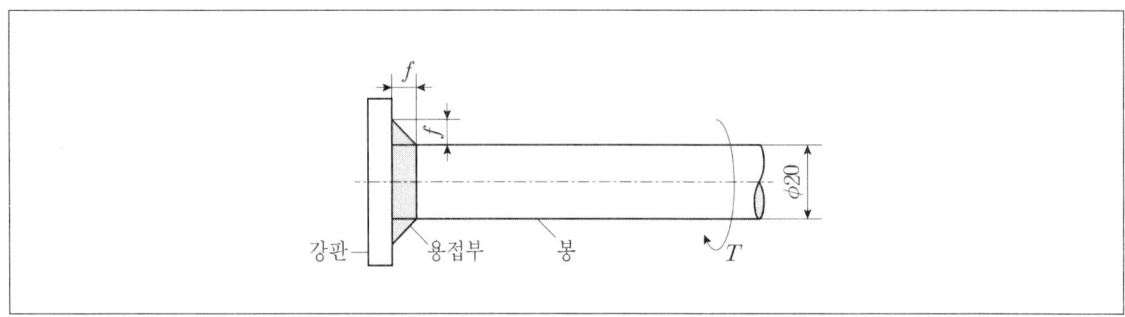

① 6　　　　　　　　　　　　② 9
③ 12　　　　　　　　　　　 ④ 15

10 지름 10mm 리벳 20개로 강판에 1줄 겹치기 리벳이음을 한 후, 이 강판에 60kN의 인장력을 가하였다. 이때 리벳 1개에 발생하는 전단응력[MPa]은? (단, $\pi = 3$이다)

① 30　　　　　　　　　　　　② 40
③ 50　　　　　　　　　　　　④ 60

ANSWER　9.④　10.②

9　$\tau_{\max} = \dfrac{I}{Z_p} = \dfrac{I}{I_P} \cdot y_{\max}$ 이며　$T = 65,000\ \text{kg}_f \cdot \text{mm}$

$y_{\max} = \dfrac{D_1 + 2a}{2} = \dfrac{20 + 2 \cdot \dfrac{f}{\sqrt{2}}}{2} = \dfrac{20 + 10}{2} = 15[\text{mm}]$

10　$\tau = \dfrac{P_1}{\dfrac{\pi}{4}d^2} = \dfrac{4P_1}{\pi d^2} = \dfrac{4 \cdot 3,000}{3 \cdot 100} = 40[\text{N}/\text{mm}^2]$

11 폭, 높이, 길이가 각각 b, h, L인 평행키가 키홈 깊이 $\frac{h}{2}$인 축에 삽입되어 있다. 이때 키에 생기는 전단응력이 τ, 압축응력이 σ_c이고, $\sigma_c = 6\tau$라고 할 때, $\frac{h}{b}$는?

① $\frac{1}{6}$
② $\frac{1}{3}$
③ $\frac{2}{3}$
④ $\frac{3}{2}$

12 평벨트 전동에서 벨트에 작용하는 긴장측 장력 900N, 벨트의 허용인장응력 2N/mm², 두께 2mm, 이음 효율이 90%일 때, 벨트의 최소 폭[mm]은? (단, 벨트에 작용하는 원심력 및 굽힘응력은 무시한다)

① 125
② 250
③ 375
④ 500

ANSWER 11.② 12.②

11 $\tau = \frac{P}{b \cdot L}$, $\sigma_c = \frac{2P}{h \cdot L}$이고 $\sigma_c = 6\tau$이다.

$\sigma_c = \frac{2P}{h \cdot L} = 6\frac{P}{b \cdot L}$이므로 $b = 3h$가 되어 $\frac{h}{b}$는 $\frac{1}{3}$이 된다.

12 $b = \frac{T_t}{\sigma_t \eta t} = \frac{900}{2 \cdot 0.9 \cdot 2} = 250[\text{mm}]$

13 단판 원판 브레이크를 이용하여 회전하는 축을 제동하려고 한다. 브레이크를 축방향으로 미는 하중 P = 100N, 원판 브레이크 접촉면의 평균 반지름 R_m = 25mm, 마찰계수 μ = 0.1일 때, 제동할 수 있는 최대 토크 T [N·mm]는? (단, 축방향 힘은 균일압력조건, 토크는 균일마모조건으로 한다)

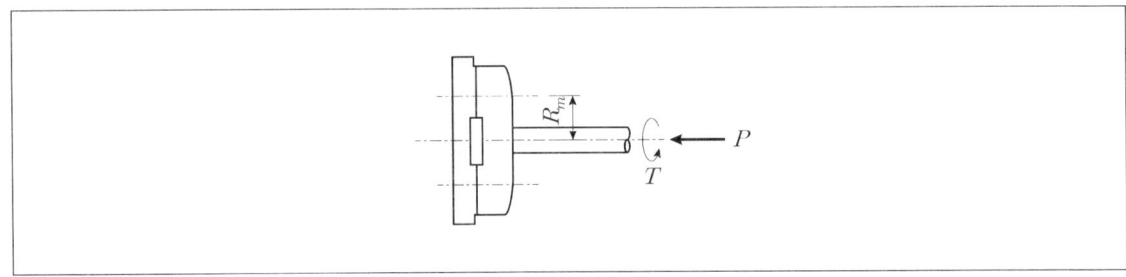

① 125　　　　　　　　　　　　　② 200
③ 250　　　　　　　　　　　　　④ 500

14 축방향 하중 P = 45kg$_f$를 지지하는 칼라(collar) 베어링에서 칼라의 안지름이 5mm, 바깥지름이 10mm이고, 칼라 베어링의 허용 압력이 0.2kg$_f$/mm^{2}일 때, 필요한 칼라의 최소 개수는? (단, π = 3이다)

① 2　　　　　　　　　　　　　② 4
③ 6　　　　　　　　　　　　　④ 8

ANSWER 13.③　14.②

13 $T = \mu P \cdot \dfrac{D_m}{2} = 0.1 \cdot 100 \cdot 25 = 250$

14 $Z = \dfrac{4P}{\pi(D_2^2 - D_1^2)q} = \dfrac{4 \cdot 45}{3 \cdot 75 \cdot 0.2} = 4$

15 내접원통마찰차에서 축간거리가 450mm, 원동차의 회전속도가 300rpm, 종동차의 회전속도가 100rpm일 때, 원동차 지름 D_A[mm]와 종동차 지름 D_B[mm]는? (단, 마찰차 간 미끄럼은 없다고 가정한다)

	D_A	D_B
①	450	1,350
②	900	2,700
③	1,350	450
④	2,700	900

16 길이가 각각 l_1, l_2, l_3이고 극관성모멘트가 각각 I_{P1}, I_{P2}, I_{P3}인 축들이 그림과 같이 연결되어 있다. 축의 양 끝단에 비틀림 모멘트 T가 작용할 때 전체 비틀림각을 구하는 식은? (단, 축 재료의 횡탄성계수는 G이고 극관성모멘트는 축 단면의 중심에서 계산한 값이다)

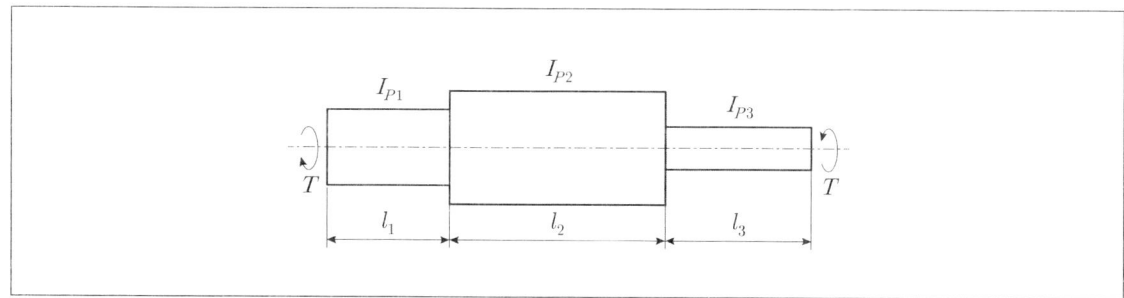

① $\dfrac{G}{T}\left(\dfrac{l_1}{I_{P1}} + \dfrac{l_2}{I_{P2}} + \dfrac{l_3}{I_{P3}}\right)$

② $\dfrac{T}{G}\left(\dfrac{I_{P1}}{l_1} + \dfrac{I_{P2}}{l_2} + \dfrac{I_{P3}}{l_3}\right)$

③ $\dfrac{G}{T}\left(\dfrac{I_{P1}}{l_1} + \dfrac{I_{P2}}{l_2} + \dfrac{I_{P3}}{l_3}\right)$

④ $\dfrac{T}{G}\left(\dfrac{l_1}{I_{P1}} + \dfrac{l_2}{I_{P2}} + \dfrac{l_3}{I_{P3}}\right)$

ANSWER 15.① 16.④

15 $D_A = \dfrac{1}{3}D_B$, $C = \dfrac{D_B - D_A}{2} = \dfrac{3D_A - D_A}{2} = D_A = 450[mm]$

16 문제에 제시된 경우 전체 비틀림각은 각 축들의 비틀림각을 합한 값이므로 $\dfrac{T}{G}\left(\dfrac{l_1}{I_{P1}} + \dfrac{l_2}{I_{P2}} + \dfrac{l_3}{I_{P3}}\right)$이 된다.

17 물체에 가해지는 힘 P와 속도 v가 주어졌을 때, 동력 H를 구하는 식으로 옳지 않은 것은? (단, 1PS = 75kg$_f$ · m/s이고, 중력가속도는 9.8m/s² 이다)

① $H[\text{kW}] = \dfrac{P[\text{N}] \times v[\text{m/s}]}{1,000}$

② $H[\text{kW}] = \dfrac{P[\text{kg}_f] \times v[\text{mm/s}]}{9,800}$

③ $H[\text{PS}] = \dfrac{P[\text{N}] \times v[\text{m/s}]}{735}$

④ $H[\text{PS}] = \dfrac{P[\text{kg}_f] \times v[\text{mm/s}]}{75,000}$

18 마찰각이 ρ, 리드각이 β, 유효지름이 d_m인 사각나사를 이용하여 축하중 Q인 물체를 들어올리기 위해 나사 유효지름의 원주에서 접선방향으로 가하는 회전력 $P_1 = Q\tan(\rho+\beta)$, 토크 $T_1 = Q\dfrac{d_m}{2}\tan(\rho+\beta)$이다. 동일한 사각나사를 이용하여 축하중 Q인 물체를 내리기 위해 나사 유효지름의 원주에서 접선방향으로 가하는 회전력 P_2와 토크 T_2를 구하는 식은? (단, 자리면 마찰은 무시한다)

	P_2	T_2
①	$Q\tan(\rho-\beta)$	$Q\dfrac{d_m}{2}\tan(\rho-\beta)$
②	$Q\tan(\beta-\rho)$	$Q\dfrac{d_m}{2}\tan(\rho-\beta)$
③	$Q\tan(\rho-\beta)$	$Q\dfrac{d_m}{2}\tan(\beta-\rho)$
④	$Q\tan(\beta-\rho)$	$Q\dfrac{d_m}{2}\tan(\beta-\rho)$

Answer 17.② 18.①

17 $H[kW] = \dfrac{P[N] \cdot v[m/s]}{1000}$

$H[kW] = \dfrac{P[kg_f] \cdot v[m/s]}{102}$

$H[PS] = \dfrac{P[N] \cdot v[m/s]}{735}$

$H[PS] = \dfrac{P[kg_f] \cdot v[m/s]}{75}$

18 문제를 보자마자 바로 답을 찾을 수 있는 문제이다.

사각나사 유효지름의 원주에서 접선방향으로 가하는 회전력 $P_2 = Q\tan(\rho-\beta)$

토크의 크기 $T_2 = Q\dfrac{d_m}{2}\tan(\rho-\beta)$이 된다.

19 일반적인 사각형 맞물림 클러치의 턱(claw) 뿌리에 작용하는 굽힘응력에 영향을 주지 않는 것은?

① 턱의 높이
② 턱의 개수
③ 접촉 마찰계수
④ 클러치 바깥지름

20 축각(shaft angle)이 90°인 원추 마찰차가 있다. 원동차의 평균 지름이 600mm이고 회전수가 100rpm이다. 회전속도비가 1이고 마찰계수가 0.2일 때, 3kW의 동력을 전달하기 위하여 원동축에 가해야 할 축방향 하중[N]은? (단, π = 3, $\sin45°$ = 0.7이다)

① 2,000
② 2,500
③ 3,000
④ 3,500

ANSWER 19.③ 20.④

19 접촉 마찰계수는 마찰력에 영향을 주는 요소이며 굽힘응력에 영향을 주는 요소는 아니다.

20 $D_1 = 600[\text{mm}]$, $N_1 = 100[\text{rpm}]$, $n = 1$, $\mu = 0.2$

$H = \mu N v = \mu \dfrac{P_t}{\sin\alpha} v$ 이므로 $P_t = \dfrac{H}{\mu v}\sin\alpha = \dfrac{3,000}{\dfrac{1}{5} \cdot 3} \cdot 0.7 = 3,500$

기계설계 — 2022. 6. 18. 제1회 지방직 시행

1 축과 구멍의 끼워맞춤에 대한 설명으로 옳지 않은 것은?

① 중간 끼워맞춤은 가공된 실제 치수에 따라 틈새 또는 죔새가 생긴다.
② 억지 끼워맞춤은 죔새가 있는 것으로 축의 최소 허용치수가 구멍의 최대 허용치수보다 크다.
③ 헐거운 끼워맞춤은 틈새가 있는 것으로 구멍의 최소 허용치수가 축의 최대 허용치수보다 크다.
④ 축기준 끼워맞춤은 축의 공차역을 H(H5~H9)로 정하고, 필요한 죔새 또는 틈새에 따라 구멍의 공차역을 정한다.

2 600rpm으로 회전하고 2N·m의 토크를 전달하기 위해 전동축에 필요한 동력[W]은? (단, π = 3이다)

① 0.12
② 1.2
③ 12
④ 120

ANSWER 1.④ 2.④

1 축기준 끼워맞춤은 축의 공차역을 h(h5~h9)로 정하고, 필요한 죔새 또는 틈새에 따라 구멍의 공차역을 정한다. (대문자가 아니라 소문자로 표기해야 한다.)

2 $H = T \cdot w = T \cdot \dfrac{2\pi N}{60} = 2 \cdot \dfrac{2 \cdot 3 \cdot 600}{60} = 120$

3 다음에서 설명하는 스프링으로 옳은 것은?

- 미소 진동의 흡수가 가능하다.
- 측면 강성이 없다.
- 하중과 변형의 관계가 비선형적이다.
- 스프링 상수의 크기를 조절할 수 있다.

① 판 스프링
② 접시 스프링
③ 공기 스프링
④ 고무 스프링

4 미끄럼 베어링용 재료가 갖추어야 할 특성으로 옳지 않은 것은?

① 내식성이 좋아야 한다.
② 열전도율이 높아야 한다.
③ 충격 흡수력이 커야 한다.
④ 피로강도가 작아야 한다.

5 그림과 같은 표준 V벨트에서 각도 θ는?

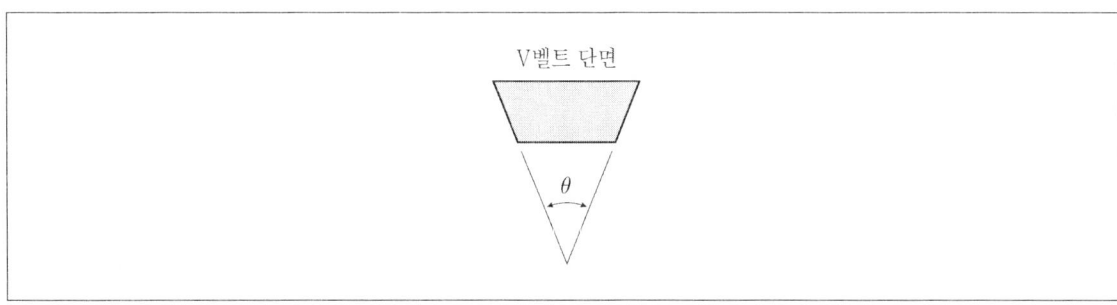

① 30°
② 35°
③ 40°
④ 45°

ANSWER 3.③ 4.④ 5.③

3 보기에 제시된 스프링은 공기스프링의 특성에 대한 것들이다.
4 베어링은 피로강도가 커야 한다.
5 표준 V벨트의 중심각은 40°이다.

6 평기어에 대한 명칭과 관계식으로 옳은 것은? (단, D는 피치원 지름, Z는 잇수, m은 모듈이다)

① 모듈 $= \dfrac{Z}{D}$

② 원주피치 $= \dfrac{\pi D}{Z}$

③ 피치원지름 $= \dfrac{Z}{m}$

④ 피치 원주상 이두께 $= (Z+2)m$

Answer 6.②

6 ① 모듈 $= \dfrac{D}{Z}$

③ 피치원지름 $= mZ$

④ 피치 원주상 이두께 $= (Z+2)m$

$(Z+2)m$는 이끝원지름(바깥지름) 산정식이다.

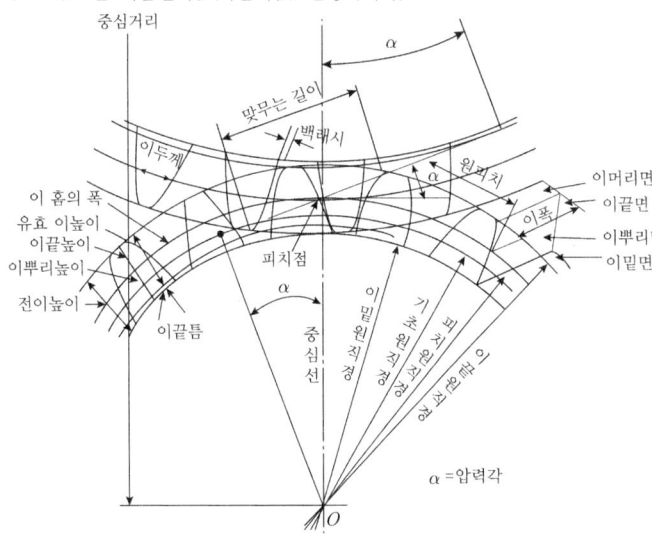

※ 이의 두께 산정식은 매우 복잡하며 시험에서 이에 대한 세부적인 공식들을 사용하는 문제가 출제될 확률은 매우 낮아 생략함

7 밸브에 대한 설명으로 옳지 않은 것은?

① 글로브 밸브는 밸브 몸통이 둥근형이고 내부에서 유체가 S자 모양으로 흐른다.
② 버터플라이 밸브는 밸브 몸통 입구와 출구의 중심선이 직각이고 유체도 직각으로 흐른다.
③ 안전 밸브는 유체의 압력이 일정값을 초과했을 때 밸브가 열려서 압력 상승을 억제할 수 있다.
④ 게이트 밸브는 밸브 디스크가 유체의 관로를 수직으로 막아서 개폐하고 유체가 일직선으로 흐른다.

ANSWER 7.②

7 버터플라이 밸브는 입구와 출구가 분리되어 있지 않고 하나로 되어 있다.

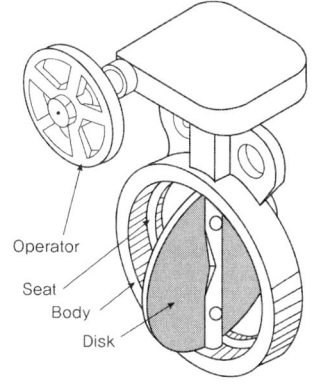

8 그림과 같은 레이디얼 저널(radial journal)의 베어링 압력을 구하는 식은? (단, P는 하중, d는 저널의 지름, l은 저널의 길이이고, 저널에서 압력분포가 일정하다)

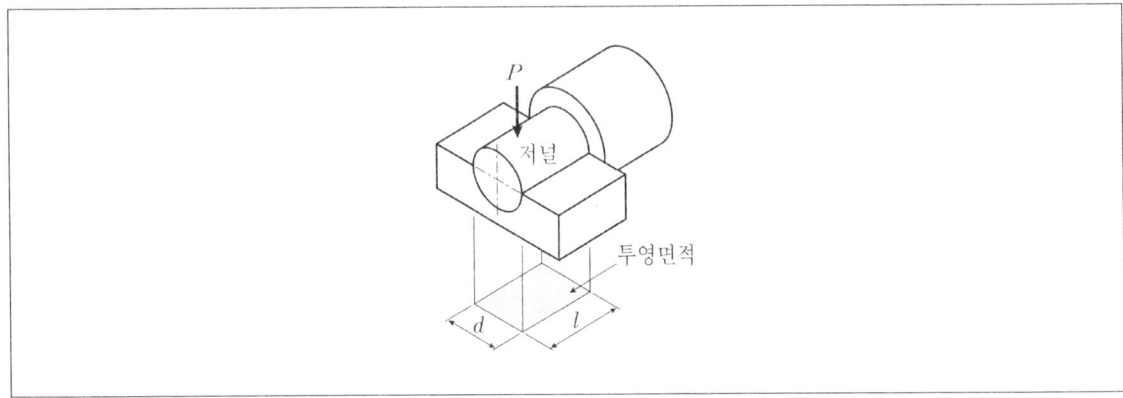

① $\dfrac{4P}{\pi d^2}$
② $\dfrac{\pi P}{d^2}$
③ $\dfrac{P}{l^2}$
④ $\dfrac{P}{dl}$

9 두께가 같은 2개의 강판을 4개의 리벳(A, B, C, D)으로 네 줄 겹치기 이음할 때, 인장하중 P에 의해 발생하는 전단응력이 가장 큰 리벳 2개는?

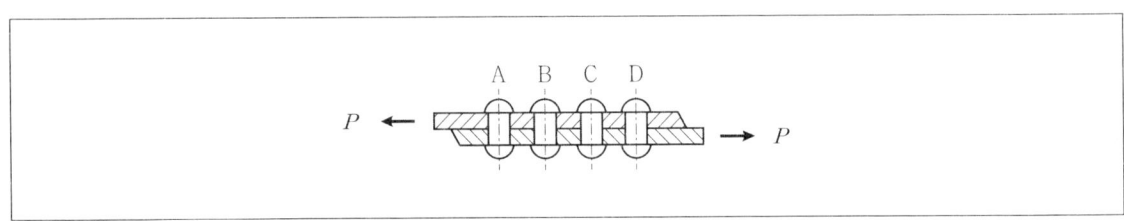

① A, B
② A, D
③ B, C
④ C, D

ANSWER 8.④ 9.②

8 베어링압력은 투영면적을 대상으로 산정한다. 따라서 베어링의 압력은 $\dfrac{P}{dl}$가 된다.

9 A, D에서 가장 큰 전단응력이 발생하고 B, C에서 작은 전단응력이 발생한다.

10 웜(worm)과 웜휠(worm wheel) 장치에 대한 설명으로 옳지 않은 것은?

① 웜과 웜휠의 두 축이 서로 평행하다.
② 큰 감속비를 얻을 수 있다.
③ 웜과 웜휠에 추력이 생긴다.
④ 웜과 웜휠 사이의 역전을 방지할 수 있다.

11 로프 전동장치에 대한 설명으로 옳지 않은 것은?

① 연속식 방법으로 로프를 거는 경우, 1개의 로프가 끊어지더라도 운전이 가능하다.
② 로프에 사용되는 재료는 와이어, 섬유질 등이 있다.
③ 전동경로가 직선이 아닌 경우에도 사용이 가능하다.
④ 장거리 동력전달이 가능하다.

ANSWER 10.① 11.①

10 웜과 웜휠은 서로 직교한다.

11 연속식 방법으로 로프를 거는 경우, 1개의 로프라도 끊어지면 운전이 불가능하다.
  ㉠ 로프전동의 특징
    • 긴 거리 사이의 동력 전달이 가능
    • 큰 전동에도 풀리의 너비를 작게 할 수 있으며, 큰 동력전달에 벨트보다 우수
    • 벨트에 비해 미끄럼 적음, 고속에 적합, 전동경로가 직선과 곡선 모두 가능
    • 전동이 불확실하며 절단되면 수리가 곤란, 조정이 어렵고 장치 복잡
    • 용도는 케이블카, 크레인, 엘리베이터 등에 사용
    • 일반적인 로프의 크기는 로프 중앙의 가상 원주와 유효둘레(inch)로 표시한다.
  ㉡ 병렬식(영국식) 로프걸기
    • 풀리 사이에 로프를 서로 독립되게 감는 방식으로 하중이 각 로프에 고르게 분배
    • 로프 전체의 초기장력을 동일하게 하기 어려워 초기 장력이 큰 로프는 고부하가 걸림
    • 단독식이므로 로프 1가닥이 끊어져도 운전가능
    • 설비비 저렴, 이음매수가 많아 진동발생
  ㉢ 연속식(미국식) 로프걸기
    • 긴 로프 1가닥을 2개의 풀리에 여러번 감는 방식으로, 장력은 전체 로프에 동일
    • 인장풀리에 의해 초기 장력을 자유롭게 조절할 수 있음
    • 이음매수가 적어서 좋으나, 로프의 한 곳만 끊어져도 운전이 불가능하며 설비비가 비쌈

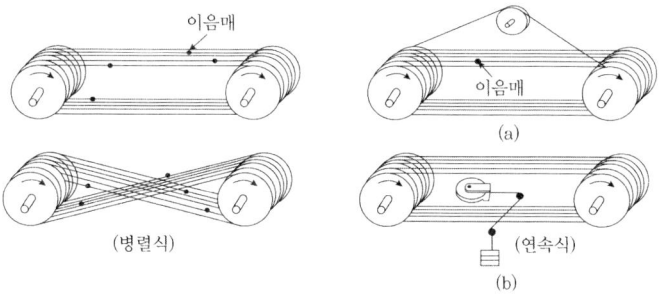

12 지름이 200 mm인 원통마찰차가 2 rad/s로 회전하면서 전달할 수 있는 최대 동력이 80 W일 때, 원통마찰차의 최소 폭[mm]은? (단, 원통마찰차의 마찰계수는 0.2이고, 폭 1 mm당 허용하중은 10 N이다)

① 100
② 150
③ 200
④ 250

13 축 방향 인장하중 Q 가 작용하는 아이볼트(eye bolt)에서 골지름이 바깥지름의 0.8배일 때, 최소 바깥지름은? (단, σ_s 는 기준강도, S 는 안전율이다)

① $\dfrac{2}{5}\sqrt{\dfrac{QS}{\pi\sigma_s}}$
② $\dfrac{5}{2}\sqrt{\dfrac{QS}{\pi\sigma_s}}$
③ $\sqrt{\dfrac{4QS}{\pi\sigma_s}}$
④ $\sqrt{\dfrac{QS}{4\pi\sigma_s}}$

ANSWER 12.③ 13.②

12 벨트의 폭을 b, 마찰차를 누르는 힘을 P, 허용하중을 f라고 하면

$b = \dfrac{P}{f}$, $T = P \times \dfrac{D}{2}$, $H = T \cdot w$

$T = \dfrac{80}{2} = \mu P \cdot \dfrac{D}{2}$, $P = \dfrac{40}{\dfrac{D}{2}\mu} = \dfrac{40}{0.1 \cdot 0.2} = 2000 [N]$

$b = \dfrac{P}{f} = \dfrac{2000}{10} = 200 [mm]$

13 허용하중 $\sigma_a = \dfrac{Q}{A} = \dfrac{Q}{\dfrac{\pi d^2}{4}}$, 안전율 $S = \dfrac{\sigma_s}{\sigma_a} = \dfrac{\sigma_s}{\dfrac{4Q}{\pi d^2}} = \dfrac{\sigma_s \pi d^2}{4Q}$,

$d^2 = \dfrac{S \cdot 4 \cdot Q}{\sigma_2 \pi}$ 이며 $\left(\dfrac{4}{5}d_1\right)^2 = \dfrac{S \cdot 4 \cdot Q}{\sigma_2 \cdot \pi}$

$d^2 = \dfrac{S \cdot 4 \cdot Q}{\sigma_2 \pi} \cdot \left(\dfrac{5}{4}\right)^2$ 이므로 최소 바깥지름은 $d = \dfrac{5}{2}\sqrt{\dfrac{QS}{\pi\sigma_s}}$

14 판의 두께 b, 용접치수 f, 용접부의 길이 h로 양쪽 필릿(fillet) 용접한 부재에 굽힘모멘트 M이 작용할 때, 목단면(목두께 $a = \dfrac{f}{\sqrt{2}}$)에 대한 최대 굽힘응력은?

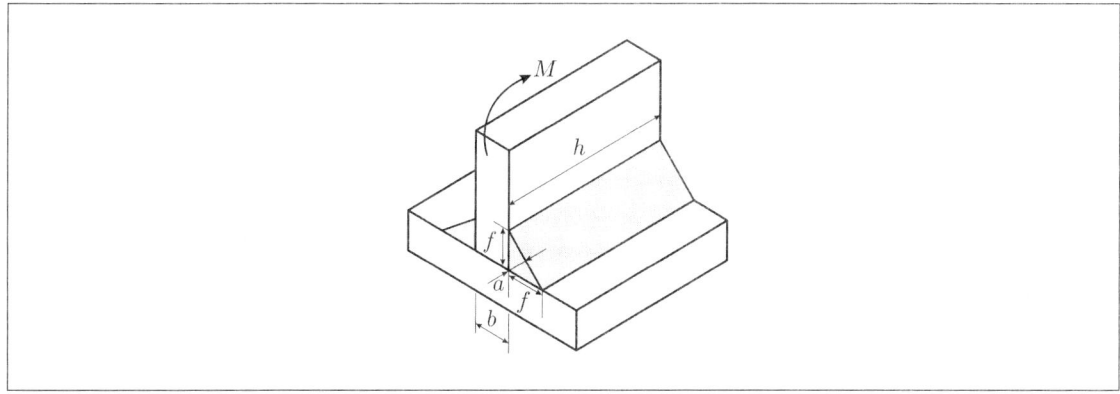

① $\dfrac{6M}{ah^2}$ ② $\dfrac{3\sqrt{2}\,M}{fh^2}$

③ $\dfrac{3M}{fh^2}$ ④ $\dfrac{6\sqrt{2}\,M}{ah^2}$

ANSWER 14.②

14
$M = \sigma_b Z$ 이며 $Z = \dfrac{a \cdot h^2}{6} = \dfrac{\dfrac{f}{\sqrt{2}} h^2}{6} = \dfrac{f \cdot h^2}{6\sqrt{2}}$

$\sigma_b = \dfrac{M}{Z} = \dfrac{M}{\dfrac{f \cdot h^2}{6\sqrt{2}}} = \dfrac{6\sqrt{2}\,M}{f \cdot h^2}$ 이다.

용접이 양쪽면으로 되어 있으므로 이 값의 절반을 취하면

$\dfrac{1}{2}\sigma_b = \dfrac{3\sqrt{2}\,M}{f \cdot h^2}$

15 사각나사를 사용한 나사잭으로 물건을 들어 올릴 때의 효율에 대한 설명으로 옳지 않은 것은? (단, 자리면 마찰은 무시한다)

① 나사의 효율은 나선각이 45°일 때 최대이다.
② 나선각이 0°에 가까워지면 효율은 0%에 가까워진다.
③ 자립 유지 상태에서 나사의 최대 효율은 50%를 넘지 못한다.
④ 나선각이 같은 경우 나사면의 마찰계수가 커지면 효율은 낮아진다.

16 안지름이 200mm이고, 20N/mm²의 내압을 받는 두꺼운 강관의 최소 바깥지름[mm]은? (단, 강관의 허용인장응력은 60MPa이다)

① 250
② $200\sqrt{2}$
③ 300
④ $220\sqrt{2}$

17 종동 풀리의 지름이 500mm인 평벨트 풀리에 평행걸기된 벨트의 장력비가 2이다. 벨트의 너비는 100mm, 두께는 5mm, 허용인장응력은 2MPa, 이음효율은 80%이다. 유효장력에 의하여 종동 풀리에 전달되는 최대 토크[N·m]는? (단, 원심력은 고려하지 않으며, 토크 계산 시 벨트의 무게와 굽힘응력은 무시한다)

① 100
② 300
③ 500
④ 1,000

ANSWER 15.① 16.② 17.①

15 나선각은 나선의 경사를 표시한 각도로서 리드각이라고 한다.

16 $\sigma_a = \dfrac{PD}{2t}$, $t = \dfrac{PD}{2\sigma_a} = \dfrac{20 \cdot 200}{2 \cdot 60} = \dfrac{200}{6}$

$D_1 = 200 + 2t = 200 + \dfrac{200}{3} = 200 \cdot \left(\dfrac{4}{3}\right) \fallingdotseq 200\sqrt{2}$

17 $T = \mu P_e \cdot \dfrac{D}{2}$, $e^{\mu i \theta} = \dfrac{T_t}{T_s} = 2$, $P_e = T_t - T_s$, $\sigma_a = \dfrac{T_t}{A}$

$2 = \dfrac{T_t}{100 \cdot 5}$, $T_t = 1000[N]$, $T_s = 500[N]$

$P_e = 1000 - 500 = 500[N]$

$T = 0.8 \cdot 500 \cdot \dfrac{0.5}{2} = 100[Nm]$

18 안지름이 40mm, 바깥지름이 60mm인 단판 클러치가 전달하는 최대 토크가 5N·m일 때, 클러치 접촉면에서 축 방향으로 미는 힘[N]은? (단, 접촉면의 마찰계수는 0.2이고, 균일 마모조건이다)

① 1,000
② 1,500
③ 2,000
④ 2,500

19 연성 재료의 순수 전단의 경우, 정적 파손이론으로 변형 에너지설(Von Mises theory)을 적용할 때, 최대 전단응력은? (단, σ_Y는 항복응력, ν는 포아송비이다)

① $\dfrac{\sigma_Y}{\sqrt{1+\nu}}$

② $\dfrac{\sigma_Y}{\sqrt{2}}$

③ $\dfrac{\sigma_Y}{\sqrt{3}}$

④ $\dfrac{\sigma_Y}{2\sqrt{(1+\nu)}}$

ANSWER 18.① 19.③

18 $T = \mu P \dfrac{D_m}{2}$, $D_m = \dfrac{D_1 + D_2}{2} = \dfrac{60 + 40}{2} = 50[mm]$

$P = \dfrac{2T}{\mu D_m} = \dfrac{2 \cdot 5[N \cdot m]}{0.2 \cdot 0.05[m]} = 1000[N]$

19 연성 재료의 순수 전단의 경우, 정적 파손이론으로 변형 에너지설(Von Mises theory)을 적용할 때, 최대 전단응력은 $\dfrac{\sigma_Y}{\sqrt{3}}$ 이 된다.

※ 파손이론들의 비교
- 최대주응력설: $\sigma_y = \tau_{\max}$
- 최대변형률설: $\sigma_y = (1+\nu)\tau_{\max}$
- 최대전단응력설: $\sigma_y = 2\tau_{\max}$
- 전단변형에너지설: $\sigma_y = \sqrt{3}\tau_{\max}$
- 변형률에너지설: $\sigma_y = \sqrt{2(1+\nu)\tau_{\max}}$

20 포크(fork)와 아이(eye)를 연결하는 핀(pin) 이음에 인장하중 P = 100kN이 작용할 때, 핀의 허용전단응력이 50N/mm²인 경우, 핀의 최소 지름 d[mm]는? (단, 핀의 전단만을 고려한다)

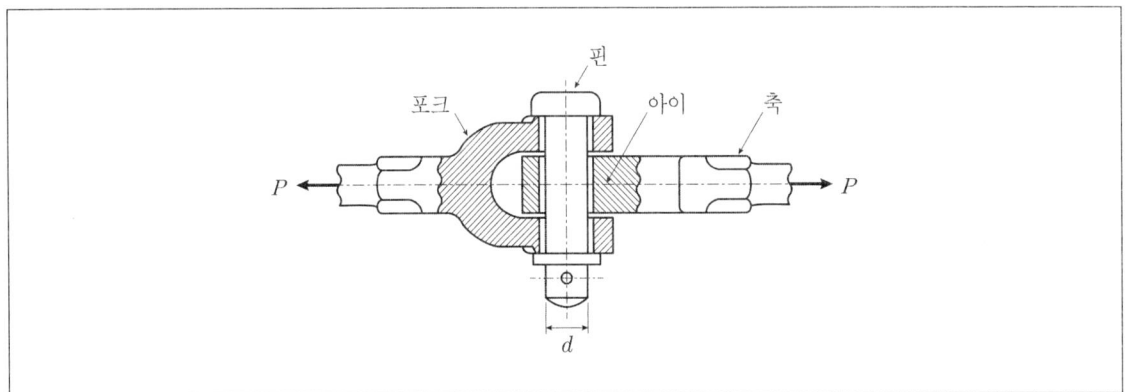

① $\sqrt{\dfrac{1000}{\pi}}$

② $\sqrt{\dfrac{2000}{\pi}}$

③ $\sqrt{\dfrac{3000}{\pi}}$

④ $\sqrt{\dfrac{4000}{\pi}}$

ANSWER 20.④

20 핀의 최소 지름은 $\sqrt{\dfrac{4000}{\pi}}$ [mm]가 된다.

$\tau_a = \dfrac{P}{2A} = \dfrac{100 \cdot 10^3}{2A} = 50[\text{N/mm}^2]$, $A = 10^3 = \dfrac{\pi d^2}{4}$

따라서 $d = \sqrt{\dfrac{4000}{\pi}}$

기계설계 / 2023. 4. 8. 인사혁신처 시행

1 기계설계 시 적용되는 기하공차 중 모양공차(form tolerance)가 아닌 것은?

① 직각도
② 평면도
③ 진직도
④ 원통도

2 미끄럼베어링에 대한 설명으로 옳은 것은?

① 구름베어링에 비해 기동마찰이 작다.
② 구름베어링에 비해 고속회전에 유리하다.
③ 정압 미끄럼베어링이 동압 미끄럼베어링보다 설치비용이 적다.
④ 급유가 용이한 곳에서는 주로 오일리스(oilless) 베어링을 사용한다.

ANSWER 1.① 2.②

1 직각도는 자세공차에 속한다.

2 ① 미끄럼베어링은 구름베어링에 비해 기동마찰이 크다.
③ 정압 미끄럼베이링은 동압 미끄럼베어링보다 설치비용이 크다.
④ 급유가 곤란한 곳에서는 주로 오일리스 베어링을 사용한다.

3 유연성 커플링(flexible coupling)이 아닌 것은?

① 기어 커플링
② 그리드 커플링
③ 롤러체인 커플링
④ 분할원통 커플링

Answer 3.④

3 유연성커플링
- **기어커플링** : 기어의 맞물림을 이용하여 토크를 전달하는 방식의 커플링이다. 전달하는 힘이 커서 초대형 커플링으로 사용된다. 슬리브의 내치차와 허브의 크라우닝 가공이 된 외치차로 구성되어 있으며 이들은 서로 맞물려 조립되어 있다. 치차는 인볼루트치형으로 설계되었고, 슬리브와 허브사이에 약간의 경사가 생기더라도 부드러운 동력전달이 가능하다. 두쌍의 허브와 슬리브가 있는 기어 커플링들은 편심, 편각, 축방향의 미스얼라인먼트를 흡수하여 부드럽게 동력을 전달한다. 연결하고자 하는 두 축의 끝에 한 쌍의 외접기어(내통)를 각각 키박음하여 결합한다. 내접기어를 갖는 한 쌍의 바깥쪽 통(외통)을 결합하면 외접기어와 내접기어는 맞물리게 된다. 외치와 내치 사이의 틈새가 축의 편심을 어느 정도 흡수한다. 고속 및 큰 토크에 견딜 수 있다. 치의 형태와 커플링이 수행하는 기능에 따라 여러 가지로 분류된다. 이것은 원심펌프, 컨베이어, 교반기, 팬, 발전기, 송풍기, 믹서, 유압펌프, 압축기, 크레인, 기중기, 광산기계 등에 쓰인다.
- **고무커플링** : 고무는 인장과 압축이 반복되는 피로강도에 약하고 압축하중에 강하다. 이러한 성질을 이용하여 고무부에 예비압축을 한 후 장착하면 작동중에 계속 압축하중을 받게 되어 압축하중의 크기 변동만을 하도록 한 것도 있다. 감쇠작용이 뛰어나 진동 및 충격을 잘 흡수한다.
- **디스크커플링** : 얇은 스테인리스 판을 여러 장 겹쳐서 만든 플렉시블 엘리먼트를 허브와 스페이샤 사이에 끼우고 리머볼트로 조립하여 동력을 전달하는 커플링이다.
- **그리드커플링** : 그리드허브와 허브를 연결하는 그리드가 허용토크를 넘어서면 부서지면서 모터를 보호하는 토크리미터 역할을 하는 커플링이다. 체인커플링과 비슷한 원리와 성능을 갖는다. 결합하고자 하는 두 축의 끝 부분에 축 방향으로 홈(groove)이 파져 있는 한 쌍의 원통을 키박음하여 각각 고정시킨다. 양 축의 축방향 홈이 일직선이 되도록 조정한 후 S자 모양의 금속격자(그리드)를 홈 속으로 집어넣어 연결시킨다. 케이스의 결합형태에 따라 수평분할형과 수직분할형으로 분류한다.
- **롤러체인커플링** : 결합할 두 축의 끝에 스프로킷 휠을 키박음하여 장착하고, 2줄 체인을 사용하여 두 축에 끼워져 있는 스프로킷 휠을 이은 것이다. 회전속도가 중간속도이고 일정한 하중이 작용되는 기계에 장착된다. 교반기, 컨베이어, 펌프, 기중기 등에 사용된다.

4 그림과 같은 단식 블록 브레이크에서 레버에 힘 F = 105 N이 작용할 때, 제동토크[N·mm]는? (단, D = 200 mm, l_1 = 1,000 mm, l_2 = 200 mm, l_3 = 50 mm, 마찰계수 μ = 0.2이다)

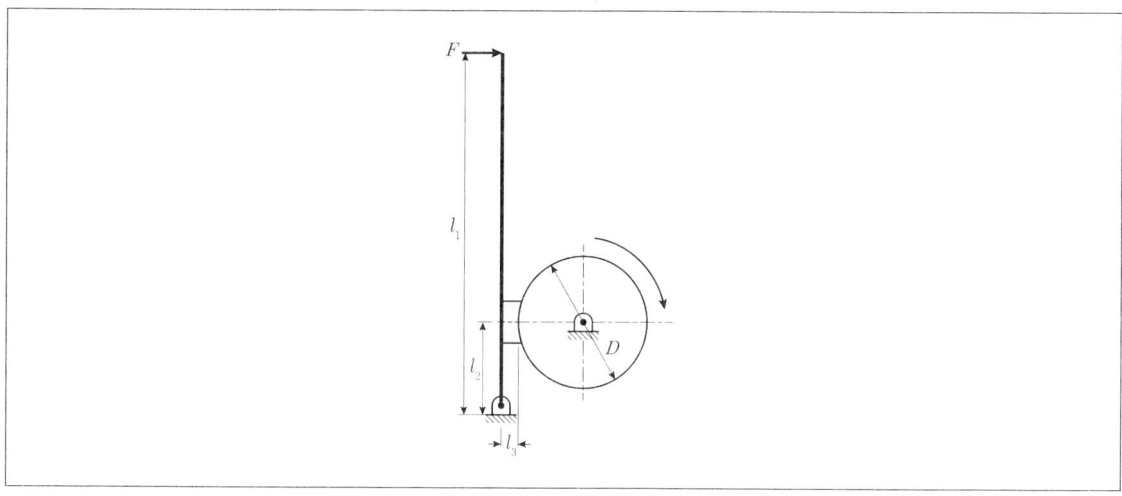

① 1,000
② 2,000
③ 10,000
④ 20,000

5 바깥지름이 8cm인 중공축에 축방향으로 8,400N의 하중을 가하여 4MPa의 압축응력이 발생하였을 때, 안지름[cm]은? (단, π = 3이다)

① 4
② 5
③ 6
④ 7

ANSWER 4.③ 5.③

4 $\sum M_0 = 0 : -F \cdot l_1 + P \cdot l_2 + \mu P \cdot l_3 = 0$

작용력 $P = \dfrac{F \cdot l_1}{l_2 + \mu l_3} = \dfrac{105(1000)}{200 + 0.2(50)} = 500[N]$

제동토크 $T = \mu P \dfrac{D}{2} = 0.2(500)\dfrac{200}{2} = 10,000[N \cdot mm]$

5 압축응력 $\sigma = \dfrac{P}{A} = \dfrac{P}{\dfrac{\pi}{4}(d_2^2 - d_1^2)}$ 이므로 안지름

$d_1 = \sqrt{d_2^2 - \dfrac{4P}{\pi \sigma}} = \sqrt{80^2 - \dfrac{4 \cdot 8400}{3 \cdot 4}} = 60[mm] = 6[cm]$

6 그림과 같이 볼트에 축하중 Q가 작용할 때 볼트 머리부의 전단응력은 볼트축 인장응력의 $\frac{1}{2}$이다. 이때 볼트 머리부의 높이(H)와 볼트 지름(d)의 비$\left(\frac{H}{d}\right)$는?

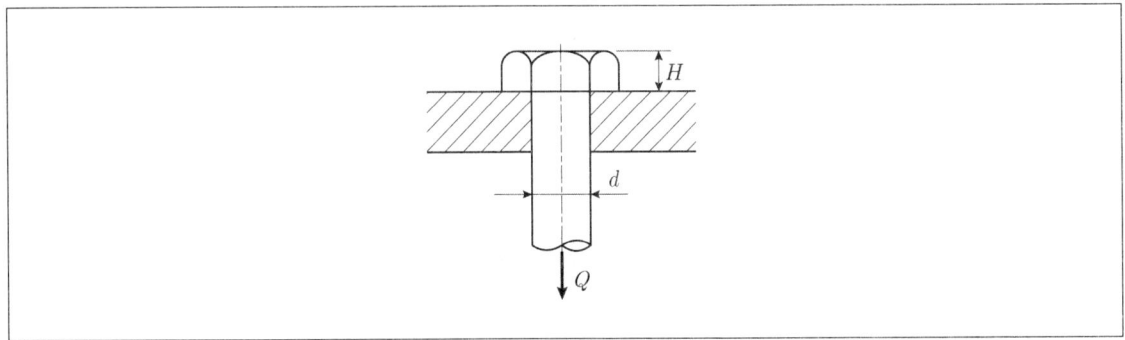

① $\frac{1}{3}$ ② $\frac{1}{2}$

③ $\frac{2}{3}$ ④ $\frac{3}{4}$

7 두께 5mm, 바깥지름 305mm인 원통형 압력용기의 원주방향 허용응력이 90MPa일 때, 용기 내 최대허용압력[MPa]에 가장 가까운 값은? (단, 박판 용기로 가정한다)

① 1.5   ② 3.0

③ 4.5   ④ 6.0

ANSWER 6.② 7.②

6 볼트 머리부의 전단응력 $\tau = \frac{Q}{A} = \frac{Q}{\pi d H}$

볼트축 인장응력 $\sigma = \frac{Q}{A} = \frac{4Q}{\pi d^2}$

문제에서 주어진 조건에서는 전단응력이 인장응력의 절반이므로 $\frac{H}{d} = \frac{1}{2}$

7 원주방향응력 $\sigma_1 = \frac{pd_1}{2t}$, 내압 $p = \frac{2t\sigma_1}{d_1} = \frac{2t\sigma_1}{d_2 - 2t} = \frac{2(5)(90)}{305 - 2(5)} = 3.05 ≒ 3.0[MPa]$

8 기계도면에서 데이텀에 대한 설명으로 옳지 않은 것은?

① 데이텀 삼각기호는 직각이등변 삼각형으로 표시할 수 있다.
② 공차 영역을 규제하기 위해 설정한 이론적으로 정확한 기하학적 기준이다.
③ 공통 축직선 또는 중심평면이 데이텀인 경우 중심선에 데이텀 삼각기호를 붙인다.
④ 데이텀의 우선순위를 지정할 때는 데이텀을 지시하는 문자를 우선순위가 높은 순서대로 같은 구획에 기입한다.

9 KS 재료 규격에 대한 설명으로 옳지 않은 것은?

① GC150 : 회주철품으로 최저인장강도가 150 N/mm^{2}이다.
② SF340A : 탄소강 단강품으로 최저인장강도가 340 N/mm^{2}이다.
③ SS400 : 일반 구조용 압연 강재로 최저인장강도가 400 N/mm^{2}이다.
④ SM20C : 기계구조용 탄소 강재로 최저인장강도가 20 N/mm^{2}이다.

Answer 8.④ 9.③④

8 데이텀의 우선순위를 지정할 때는 데이텀을 지시하는 문자를 우선순위가 높은 순서대로 왼쪽부터 다른 구획에 기입한다.

9 ③ 국가기술표준원 고시 제2016-317호(한국산업표준 개정)을 통해 건설용 철강재 KS 24종에 대해서 일반 구조용 압연강재의 종류 기호가 최저 인장강도 기준에서 항복강도 기준으로 변경하는 개정고시를 하고 2017년 12월 31일까지 신, 구 KS를 병행표기(SS275, SS400) 적용하도록 하였고 2018년 이후 부터는 신 KS(SS275)으로만 단독으로 사용하게 되었다. SS275는 일반 구조용 압연 강재로 항복강도가 275N/mm^{2}이다.
④ SM20C는 기계구조용 탄소강재로 탄소함유량이 0.20%이다.

10 베어링 위에 설치한 윤활유 탱크로부터 베어링에 급유하고, 이때 흘러나온 윤활유는 펌프를 이용하여 탱크로 순환시키는 방식의 윤활법은?

① 링 윤활법
② 적하 윤활법
③ 중력 윤활법
④ 그리스 윤활법

11 축에 대한 설명으로 옳지 않은 것은?

① 비틀림 모멘트만을 받는 원형 중실축의 중심에서 전단응력은 없다.
② 바흐(Bach)의 축 설계조건은 굽힘모멘트를 받는 축의 강도설계에 사용된다.
③ 축에 묻힘키를 사용하는 경우 축에 파여진 키홈의 영향으로 축의 강도가 저하된다.
④ 같은 크기의 토크를 전달할 때, 중공축이 중실축에 비해 무게를 가볍게 할 수 있다.

12 안지름 200mm인 관 속을 흐르는 유체의 평균유량이 0.3 m³/s일 때, 유체의 평균유속[m/s]은? (단, π = 3이다)

① 5
② 10
③ 15
④ 20

ANSWER 10.③ 11.② 12.②

10 ③ 중력 윤활법 : 베어링 위에 설치한 윤활유 탱크로부터 베어링에 급유하고, 이때 흘러나온 윤활유는 펌프를 이용하여 탱크로 순환시키는 방식의 윤활법
① 링 윤활법 : 축에 걸려 있는 링의 회전으로 용기의 윤활유를 묻혀 올려 축을 통해 베어링에 급유하는 방법
② 적하 윤활법 : 용기에 윤활유를 넣고 니들밸브 등을 거쳐 일정량이 베어링에 떨어지게 하는 윤활법
④ 그리스윤활법 : 컵에 그리스를 채우고 뚜껑을 닫아두면 베어링의 온도상승에 의해 그리스가 녹아 윤활이 되는 방식이다.

11 바흐의 축 설계조건은 비틀림모멘트를 받는 축의 강성설계에 사용된다.

12 평균유량 $Q = AV = \dfrac{\pi d^2}{4} V$, 안지름 $d = 200[mm] = 0.2[m]$

평균유속 $V = \dfrac{4Q}{\pi d^2} = \dfrac{4(0.3)}{3(0.2)^2} = 10[m/s]$

13 볼나사(ball screw)의 특징으로 옳은 것만을 모두 고르면?

> ㉠ 고속 구동 시 소음이 작다.
> ㉡ 가격이 저렴하고 가공하기 쉽다.
> ㉢ 나사효율이 높고 백래시가 작다.
> ㉣ NC 공작기계, 자동차의 조향장치에 사용된다.

① ㉠, ㉡
② ㉠, ㉣
③ ㉡, ㉢
④ ㉢, ㉣

14 외접하는 두 평기어(spur gear)의 각속도 비가 1 : 3, 잇수 합이 80개, 모듈이 5mm일 때, 두 기어 사이의 중심거리[mm]는?

① 200
② 250
③ 300
④ 350

15 벨트전동과 체인전동에 대한 설명으로 옳지 않은 것은?

① 벨트전동은 피동축에 과부하가 걸렸을 때 충격을 흡수할 수 있다.
② 벨트전동은 초기 장력이 필요 없는 반면 체인전동은 초기 장력이 필요하다.
③ 벨트진동은 마찰에 의한 전동이며 체인전동은 맞물림에 의한 전동이다.
④ 체인전동은 미끄럼이 없어 일정한 속도비를 얻을 수 있다.

ANSWER 13.④ 14.① 15.②

13 볼나사는 고속 구동 시 소음이 크고 가격이 비싸다.

14 평기어의 중심거리 $C = \dfrac{D_1 + D_2}{2} = \dfrac{m(Z_1 + Z_2)}{2} = \dfrac{5(80)}{2} = 200[mm]$

15 벨트전동은 초기장력이 필요한 반면 체인전동은 초기장력이 필요없다.

16 질량관성모멘트가 4kg·m²인 플라이휠이 부착된 전단기가 강판을 절단하여 회전속도가 2,400/πrpm에서 1,200/πrpm으로 감소하였을 경우 전단기가 한 일[kJ]은?

① 2.4
② 4.8
③ 9.6
④ 19.2

17 두께가 10mm인 평벨트로 연결된 원동축 풀리와 종동축 풀리를 각각 300rpm, 200rpm으로 회전시키려고 할 때, 종동축 풀리의 지름[mm]은? (단, 원동축 풀리의 지름은 600mm이고 벨트 두께를 고려하며 벨트와 풀리 사이에 미끄럼은 없다)

① 895
② 900
③ 905
④ 910

ANSWER 16.③ 17.③

16
최대각속도 $w_2 = \dfrac{2\pi N_2}{60} = \dfrac{2 \cdot 3 \cdot \frac{2400}{\pi}}{60} = 80[rad/s]$

최소각속도 $w_1 = \dfrac{2\pi N_1}{60} = \dfrac{2 \cdot 3 \cdot \frac{1200}{\pi}}{60} = 40[rad/s]$

평균각속도 $w_m = \dfrac{w_1 + w_2}{2} = \dfrac{80 + 40}{2} = 60[rad/s]$

각속도 변동계수 $\delta = \dfrac{w_2 - w_1}{w_m} = \dfrac{80 - 40}{60} = \dfrac{2}{3}$

에너지변화량 $\triangle E = Iw_m^2 \delta = 4(60)^2 \cdot \dfrac{2}{3} = 9600[J] = 9.6[kJ]$

17
속도비 $i = \dfrac{N_2}{N_1} = \dfrac{D_1 + t}{D_2 + t}$

종동축 풀리의 지름
$D_2 = \dfrac{N_1}{N_2}(D_1 + t) - t = \dfrac{300}{200}(600 + 10) - 10 = 905[mm]$

18 그림과 같이 질량관성모멘트가 $J[\text{kg}\cdot\text{m}^2]$인 강체 원판이 설치된 축에 주기적인 토크 $T[\text{N}\cdot\text{m}]$가 작용하여 비틀림 진동이 발생할 때, 위험속도[rpm]는? (단, 축의 길이는 $l[\text{m}]$, 지름은 $d[\text{m}]$, 전단탄성계수는 $G[\text{N/m}^2]$이고, 축의 자중은 무시한다)

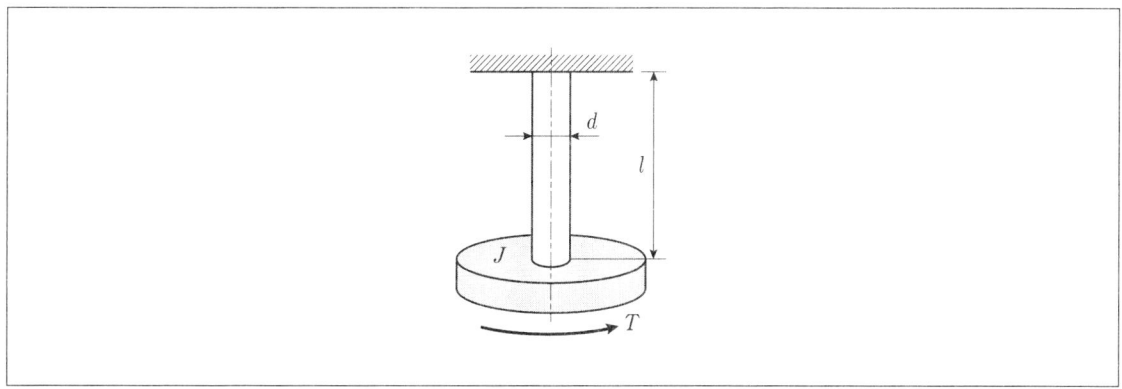

① $\dfrac{15d^2}{2\pi}\sqrt{\dfrac{\pi G}{2Jl}}$

② $\dfrac{15d^2}{2\pi}\sqrt{\dfrac{\pi Jl}{G}}$

③ $\dfrac{30d^2}{\pi}\sqrt{\dfrac{G}{\pi Jl}}$

④ $\dfrac{30d^2}{\pi}\sqrt{\dfrac{\pi Jl}{G}}$

ANSWER 18.①

18 위험속도

$$N_e = \frac{60w}{2\pi} = \frac{30}{\pi}w = \frac{30}{\pi}\sqrt{\frac{k_t}{J}} = \frac{30}{\pi}\sqrt{\frac{GI_p}{Jl}} = \frac{30}{\pi}\sqrt{\frac{\pi d^4 G}{32Jl}} = \frac{15d^2}{2\pi}\sqrt{\frac{\pi G}{2Jl}}$$

19 내접원통마찰차에서 축간거리가 600mm, 원동차의 회전속도가 1,000rpm, 종동차의 회전속도가 250rpm, 마찰차를 밀어붙이는 힘이 600N일 때, 최대전달동력[W]은? (단, 마찰계수 $\mu = 0.2$이다)

① 600π
② 800π
③ $1,200\pi$
④ $1,600\pi$

20 와이어 로프에 대한 설명으로 옳지 않은 것은?

① 철 또는 강철의 철사를 꼬아서 만든다.
② 윈치, 기중기 등에서 동력을 전달할 때 사용된다.
③ 와이어 로프를 거는 방법에는 연속식과 병렬식이 있다.
④ 스트랜드의 꼬임과 소선의 꼬임이 반대 방향인 꼬임 방식은 랭꼬임이다.

ANSWER 19.② 20.④

19 중심거리 $C = \dfrac{D_2 - D_1}{2}$

종동차의 지름 $D_2 = 2C + D_1 = 2(600) + D_1 = 1200 + D_1$

속도비 $i = \dfrac{N_2}{N_1} = \dfrac{D_1}{D_2} = \dfrac{250}{1,000} = \dfrac{1}{4}$

종동차 지름 $D_2 = 4D_1 = 1,200 + D_1$, $3D_1 = 1,200[mm]$

원동차 지름 $D_1 = 400[mm]$

전달동력 $H' = \mu P v = \mu P \dfrac{\pi D_1 N}{60(1,000)} = 0.2(600)\dfrac{\pi(400)(1,000)}{60(1,000)} = 800[\pi W]$

20 스트랜드의 꼬임과 소선의 꼬임이 반대 방향인 꼬임 방식은 보통 꼬임이고 같은 방향인 꼬임 방식은 랭 꼬임이다.

기계설계 — 2023. 6. 10. 제1회 지방직 시행

1 나사의 풀림 방지에 이용하는 요소가 아닌 것은?

① 분할핀
② 아이볼트(eye bolt)
③ 혀붙이 와셔
④ 록너트(lock nut)

2 벨트 전동장치에서 벨트의 속도가 4m/s, 긴장측 장력이 2kN, 이완측 장력이 1kN일 때 전달 동력[kW]은?

① 2
② 3
③ 4
④ 5

3 헬리컬기어에 대한 설명으로 옳지 않은 것은?

① 치직각 모듈은 축직각 모듈보다 작다.
② 비틀림각에 의해 축방향 하중이 발생한다.
③ 평기어보다 탄성변형이 적어 진동과 소음이 작다.
④ 축이 평행한 기어 한 쌍이 맞물리려면 비틀림각의 방향이 같아야 한다.

ANSWER 1.② 2.③ 3.④

1 아이볼트는 둥근 구멍이 있는 링모양의 머리를 가진 볼트로서 나사의 풀림방지에 사용되는 볼트가 아니라 단순 체결을 위한 볼트이다.

2 $P = T_e v = (2-1) \cdot 4 = 4 [kW]$

2 축이 평행한 기어 한 쌍이 서로 맞물리려면 비틀람각의 방향이 서로 반대여야 한다.

4 그림과 같이 원판마찰차 무단변속기에서 원판차 A가 N_A =500rpm으로 회전할 때 원판차 B가 N_B = 200rpm으로 회전하도록 하는 원판차 A의 위치 x[mm]는? (단, 원판차 A의 반경 r_A =80mm이다)

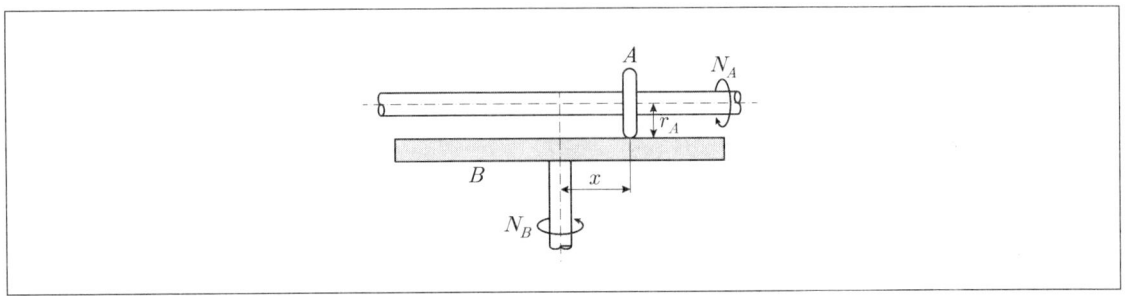

① 32
② 64
③ 160
④ 200

5 인벌류트 치형을 가진 표준 평기어의 물림률에 대한 설명으로 옳지 않은 것은?

① 잇수가 같을 때 압력각이 클수록 물림률이 커진다.
② 압력각이 같을 때 잇수가 많을수록 물림률이 커진다.
③ 물림률이 1보다 작으면 연속적인 회전을 전달할 수 없다.
④ 물림률은 접근 물림길이와 퇴거 물림길이의 합을 법선 피치로 나눈 값이다.

ANSWER 4.④ 5.①

4 접촉점에서 속도가 같아야 하므로
$r_A N_A = x N_B$이므로 $x = \dfrac{r_A N_A}{N_B} = \dfrac{80 \cdot 500}{200} = 200[mm]$

5 잇수가 같을 때 압력각이 클수록 물림률이 작아진다.

6 구멍과 축의 치수 허용차 표에서 기준 치수 φ20mm인 구멍과 축의 끼워맞춤에 대한 설명으로 옳은 것은?

치수의 구분[mm]		p6[μm]	H6[μm]
18 초과	24 이하	+35	+13
		+22	0

① 최대 죔새는 0.035mm이다.
② 최소 죔새는 0.022mm이다.
③ 축의 최소 허용치수는 20.013mm이다.
④ 구멍의 최대 허용치수는 20.035mm이다.

ANSWER 6.①

6 ① 최대 죔새는 0.035-0=0.035mm이다.
② 최소 죔새는 0.022-0.013=0.009mm이다.
③ 축의 최소 허용치수는 20+0.022=20.022mm이다.
④ 구멍의 최대 허용치수는 20+0.013=20.013mm이다.

7 그림과 같이 평행키(묻힘키)가 폭 15mm, 높이 10mm, 길이 100mm이며, 지름이 50mm인 축에 걸리는 토크 T = 10,000kg$_f$ · mm일 때 키 홈 측면에 작용하는 압축응력[kg$_f$/mm^2]은?

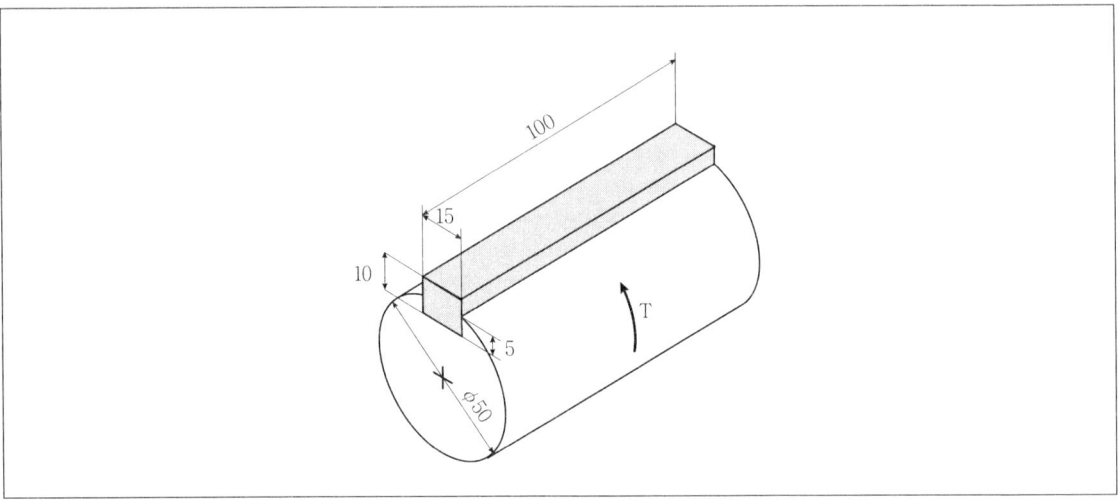

① 0.3
② 0.5
③ 0.8
④ 1.2

ANSWER 7.③

7 $\sigma_c = \dfrac{10,000 \cdot \dfrac{2}{50}}{5 \cdot 100} = 0.8 [kg_f/mm^2]$

8 부재에 주응력 σ_1=65MPa, σ_2=0MPa, σ_3=-35MPa이 작용할 때 최대 전단응력설에 따른 안전계수는? (단, 부재의 인장 항복강도는 600MPa, 전단 항복강도는 300MPa이다)

① 6
② 10
③ 12
④ 20

9 그림과 같이 겹치기 리벳 이음에서 판 두께 15.7mm, 판 폭 140mm, 리벳의 지름 20mm, 피치 60mm이고 하중 P = 3,140kg$_f$이 작용한다. A 위치에서 판의 인장응력(σ_t)과 리벳의 전단응력(τ_s)의 크기비 $\left(\dfrac{\sigma_t}{\tau_s}\right)$는? (단, π = 3.14이다)

① 0.4
② 0.8
③ 1.25
④ 2.5

ANSWER 8.① 9.①

8 최대전단응력 $\tau_{\max} = \max\left(\dfrac{|\sigma_1-\sigma_2|}{2}, \dfrac{|\sigma_2-\sigma_3|}{2}, \dfrac{|\sigma_3-\sigma_1|}{2}\right)$

$\tau_{\max} = \max\left(\dfrac{|65-0|}{2}, \dfrac{|0-(-35)|}{2}, \dfrac{|-35-65|}{2}\right) = \dfrac{35+65}{2} = 50[MPa]$

안전계수 $SF = \dfrac{300}{50} = 6$

9 판의 인장응력은 $\sigma_t = \dfrac{P}{(b-2d)t}$, 리벳의 전단응력은 $\tau_s = \dfrac{P}{2\cdot\dfrac{\pi}{4}d^2}$

$\dfrac{\sigma_t}{\tau_s} = \dfrac{\dfrac{P}{(b-2d)t}}{\dfrac{P}{2\times\dfrac{\pi}{4}d^2}} = \dfrac{\pi d^2}{2(b-2d)t} = \dfrac{3.14\cdot 20^2}{2(140-2\cdot 20)\cdot 1.57} = 0.4$

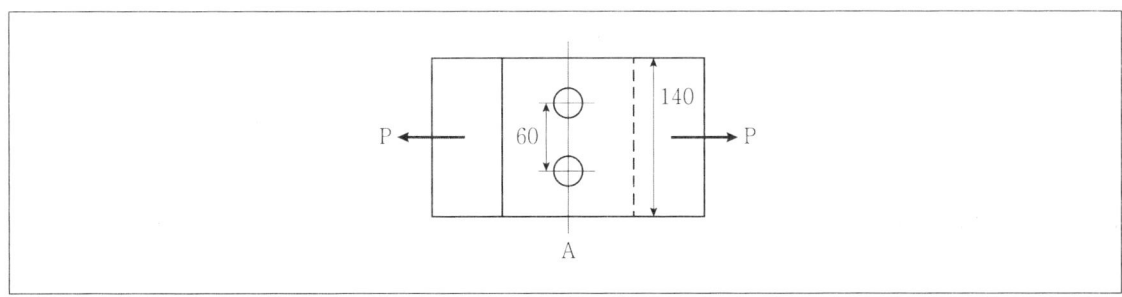

10 피로한도 200MPa, 항복강도 400MPa, 극한강도가 600MPa인 재료에 그림과 같은 반복응력이 작용할 때 굿맨선(Goodman line)을 적용하여 안전계수를 구하면?

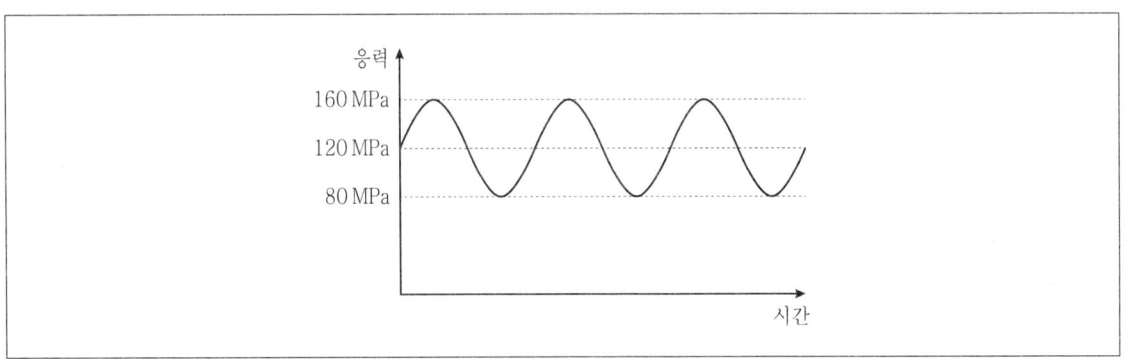

① 2   ② 2.5
③ 3   ④ 3.5

11 구멍과 축이 억지 끼워 맞춤인 것은?

① $\phi 50F8/h7$ ② $\phi 50H7/h7$
③ $\phi 50P6/h5$ ④ $\phi 50H6/g5$

ANSWER 10.② 11.③

10 응력진폭 $\sigma_a = 40[MPa]$, 평균응력 $\sigma_m = 120[MPa]$

굿맨선도 $\dfrac{\sigma_a}{\sigma_e} + \dfrac{\sigma_m}{\sigma_u} = \dfrac{1}{S}$ 이므로 $\dfrac{40}{200} + \dfrac{120}{600} = \dfrac{1}{S}$ 이므로 $S = 2.5$

11 ① $\phi 50F8/h7$: 구멍의 최소허용치수가 축의 최대허용치수보다 크므로 헐거운 끼워 맞춤이다.
② $\phi 50H7/h7$: 구멍의 최소허용치수가 축의 최대허용치수와 같으므로 헐거운 끼워 맞춤이다.
③ $\phi 50P6/h5$: 축의 최대허용치수가 구멍의 최대허용치수보다 클 수 있으므로 억지 끼워 맞춤이 발생할 수 있다.
④ $\phi 50H6/g5$: 구멍의 최소허용치수가 축의 최대허용치수와 같으므로 헐거운 끼워 맞춤이다.

12 나사로 중간재를 체결하여 초기인장력 9kN이 나사에 작용하고 있다. 인장하중 6kN이 나사 체결부에 추가로 작용할 때 나사에 발생하는 최대 인장응력[MPa]은? (단, 중간재 강성계수(k_c)와 나사 강성계수(k_b)의 비가 k_c/k_b =5, 나사의 최소 단면적은 250mm²으로 가정한다)

① 25
② 30
③ 35
④ 40

13 치공구의 사용에 대한 설명으로 옳지 않은 것은?

① 작업의 숙련도 요구가 감소한다.
② 제품의 가공정밀도를 향상하고 호환성을 주어 불량품을 방지한다.
③ 제품의 품질을 유지하고 생산성을 향상시키면서 제조원가를 줄인다.
④ 소품종 대량생산보다 다품종 소량생산 시에 치공구를 사용하는 것이 치공구 제작비 면에서 더 유리하다.

14 유성기어장치에서 태양기어의 잇수가 36개, 링기어 잇수가 80개, 모듈이 2mm일 때 유성기어의 지름[mm]은?

① 30
② 36
③ 44
④ 48

ANSWER 12.④ 13.④ 14.③

12 나사에 작용하는 총 인장하중
$$Q_t = F_i + \frac{k_b}{k_b + k_c}P = 9 + \frac{k_b}{k_b + 5k_b} \cdot 6 = 10[kN]$$
나사에 발생하는 최대 인장응력 $\sigma_{tmax} = \frac{10 \cdot 10^3}{250} = 40[MPa]$

13 다품종 소량생산보다 소품종 대량생산 시에 치공구를 사용하는 것이 치공구 제작비면에서 더 유리하다.

14 유성기어장치의 기하학적 관계로부터
$mZ_R = mZ_S + 2D_P$ (Z_R은 링기어 잇수, Z_S는 태양기어잇수)
$$D_P = \frac{m(Z_R - Z_S)}{2} = \frac{2(80-36)}{2} = 44[mm]$$

15 벨트 전동장치에서 원동 풀리의 지름이 650mm, 회전속도 800rpm, 벨트의 두께 7mm, 종동 풀리의 지름이 400mm일 때 미끄럼을 무시하고 벨트의 두께를 고려한 종동 풀리의 회전속도[rpm]에 가장 가까운 값은? (단, 풀리의 회전속도는 벨트의 중립면을 기준으로 한다)

① 953　　　　　　　　　　　　② 1049
③ 1288　　　　　　　　　　　　④ 1300

16 그림과 같은 짧은 슈(shoe) 원통 브레이크에서 마찰계수가 0.5, 원통의 반지름은 0.4m, 작동력 F_a = 250N일 때 브레이크의 제동토크 [N·m]는?

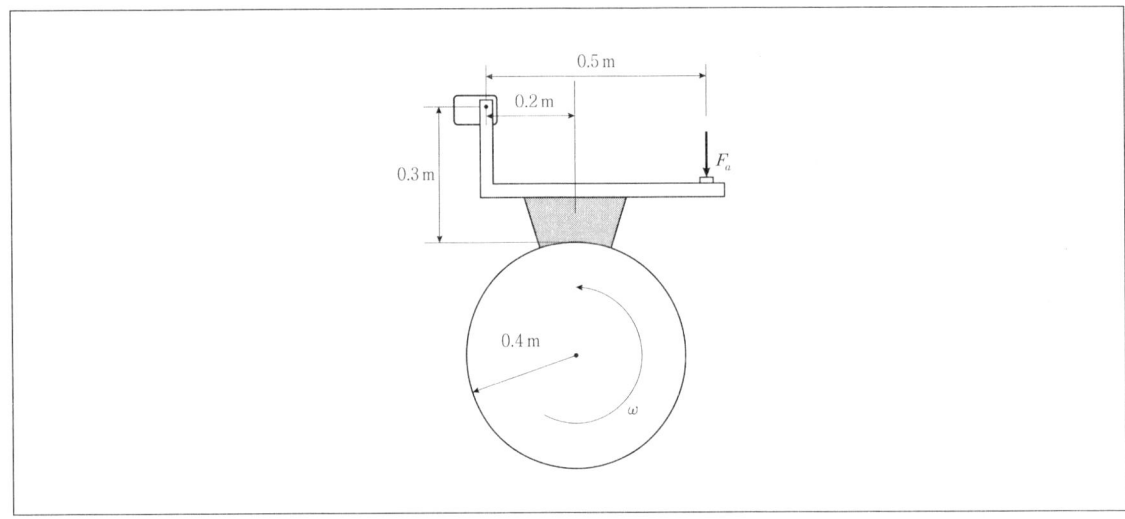

① 250　　　　　　　　　　　　② 500
③ 750　　　　　　　　　　　　④ 1000

ANSWER　15.③　16.②

15 $\dfrac{N_2}{800} = \dfrac{650+7}{400+7}$, $N_2 = \dfrac{657}{407} \cdot 800 = 1291.4[rpm]$ 이므로 주어진 보기 중 이와 가장 가까운 값은 1288[rpm]이 된다.

16 수직력을 Q라고 하면 브레이크 레버의 힘의 평형 관계로부터
$0.5 \times F_a + 0.5 \times Q \times 0.3 = Q \times 0.2$

$Q = \dfrac{0.5 \cdot 250}{0.2 - 0.5 \cdot 0.3} = 2500[N]$

제동토크　$T = 0.5 \cdot 2500 \cdot 0.4 = 500[N]$

17 그림과 같이 풀리에 하중 W, 긴장측 장력 T₁, 이완측 장력 T₂가 작용할 때 옳지 않은 것은? (단, T는 비틀림모멘트, M은 굽힘모멘트이다)

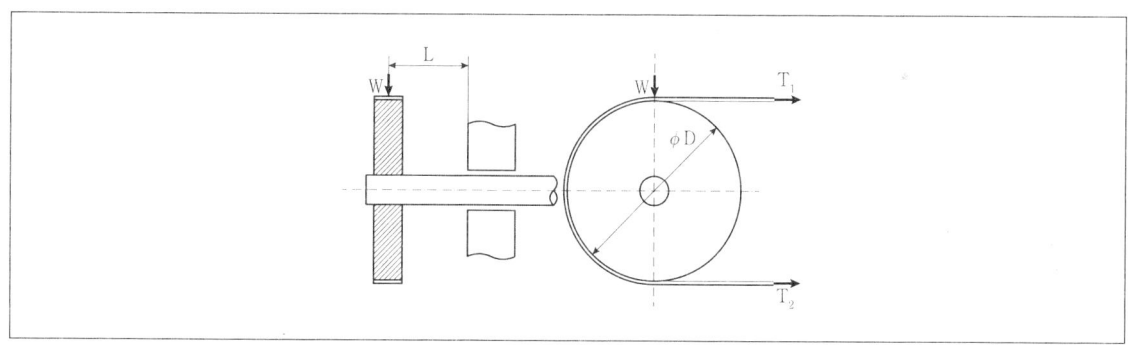

① 축의 비틀림모멘트 : $T = (T_1 - T_2) \times \dfrac{D}{2}$

② 축의 최대 굽힘모멘트 : $M_{max} = \sqrt{W^2 + T_1^2 + T_2^2} \times L$

③ 상당 비틀림모멘트 : $T_e = \sqrt{T^2 + M^2}$

④ 상당 굽힘모멘트 : $M_e = \dfrac{1}{2} \times (M + \sqrt{T^2 + M^2})$

18 안지름 5m, 두께 50mm인 두 반구를 용접하여 제작된 압력용기의 최대 허용압력[MPa]은? (단, 용접부의 단위길이당 허용 인장하중 10MN/m, 안전계수 2.5, 얇은 벽으로 가정한다)

① 3.2　　　　　　　　　　② 8
③ 32　　　　　　　　　　④ 80

ANSWER 17.② 18.①

17 ② 축의 최대 굽힘모멘트 : $M_{max} = \sqrt{W^2 + (T_1 + T_2)^2} \times L$

18 용접부에 작용하는 인장하중과 내부압력에 의한 힘이 평형을 이루므로

$\sigma \times \pi \times d = p \times \dfrac{\pi d^2}{4}$, $p = \dfrac{4\sigma}{d} = \dfrac{4 \cdot 10}{5} = 8[MPa]$

안전계수가 2.5이므로 최대허용압력은 $p_{amax} = \dfrac{8}{2.5} = 3.2[MPa]$

19 바깥지름 120mm, 두께 10mm, 길이 15m인 강관을 상온 20℃에서 양쪽 끝을 고정한 뒤 220℃로 가열하였을 때 강관 길이방향에 가해지는 압축력[kN]은? (단, 강의 탄성계수는 200GPa이고, 선열팽창계수는 1.0×10^{-6}[1/℃]이다)

① 22π
② 44π
③ 66π
④ 88π

ANSWER 19.②

19 ㉠ 열응력
$\sigma_T = E\alpha\Delta T = 200 \cdot 10^3 \cdot 1.0 \cdot 10^{-6} \cdot (220-20) = 40[MPa]$
㉡ 압축력
$F_e = 40 \cdot \dfrac{\pi(120^2 - (120-2\cdot10)^2)}{4} = 10\pi(120^2 - 100^2) = 44\pi \cdot 10^3[N] = 44\pi[kN]$

20 모터 회전속도가 N[rpm]이고 동력 H[W]를 전달받는 평기어 1과 2의 피치원 지름이 각각 D_1[m], D_2[m]이고 공구압력각이 α일 때 기어 2가 연결된 축을 지지하는 각 베어링의 힘[N]은?

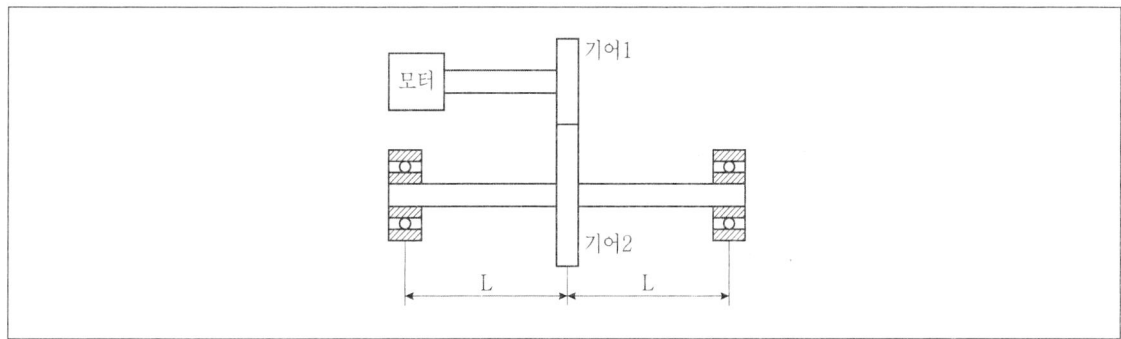

① $\dfrac{15H\cos\alpha}{\pi ND_1}$

② $\dfrac{15H}{\pi ND_1 \cos\alpha}$

③ $\dfrac{30H\cos\alpha}{\pi ND_1}$

④ $\dfrac{30H}{\pi ND_1 \cos\alpha}$

ANSWER 20.④

20 토크의 크기는 $T = \dfrac{H}{\dfrac{2\pi N}{60}} = \dfrac{30H}{\pi N}[N \cdot m]$

기어 1의 접선력은 $F_t \cdot \dfrac{D_1}{2} = \dfrac{30H}{\pi N}$ 이므로 $F_t = \dfrac{60H}{\pi ND_1}[N]$

기어 1이 받는 전체하중 $F_n = \dfrac{F_t}{\cos\alpha} = \dfrac{60H}{\pi ND_1 \cos\alpha}[N]$

작용반작용의 원리에 따라 기어 2에도 같은 크기의 전체하중이 전달되고 베어링 두 개가 힘을 나누어 받고 있으므로 기어 2가 연결된 축을 지지하는 각 베어링의 힘은

$\dfrac{F_n}{2} = \dfrac{1}{2} \cdot \dfrac{60H}{\pi ND_1 \cos\alpha} = \dfrac{30H}{\pi ND_1 \cos\alpha}[N]$

기계설계

2024. 3. 23. 인사혁신처 시행

1 축과 구멍의 끼워맞춤에 대한 설명으로 옳지 않은 것은?

① 끼워맞춤 방식은 구멍기준 끼워맞춤과 축기준 끼워맞춤이 있다.
② 구멍이 크고 축이 작아서 헐겁게 끼워 맞출 때, 그 치수의 차가 틈새이다.
③ 헐거운 끼워맞춤에서 최소 틈새는 구멍의 최소 허용치수에서 축의 최대 허용치수를 뺀 수치이다.
④ 억지 끼워맞춤에서 최대 죔새는 축의 최소 허용치수에서 구멍의 최대 허용치수를 뺀 수치이다.

2 미터나사에 대한 설명으로 옳지 않은 것은?

① 두줄 나사에서 리드는 피치의 두 배이다.
② 미터 가는나사는 호칭지름 × 피치로 표시한다.
③ 수나사의 골지름과 암나사의 안지름이 최대지름이다.
④ M24 수나사는 미터 보통나사로서 바깥지름이 24mm이다.

ANSWER 1.④ 2.③

1 억지 끼워맞춤에서 최대 죔새는 축의 최대허용치수에서 구멍의 최소허용치수를 뺀 수치이다.
2 수나사의 골지름은 최소지름, 암나사의 골지름은 최대지름이다.
　골지름: 수나사 및 암나사의 골에 접하는 가상적인 지름이다.

3 시간에 따라 크기가 변하는 동하중에 해당하는 것만을 모두 고르면?

┌───┐
│   ㉠ 충격하중   ㉡ 분포하중   │
│   ㉢ 반복하중   ㉣ 양진하중   │
└───┘

① ㉠, ㉡
② ㉢, ㉣
③ ㉠, ㉢, ㉣
④ ㉡, ㉢, ㉣

4 지름이 d, 길이가 l인 중실축과 동일한 비틀림각을 나타내는 지름이 $2d$인 중실축의 길이는? (단, 두 축에는 동일한 비틀림 모멘트가 작용하고, 재료는 동일하다)

① $4l$
② $8l$
③ $12l$
④ $16l$

ANSWER 3.③ 4.④

3
- 하중은 정하중(靜荷重)과 동하중(動荷重)으로 크게 나눈다. 물체 위에 정치(靜置)된 추와 같이 움직이지 않는 하중을 정하중이라 하고, 매우 느리게 움직여 물체에 대해서 정하중과 같은 작용을 하는 것도 정하중이라고 한다. 예를 들면, 재료시험기에 의한 인장시험과 같은 것이 이에 속한다. 이에 대하여 움직이는 하중을 동하중이라고 하며, 그 작동형식에 따라서 여러 명칭이 붙어 있다. 예를 들면, 교량의 보(girder)에는 움직이지 않는 자중(自重) 외에 그 위를 통과하는 자동차 등의 이동하중이 작용한다.
- 자동차·사람 등의 이동하중으로 인하여 교량의 보에는 복잡한 변동하중이 가해진다. 내연기관의 크랭크축 등은 회전함에 따라 연속적으로 크기가 다른 힘이 반복해서 작용하며, 이것을 반복하중이라고 한다. 반복하중도 하중 0에서 어떤 크기까지의 힘을 받는 편진하중(片振荷重), 크기뿐만 아니라 방향도 플러스·마이너스로 같게 변화하는 양진하중(兩振荷重) 등이 있다. 충격적으로 작용하는 것을 충격하중이라고 한다.
- 하중은 압력이나 자중과 같이 물체의 전체 또는 그 일부에 분포하여 작용하는 경우와, 반대로 거의 한 점으로 간주할 수 있을 만큼 좁은 범위에 작용하는 경우가 있다. 전자를 분포하중, 후자를 집중하중이라고 한다. 또, 물체에 가해지는 작용에 따라 축하중·수평하중·휨하중·비틀림 하중 등으로도 나눈다. 또, 이와 같은 하중이 동시에 작용하는 경우를 복합하중이라고 한다.

4 비틀림각 $\phi = \dfrac{TL}{GI_P} = \dfrac{TL}{G \cdot \dfrac{\pi d^4}{32}}$ 이므로 직경이 2배가 되면 극관성모멘트가 16배가 되므로 이 때 길이가 16배가 되어야만 지름 d, 길이 L인 축과 동일한 비틀림각이 된다.

5 두 축의 중심선이 일직선상에 있지 않은 경우에 사용할 수 있는 커플링만을 모두 고르면?

> ㉠ 원통 커플링 ㉡ 올덤 커플링
> ㉢ 플랜지 커플링 ㉣ 유니버설 커플링

① ㉠, ㉡
② ㉠, ㉢
③ ㉡, ㉣
④ ㉢, ㉣

ANSWER 5.③

5 원통커플링과 플랜지 커플링은 두 축이 일직선상에 있어야만 사용할 수 있는 커플링이다.
- **커플링** : 운전 중에는 결합을 끊을 수 없는 영구적인 이음
- **원통커플링** : 가장 간단한 구조의 커플링으로서 두 축의 끝을 맞대어 일직선으로 놓고 키 또는 마찰력으로 전동하는 커플링이다.
- **플랜지커플링** : 양 축단 끝에 플랜지를 설치키로 고정한 이음
- **플렉시블 커플링** : 두 축의 중심선이 약간 어긋나 있을 경우 탄성체를 플랜지에 끼워 진동을 완화시키는 이음
- **기어커플링** : 한 쌍의 내접기어로 이루어진 커플링으로 두 축의 중심선이 다소 어긋나도 토크를 전달할 수 있어 고속회전 축이음에 사용되는 이음
- **유체커플링** : 원동축에 고정된 펌프 깃의 회전력에 의해 동력을 전달하는 이음
- **올덤 커플링** : 평행한 두 축 사이의 거리가 약간 떨어져 있을 경우에 사용되는 것으로 기구적으로는 이중 슬라이더 회전 기구를 구성하는 링크 기구이다.
- **유니버설 조인트** : 축이 교차하며 만나는 각이 변화할 때 사용하는 축이음으로 일반적으로 15°이하를 권장하며 속도변동을 없애기 위해 2개의 이음을 사용하여 원동축 및 종동축의 만나는 각을 같게 한다.

6 사각나사를 조일 때, 유효지름의 원주에서 접선방향으로 가해지는 회전력(P)이 축방향 하중(Q)을 받는 너트를 밀어 올리는 것으로 해석할 경우, P는? (단, 접촉면의 마찰계수는 μ, 리드각(나선각)은 α이다)

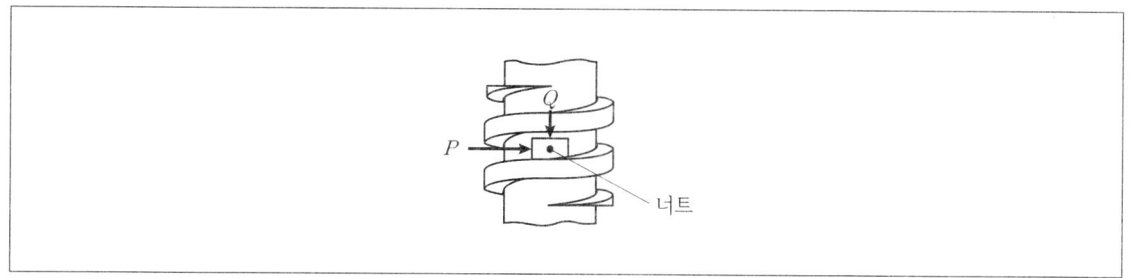

① $Q\dfrac{\mu\sin\alpha - \cos\alpha}{\sin\alpha + \mu\cos\alpha}$

② $Q\dfrac{\mu\cos\alpha - \sin\alpha}{\cos\alpha + \mu\sin\alpha}$

③ $Q\dfrac{\mu\cos\alpha + \sin\alpha}{\cos\alpha - \mu\sin\alpha}$

④ $Q\dfrac{\mu\sin\alpha + \cos\alpha}{\sin\alpha - \mu\cos\alpha}$

ANSWER 6.③

6 구체적인 공식유도 과정까지 암기할 필요가 없으며 공식만 암기해서 풀 것을 권하는 문제이다.
사각나사를 조일 때, 유효지름의 원주에서 접선방향으로 가해지는 회전력(P)이 축방향 하중(Q)을 받는 너트를 밀어 올리는 것으로 해석할 경우, $P = Q\dfrac{\mu\cos\alpha + \sin\alpha}{\cos\alpha - \mu\sin\alpha}$ 가 된다.

7 그림과 같이 단면이 비대칭인 앵글(angle)의 측면필릿 용접이음에서, 앵글의 도심(G)으로부터 편위되어 부재에 인장하중(P)이 작용할 때 용접길이비(l_1/l_2)는? (단, 용접부 목두께는 같고, x_1, x_2에 비해 충분히 작다)

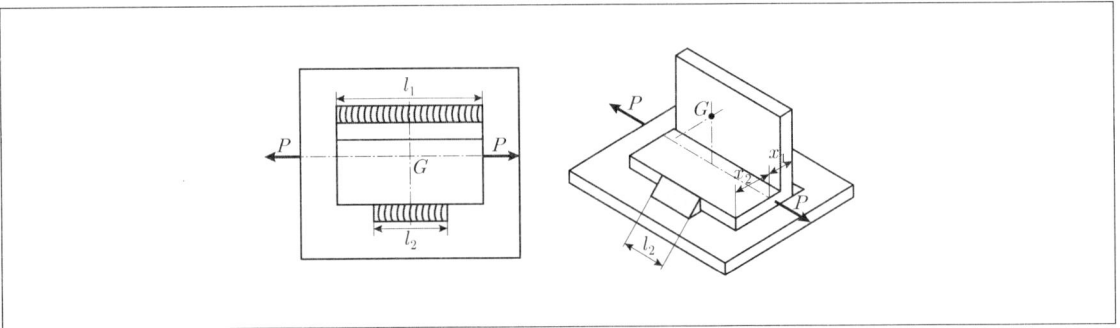

① $\dfrac{x_1}{x_2}$

② $\dfrac{x_2}{x_1}$

③ $\dfrac{(x_1+x_2)}{x_1}$

④ $\dfrac{(x_1+x_2)}{x_2}$

8 잇수가 z인 헬리컬 기어의 축직각 모듈을 m_1, 치직각 모듈을 m_2라고 할 때, 상당 스퍼기어 잇수는?

① $\dfrac{zm_2}{m_1}$

② $\dfrac{zm_1}{m_2}$

③ $\dfrac{zm_2^3}{m_1^3}$

④ $\dfrac{zm_1^3}{m_2^3}$

ANSWER 7.② 8.④

7 $P_1 = \tau_a(al_1)$, $P_2 = \tau_a(al_2)$, $l = l_1 + l_2$, $P = P_1 + P_2 = \tau_a(al_1) + \tau_a(al_2)$
$P_1 x_1 = P_2 x_2$ 이므로 $\tau_a al_1 x_1 = \tau_a al_2 x_2$, $x = x_1 + x_2$
$l_1 = \dfrac{lx_2}{x}$, $l_2 = \dfrac{lx_1}{x}$ 이므로 $\dfrac{l_1}{l_2} = \dfrac{x_2}{x_1}$

8 $Z_0 = \dfrac{Z}{\cos^3 \beta}$, $p = \pi m$, $\cos \beta = \dfrac{m_2}{m_1}$, $Z_0 = \dfrac{Z}{\left(\dfrac{m_2}{m_1}\right)^3} = \dfrac{Zm_1^3}{m_2^3}$

9 한쪽 덮개판 한줄 맞대기 이음과 양쪽 덮개판 두줄 맞대기 이음에서, 리벳 1피치당 허용 인장하중을 각각 W_1, W_2라고 할 때, 하중비(W_2/W_1)는? (단, 리벳의 전단만을 고려한다)

① 1
② 1.8
③ 2
④ 3.6

10 마찰면의 수가 6개인 다판 브레이크에서 원판 마찰면의 평균 지름이 100mm일 때, 제동 토크 75 N·m를 발생시키는 축방향으로 미는 힘[N]은? (단, 마찰면은 균일마모조건이고, 마찰계수는 0.25이다)

① 1,000
② 2,000
③ 3,000
④ 4,000

Answer 9.④ 10.①

9 $W_1 = \sigma \cdot 2A = \sigma \cdot \dfrac{2 \cdot \pi d^2}{4}$, $W_2 = \sigma \cdot 7.2A = \sigma \cdot \dfrac{7.2 \cdot \pi d^2}{4}$

$W_2/W_1 = 3.6$

㉠ 리벳이음
- 겹치기이음 : 2개의 판재를 서로 겹쳐서 리벳으로 이음
- 한쪽 덮개판이음 : 1개의 판재와 2개의 판재를 서로 맞대어 리벳으로 이음
- 양쪽 덮개판이음 : 2개의 판재를 다른 1개의 판재 위아래로 각각 맞대어 리벳으로 이음

㉡ 리벳의 전단응력
- 한줄이음 : $\tau_s = \dfrac{W}{f_s\left(\dfrac{\pi}{4}d^2\right)}$, W는 판에 작용하는 하중, f_s는 전단면계수(단일 전단면 $f_s = 1$, 복전단면 $f_s = 1.8$)
- 여러줄이음 : $\tau_s = \dfrac{W}{Z \cdot \alpha_Z\left(\dfrac{\pi}{4}d^2\right)}$, α_Z는 부하평균화 계수, Z는 리벳줄수

리벳의 줄수	부하평균화계수
2	1.0
3	0.906
4	0.814
5	0.735
6	0.675

10 $T_1 = \dfrac{T}{Z} = \dfrac{75}{6} = 12.5[Nm]$,

$T_1 = 12.5(N-m) = \mu P \dfrac{D_m}{2} = 0.25 \cdot P \cdot 0.05[m]$

따라서 $P = \dfrac{12.5}{0.25 \cdot 0.05} = 1,000[N]$

11 그림과 같이 90kN의 하중 P를 받는 피벗(pivot) 베어링의 안지름 d_1이 100mm일 때, 베어링의 바깥지름 d_2[mm]는? (단, 평균 베어링 압력은 4MPa, $\pi = 3$이다)

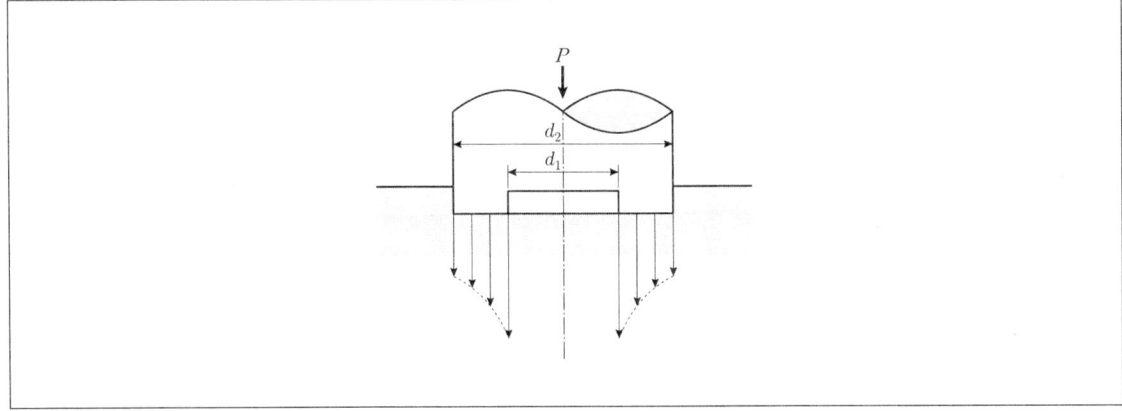

① 150
② 200
③ 250
④ 300

12 회전 중인 엔진의 출력은 30PS이고 토크는 50kgf·m일 때, 엔진 회전수[rpm]는? (단, $\pi = 3$이다)

① 300
② 450
③ 600
④ 900

ANSWER 11.② 12.②

11 $p = \dfrac{P}{\dfrac{\pi(d_2^2 - d_1^2)}{4}}$ 이므로 $4[MPa] = \dfrac{90 \cdot 10^3}{\dfrac{3(d_2^2 - d_1^2)}{4}}$ 이므로

$d_2^2 - d_1^2 = \dfrac{90 \cdot 10^3}{\dfrac{3 \times 4}{4}}$, $d_2^2 = 3 \cdot 10^4 + 1 \cdot 10^4$ 이므로 $d_2 = 200[mm]$

12 $\dfrac{Tw}{75} = H[PS]$ 이므로 $N = \dfrac{30 \cdot 75}{\dfrac{50 \cdot 2 \cdot 3}{60}} = 450[rpm]$

13 고정용 치공구 중 클램프(clamp)의 설계 조건으로 옳지 않은 것은?

① 클램핑 기구는 조작이 간단하고 급속 클램핑 형식을 택한다.
② 클램프의 고정력은 위치결정구나 지지구에 직접 가하여 공작물을 견고히 고정한다.
③ 공작물의 손상, 변형, 뒤틀림을 방지하기 위하여 여러 개의 작은 힘으로 분산하여 고정한다.
④ 절삭력은 클램프가 위치한 방향으로 작용하도록 하고, 절삭력의 반대편에 고정력을 배치한다.

14 원통 코일 스프링에 작용하는 하중 1,750N에 의한 스프링 소선의 최대 전단응력이 800N/mm²일 때, 소선의 지름[mm]은? (단, 스프링 지수는 7, Wahl의 응력수정계수는 1.2, π = 3이다)

① 7
② 8
③ 9
④ 10

ANSWER 13.④ 14.①

13 절삭력은 클램프가 위치한 방향으로 작용하지 않도록 하고, 절삭력의 반대편에 고정력을 배치하지 않도록 한다.

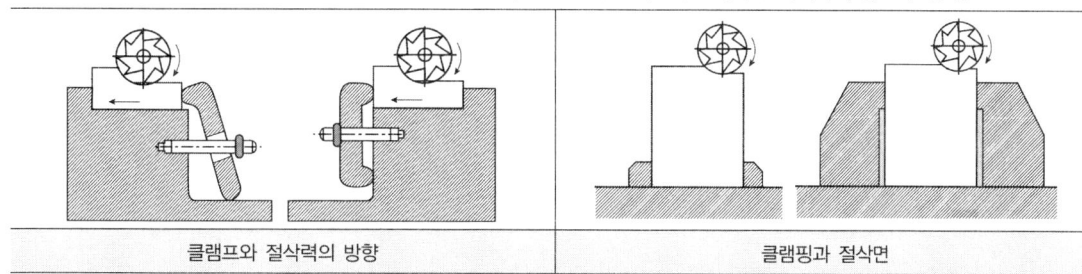

| 클램프와 절삭력의 방향 | 클램핑과 절삭면 |

14 $\tau_{max} = \dfrac{8PDK}{\pi d^3} = \dfrac{16PRK}{\pi d^3}$, $K=1.2$, $C=\dfrac{D}{d}=7$

$d^2 = \dfrac{8 \cdot 1750 \cdot 7 \cdot 1.2}{3 \cdot 800} = 49$이므로 $d=7$

15 원추각이 15°, 원추 접촉면의 평균지름이 200mm인 원추 클러치에 축방향 힘 440N이 작용할 때, 원추 클러치의 최대 전달토크[N·m]는? (단, 접촉면은 균일마모조건이고, 마찰계수는 0.2이며, sin15° = 0.25, cos15° = 0.95이다)

① 10
② 15
③ 20
④ 25

16 일정한 내부 압력 p를 받는 얇은 벽의 원통형 압력용기에서, 원주방향 응력(hoop stress) σ_1, 길이방향 응력(axial stress) σ_2, 원통용기 바깥 표면에서 최대 면내(in-plane) 전단응력 τ로 옳은 것은? (단, 압력용기 안쪽 반지름은 r, 벽 두께는 t이다)

	σ_1	σ_2	τ
①	$\dfrac{pr}{2t}$	$\dfrac{pr}{t}$	$\dfrac{pr}{2t}$
②	$\dfrac{pr}{t}$	$\dfrac{pr}{2t}$	$\dfrac{pr}{t}$
③	$\dfrac{pr}{2t}$	$\dfrac{pr}{t}$	$\dfrac{pr}{4t}$
④	$\dfrac{pr}{t}$	$\dfrac{pr}{2t}$	$\dfrac{pr}{4t}$

ANSWER 15.③ 16.④

15
$$Q = \frac{P}{\sin\alpha + \mu\cos\alpha} = \frac{440}{0.25 + (0.2 \cdot 0.95)} = 1000$$
$$T = \mu Q \frac{D_m}{2} = 0.2 \cdot 1000 \cdot 0.1 = 20[Nm]$$

16 원주방향 응력(hoop stress) $\sigma_1 = \dfrac{pr}{t}$

길이방향 응력(axial stress) $\sigma_2 = \dfrac{pr}{2t}$

원통용기 바깥 표면에서 최대 면내(in-plane) 전단응력 $\tau = \dfrac{pr}{4t}$

17 현가장치로 이용되는 토션 바 스프링에서 비틀림 스프링 상수[N·m/rad]를 구하는 식은? (단, 토션 바의 길이 L[mm], 봉의 지름 d[mm], 봉과 하중 사이 거리 R[mm], 가로 탄성계수는 G[GPa]이다)

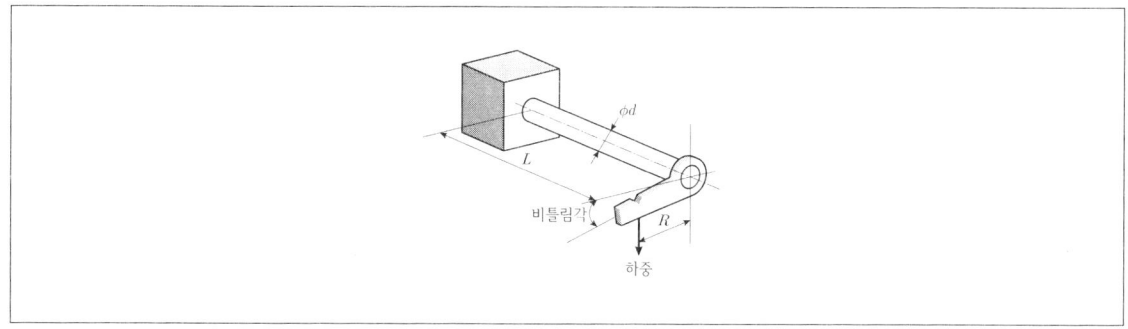

① $\dfrac{\pi d^3 RG}{64L}$ ② $\dfrac{\pi d^3 RG}{32L}$

③ $\dfrac{\pi d^4 G}{32L}$ ④ $\dfrac{\pi d^4 G}{16L}$

18 엔드 저널 베어링에서 저널의 지름이 30mm, 저널면에 작용하는 평균압력이 3MPa, 허용굽힘응력이 64MPa일 때, 베어링 폭[mm]은? (단, 저널을 외팔보 구조로 가정하여 베어링의 폭 길이에 걸쳐 균일 분포하중이 작용하는 것으로 설계하고, π = 3이다)

① 30   ② 40
③ 50   ④ 60

ANSWER 17.③ 18.④

17
현가장치로 이용되는 토션 바 스프링에서 비틀림 스프링 상수[N·m/rad]식: $\dfrac{\pi d^4 G}{32L}$ (토션 바의 길이 L[mm], 봉의 지름 d[mm], 봉과 하중 사이 거리 R[mm], 가로 탄성계수는 G[GPa]이다)

18 $p = \dfrac{P}{dt}$, $3[MPa] = \dfrac{P}{30l}$, $P = 90l$, $N = \sigma_b Z$, $\dfrac{Pl}{2} = 64 \cdot \dfrac{\pi d^2}{32}$

$\dfrac{90 l^2}{2} = 64 \cdot \dfrac{\pi d^2}{32}$, $l^2 = \dfrac{64 \cdot 3 \cdot 30^3 \cdot 2}{32 \cdot 90} = 3600$, $l = 60[mm]$

19 잇수가 30개인 스프로킷 휠이 500rpm으로 회전할 때, 피치가 20mm인 롤러 체인의 평균속도[m/s]는?

① 5   ② 10
③ 15   ④ 20

20 온도변화에 따른 관의 신축을 허용하는 관이음에 해당하지 않는 것은?

① 유니온 이음
② 미끄럼 이음
③ 신축형 밴드
④ 고무관 이음

Answer   19.①   20.①

19 $30 \times 500 \times 20$[mm/min] × (1m/1000mm) × (1min/60s) = 5[m/s]

20 유니온 이음은 너트를 사용하여 관과 관을 접속하는 이음으로서 한쪽 관에 결부되는 유니언 나사와 다른 쪽 관에 결부되는 부위를 자유로이 분리하거나 체결할 수 있으므로 관을 돌릴 필요가 없다. (이 이음은 신축을 허용하는 관이음에는 적용이 어렵다.)

기계설계 — 2024. 6. 22. 제1회 지방직 시행

1 재료에 높은 온도로 큰 하중을 일정하게 작용시킬 때 재료 내의 응력이 일정함에도 불구하고 시간의 경과에 따라 변형률이 점차 증가하는 현상은?

① 시효현상
② 피로현상
③ 크리프현상
④ 응력집중현상

ANSWER 1.③

1 크리프현상 : 재료에 높은 온도로 큰 하중을 일정하게 작용시킬 때 재료 내의 응력이 일정함에도 불구하고 시간의 경과에 따라 변형률이 점차 증가하는 현상

2 지그와 고정구에서 로케이터(locator)에 대한 설명으로 옳은 것은?

① 각도를 측정하는 도구
② 공작물의 움직임을 제한하는 도구
③ 공구의 경로를 제어하는 구성 요소
④ 공작물의 위치를 설정하는 구성 요소

3 커플링 설계에서 고려되는 사항으로 옳지 않은 것은?

① 설치, 분해가 쉽도록 할 것
② 운전 중 원활한 단속이 가능할 것
③ 진동에 의하여 이완되지 않게 할 것
④ 소형으로도 충분한 전동능력을 갖추게 할 것

ANSWER 2.④ 3.②

2 지그(jig) : 가공 대상물의 위치를 결정하고 잡아서 고정하며, 툴을 가이드하는 기능까지 가진 장치이다. 지그의 일반적인 구성은 BASE, 서브블럭, 앵글브라켓, 로케이터, 클램프, 핀, 실린더 등으로 이루어져 있으며 이 중 로케이터는 공작물의 위치를 설정하는 구성 요소이다.

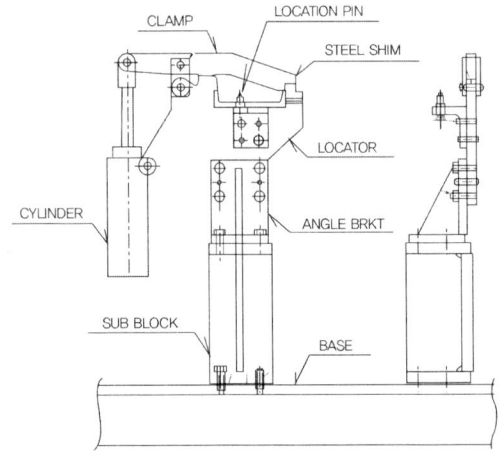

3 커플링은 운전 중 단속을 할 수 없으며 이러한 기능을 하는 것은 클러치이다.

4 리벳 작업에서 코킹(caulking) 공정이 사용되는 이유로 옳은 것은?

① 기밀을 유지하기 위하여
② 리벳 구멍을 뚫기 위하여
③ 패킹재료를 끼우기 위하여
④ 강판의 강도를 보강하기 위하여

5 평행키의 전단응력을 나타내는 식으로 옳은 것은? (단, T : 회전토크, b : 키의 폭, l : 키의 길이, h : 키의 높이, d : 회전축 지름)

① $\dfrac{2T}{hld}$
② $\dfrac{2T}{bld}$
③ $\dfrac{4T}{hld}$
④ $\dfrac{4T}{bld}$

ANSWER 4.① 5.②

4 코킹(caulking)은 기밀을 필요로 하는 경우에는 리벳팅이 끝난 뒤에 리벳머리 주위와 강판의 가장자리를 정과 같은 공구로 때리는 작업을 말한다.

5
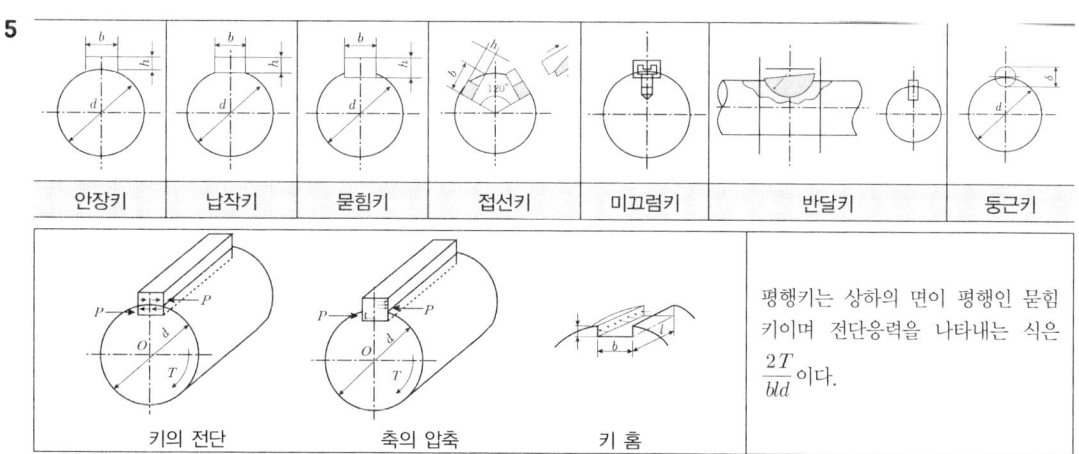

6 원형 봉에 비틀림모멘트를 가하면 비틀림변형이 생기는 원리를 이용한 스프링은?

① 토션 바
② 겹판 스프링
③ 태엽 스프링
④ 벌류트 스프링

7 용기 내 유체의 압력이 일정압을 초과하였을 때 자동으로 밸브를 열어 유체를 방출하여 압력상승을 억제하는 밸브는?

① 스톱 밸브(stop valve)
② 안전 밸브(safety valve)
③ 체크 밸브(check valve)
④ 게이트 밸브(gate valve)

8 원통 마찰차(friction wheel)의 특성에 대한 설명으로 옳은 것은?

① 각속도비가 일정하게 유지된다.
② 원동차에 대한 종동차의 비율에서, 두 마찰차가 구름 접촉하는 경우 각속도비는 지름비와 같다.
③ 외접의 경우 원동차와 종동차 사이에 중간차를 삽입하면 종동차의 회전방향을 바꿀 수 있다.
④ 지름 D_A와 D_B를 갖는 두 마찰차는 외접과 내접 마찰차 구성에 상관없이 두 축 사이의 중심거리는 동일하다.

ANSWER 6.① 7.② 8.③

6 토션바는 봉이 비틀림탄성을 통해 스프링의 역할하는 부재이다. 토션 '바'는 코일스프링처럼 탄성력을 이용하여 충격을 흡수하는 스프링으로 사용되는 부품이고, 토션 '빔'은 서스펜션의 양쪽 트레일링암의 독립된 움직임을 억제하는 장치로 쓰이는데 가깝다.

7 안전밸브 : 용기 내 유체의 압력이 일정압을 초과하였을 때 자동으로 밸브를 열어 유체를 방출하여 압력상승을 억제하는 밸브

8 ① 미끄럼이 발생하므로 각속도비가 일정하게 유지되기 어렵다.
② 원동차에 대한 종동차의 비율에서, 두 마찰차가 구름 접촉하는 경우 각속도비는 지름비는 반비례 관계이다.
④ 지름 D_A와 D_B를 갖는 두 마찰차는 외접과 내접 마찰차 구성에 따라 두 축 사이의 중심거리가 달라지게 된다.

9 보통이의 표준 평기어에 대한 관계식으로 옳지 않은 것은?

① 총이높이 = 이끝높이 + 이뿌리높이
② 모듈 = 원주피치 × π
③ 피치원지름 = 모듈 × 잇수
④ 이끝원지름 = 모듈 × (잇수 + 2)

10 가공하지 않은 축에 사용하며 마찰력에 의해서만 회전을 전달하므로 토크가 클 때 불확실한 전달이 되기 쉬운 키(key)는?

① 안장키(saddle key)   ② 평키(flat key)
③ 평행키(parallel key)   ④ 접선키(tangential key)

11 축방향의 인장하중을 받는 2개의 축을 연결하는 데 사용되며, 축의 한쪽을 포크(fork)로 하고 이것에 아이(eye)를 넣은 후 끼워 사용하는 핀은?

① 너클 핀   ② 스프링 핀
③ 스플릿 핀   ④ 테이퍼 핀

ANSWER 9.② 10.① 11.①

9 모듈은 원주피치를 π로 나눈 값이다.

10 안장키(saddle key) : 가공하지 않은 축에 사용하며 마찰력에 의해서만 회전을 전달하므로 토크가 클 때 불확실한 전달이 되기 쉬운 키(key)

11 너클 핀 : 축방향의 인장하중을 받는 2개의 축을 연결하는 데 사용되며, 축의 한쪽을 포크(fork)로 하고 이것에 아이(eye)를 넣은 후 끼워 사용하는 핀

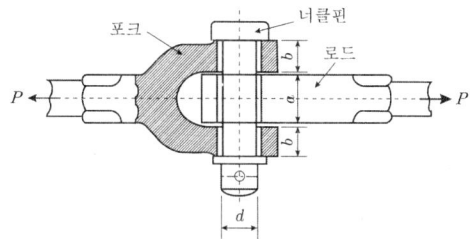

12 강관에 대한 일반적인 설명으로 옳지 않은 것은?

① 보일러용으로도 사용된다.
② 용접으로 이음이 가능하다.
③ 물에 대한 내식성이 주철관보다 뛰어나다.
④ 주철관보다 가볍고 인장강도가 크다.

ANSWER 12.③

12 물에 대한 내식성은 주철관이 강관보다 뛰어나다.

주철관	• 장점으로는 내식성, 내구성이 우수하며, 충격이나 인장강도에 약한 단점이 있다. • 용도는 급수관, 가스배관, 통신용 매설관, 오수배관 등으로 사용되며, 소켓접합, 플랜지접합, 기계적 접합, 빅토릭접합 등이다.
강관	• 장점으로는 인장강도가 크고 충격에 강하며, 관의 접합과 시공이 비교적 용이하며, 가격이 저렴하다. • 단점으로 주철관에 비해 부식이 커서 내구연수가 짧으며, 재질상 분류는 탄소강 강관, 합금강 강관, 스테인리스 강판이다. • 용도는 급수, 급탕, 급유, 공기, 증기 등이며, 나사접합, 플랜지접합, 용접접합 등이고, 관두께는 스케줄번호 SCH 5, 10, 20, 40, 80 등으로 나타내며 번호가 클수록 관의 두께가 두껍다.
스테인리스 강관	• 철에 크롬 등을 함유하여 만들어지기 때문에 강관에 비해 기계적 강도가 우수하며, 내식성이 우수하며 수명이 길고, 두께가 얇아 운반 및 시공이 우수하다. • 용도는 급수관, 급탕관, 냉온수관 등이며, 프레스식 접합, 압축식 접합, 클립식 접합, 신축 가동식 접합 등이다.
연관	• 장점으로는 내식성이 우수하며, 연성이 풍부하여 가공성이 우수하며, 산에 강하다. • 단점으로는 중량이 무겁고, 가격이 비싸며, 알칼리에는 약하여 콘크리트 속에 매설할 때는 부식의 우려가 있으므로 방식피복을 하여야 한다. • 용도는 수도 인입관, 기구배수관, 가스관, 화학공업배관 등이며, 플라스턴 접합, 납땜접합, 용접접합 등이다.
동관	• 장점으로는 마찰손실저항이 작고, 염류, 산 등에 내식성이 크며, 내구성이 우수하며, 가공하기가 쉽고 전기 및 열의 전도율이 좋다. • 단점으로는 황동관을 배수관으로 사용하면 부식이나 균열이 발생할 우려가 있다. • 용도는 급수관, 급탕관, 냉방관, 급유관, 가스관, 열교환기 등이며, 접합방법은 납땜접합, 경납땜접합, 용접접합, 플레어접합, 플랜지접합, 유니언접합 등이며, 관두께는 표준규격에서는 K타입(가장 두껍다), L타입(두껍다), M타입(보통)으로 구분된다.
경질염화비닐관 (PVC관)	• 장점으로는 전기절연성, 내산성, 내알칼리성, 내식성이 우수하며, 배관의 가공이 용이하고 경량으로 시공성이 우수하다. 또한, 관 표면이 매끄러워 마찰손실이 적고, 내면에 스케일이 잘 발생하지 않으며, 상대적으로 가격이 저렴하다. • 단점으로 충격과 열에 약하며, 선팽창계수(열팽창률)가 크므로 온도변화에 따른 신축이 크고, 온도에 따라 강도가 저하된다. • 용도는 급수관, 배수관, 통기관 등이며, 접합은 냉간공법, 열간공법을 사용한다.
콘크리트관 (흄관)	• 특징은 내식성 및 내압성이 강하며, 가격이 저렴하다. • 용도는 배수관, 해수수송관, 철도부지 하수관 등에 사용되며, 모르타르 접합 등이다.

13 항복 강도 이하의 평균 응력이 가해진 상태에서, 평균 응력과 응력 진폭을 고려하여 재료의 피로한도를 제시하는 내구 선도 모델들인 조더버그선(soderberg line), 굿맨선(goodman line), 거버선(gerber line)의 안전 응력 진폭 크기를 작은 것부터 순서대로 나열하면?

① 거버선, 굿맨선, 조더버그선
② 굿맨선, 거버선, 조더버그선
③ 굿맨선, 조더버그선, 거버선
④ 조더버그선, 굿맨선, 거버선

14 벨트를 엇걸기하여 동력을 전달할 때, 종동 풀리에서의 벨트 접촉각은? (단, D_1: 원동 풀리의 지름, D_2: 종동 풀리의 지름, C: 축간거리, D_1이 D_2보다 크다고 가정한다)

① $\pi + 2\sin^{-1}\left(\dfrac{D_1 + D_2}{2C}\right)$

② $\pi + 4\sin^{-1}\left(\dfrac{D_1 + D_2}{4C}\right)$

③ $\pi - 2\sin^{-1}\left(\dfrac{D_1 - D_2}{2C}\right)$

④ $\pi - 4\sin^{-1}\left(\dfrac{D_1 - D_2}{4C}\right)$

ANSWER 13.④ 14.①

12 안전응력 진폭크기: 조더버그선 ≤ 굿맨선 ≤ 거버선

- 조더버그 선도: $\dfrac{\sigma_a}{\sigma_e} + \dfrac{\sigma_m}{\sigma_y} = 1$

- 굿맨 선도: $\dfrac{\sigma_a}{\sigma_e} + \dfrac{\sigma_m}{\sigma_u} = 1$

- 거버 선도: $\dfrac{\sigma_a}{\sigma_e} + \left(\dfrac{\sigma_m}{\sigma_u}\right)^2 = 1$

- ASME선도: $\left(\dfrac{\sigma_a}{\sigma_e}\right)^2 + \left(\dfrac{\sigma_m}{\sigma_u}\right)^2 = 1$

14 벨트를 엇걸기하여 동력을 전달할 때, 종동 풀리에서의 벨트 접촉각

$\pi + 2\sin^{-1}\left(\dfrac{D_1 + D_2}{2C}\right)$

15 회전하는 원통 마찰차가 원주속도 4m/s로 2kW의 동력을 전달하려면 마찰차를 누르는 힘[kN]은? (단, 마찰계수는 0.2이고, 동력 전달 시 손실이 없다고 가정한다)

① 1.5　　　　　　　　　　　　　　② 2.5
③ 4　　　　　　　　　　　　　　　④ 5

16 피치가 9mm인 한 줄 사각나사가 있다. 마찰계수가 0.15일 때, 나사의 자립조건을 만족하는 최소 유효지름[mm]은? (단, π = 3이다)

① 12　　　　　　　　　　　　　　② 16
③ 20　　　　　　　　　　　　　　④ 24

17 원형 중실축이 2,400 N · mm의 굽힘모멘트를 받고 있을 때 축의 지름[mm]은? (단, 축의 허용굽힘응력은 64MPa이고, π = 3이다)

① $\sqrt[3]{50}$　　　　　　　　　　　　　② $\sqrt[3]{100}$
③ $\sqrt[3]{200}$　　　　　　　　　　　　④ $\sqrt[3]{400}$

ANSWER　15.②　16.③　17.④

15 $H = \mu P v = 2[kW] = 0.2 \cdot P \cdot 4[m/s]$

$P = \dfrac{2}{4 \cdot 0.2} = 2.5[kN]$

16 $\mu = \tan\rho$, $\tan\rho \geq \tan\lambda$, $0.15 \geq \dfrac{p}{\pi d_e}$, $d_e \geq \dfrac{9}{\pi \cdot 0.15} = \dfrac{9}{3 \cdot 0.15} = 20$

17 $M = \sigma_b Z = 2400[N \cdot mm] = 64[MPa] \cdot \dfrac{\pi d^3}{32}$

$d^3 = \dfrac{2400 \cdot 32}{64 \cdot \pi} = 400$, $d = \sqrt[3]{400}$

18 축이 베어링으로 단순 지지되어 회전하고 있다. 베어링 사이의 간격이 증가하여 축의 최대 처짐량이 두 배가 된다면 축의 위험속도는 몇 배가 되는가?

① $\dfrac{1}{\sqrt{2}}$ ② $\dfrac{1}{2}$

③ $\sqrt{2}$ ④ 2

19 기본 동정격하중이 2,700kgf인 레이디얼 볼 베어링에 반지름방향으로 900kgf의 실제하중이 작용하고 있다. 베어링이 500rpm으로 회전하는 경우 수명시간[hr]은?

① 300 ② 600
③ 900 ④ 1,800

ANSWER 18.① 19.③

18 $N_c = \dfrac{30}{\pi}\sqrt{\dfrac{g}{\delta}}$ 이며 $N_1 = \dfrac{30}{\pi}\sqrt{\dfrac{g}{\delta}}$, $N_2 = \dfrac{30}{\pi}\sqrt{\dfrac{g}{2\delta}}$, $\dfrac{N_2}{N_1} = \dfrac{1}{\sqrt{2}}$

19 $L_h = 500 \cdot \dfrac{33.3}{N} \cdot \left(\dfrac{C}{P}\right)^3 = 500 \cdot \dfrac{33.3}{500} \cdot \left(\dfrac{2700}{900}\right)^3 = 33.3 \cdot 3^3 = 899.1$

20 구동축과 종동축을 교차각 α인 유니버설(universal) 조인트로 연결하였다. 구동축 각속도가 ω_1으로 등속운동을 하더라도 종동축의 각속도 ω_2는 $\omega_1\cos\alpha \sim \dfrac{\omega_1}{\cos\alpha}$ 범위 내에서 변화한다. 구동축의 비틀림모멘트가 T_1이라면, 종동축 비틀림모멘트 T_2의 최댓값은? (단, 동력 전달 시 손실이 없다고 가정한다)

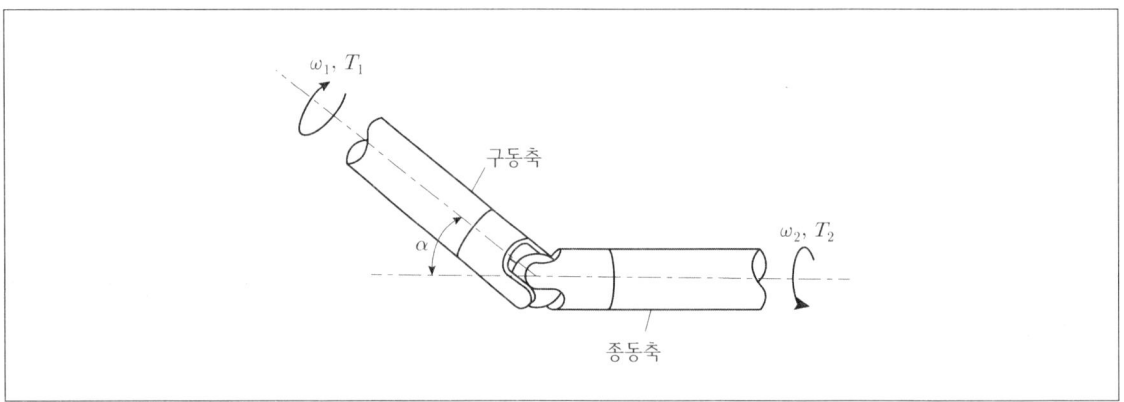

① $T_1\sin\alpha$

② $\dfrac{T_1}{\sin\alpha}$

③ $T_1\cos\alpha$

④ $\dfrac{T_1}{\cos\alpha}$

ANSWER 20.④

20 각속도가 $\omega_1\cos\alpha \sim \dfrac{\omega_1}{\cos\alpha}$의 범위에서 변화하므로

종동축 비틀림모멘트 T_2은 $T_1\cos\alpha \sim \dfrac{T_1}{\cos\alpha}$의 범위에서 변화한다.

기계설계 — 2025. 4. 5. 국가직 시행

1 기계설계 시 고려 사항으로 옳지 않은 것은?

① 중량과 부피의 감소를 통한 생산비용 절감
② 부품의 호환성을 높이기 위해 표준규격 사용
③ 비용 절감을 위해 최소 표면 거칠기와 치수공차 사용
④ 가공, 조립, 운반, 검사 및 보수가 용이한 구조 선택

2 지름이 10mm, 피치가 3mm인 2줄 나사를 3회전 하였을 때, 나사의 축방향 진행거리[mm]는?

① 6
② 9
③ 18
④ 30

3 축이음에 대한 설명으로 옳지 않은 것은?

① 두 축이 서로 어느 각도로 교차하면 유니버설 조인트(universal joint)를 사용한다.
② 원통 안에서 두 축을 맞대어 키로 고정하는 것을 플랜지 커플링(flange coupling)이라 한다.
③ 진동이 많이 발생하는 곳에 충격을 흡수하기 위해 플렉시블 커플링(flexible coupling)을 사용한다.
④ 두 축이 평행하고 축심이 약간의 거리가 있을 때 올덤 커플링(oldham coupling)을 사용한다.

ANSWER 1.③ 2.③ 3.②

1 기계설계 시 적절한 표면 거칠기와 치수공차 사용해야 한다.

2 $l = np = 2 \cdot 3 = 6[mm/rev]$ 이며 3회전을 하였으므로 $6 \times 3 = 18[mm]$

3 ② 원통 안에서 두 축을 맞대어 키로 고정하는 것을 머프 커플링(muff coupling)이라 한다.
  ※ 플랜지 커플링(flange coupling) : 2개 축의 끝에 플랜지를 키와 함께 억지끼워맞춤을 하고 플랜지를 리머볼트로 체결하는 커플링

4 잇수 20개, 모듈 10mm인 구동 피니언이 잇수 80개인 기어와 맞물려 있을 때, 이 기어쌍의 속도비는?

① 0.25
② 0.5
③ 2
④ 4

5 체인 전동장치에 대한 설명으로 옳지 않은 것은?

① 동시에 여러 축에 동력을 전달할 수 있다.
② 초기 장력 없이 구동할 수 있다.
③ 미끄럼 현상이 있어 일정한 속도비를 얻을 수 없다.
④ 회전하는 2개의 스프로킷 휠 사이에 동력을 전달하기 위해 사용한다.

6 회전토크 T를 전달하는, 직경이 D인 회전축에 폭과 높이가 h인 평행키(parallel key)가 설치되어 있다. 키 재료의 허용압축응력이 σ_c, 허용전단응력이 $\tau_s (= 0.4\sigma_c)$일 때, 평행키의 필요한 최소 길이는? (단, 키의 묻힘 높이는 $0.5h$이며, 축 재료의 강도는 고려하지 않는다)

① $\dfrac{2T}{Dh\sigma_c}$

② $\dfrac{3T}{Dh\sigma_c}$

③ $\dfrac{4T}{Dh\sigma_c}$

④ $\dfrac{5T}{Dh\sigma_c}$

ANSWER 4.① 5.③ 6.④

4 $i = \dfrac{N_2}{N_1} = \dfrac{Z_1}{Z_2} = \dfrac{20}{80} = 0.25$

5 체인 전동장치는 미끄럼 없이 큰 동력을 확실하고 효율적으로 전달할 수 있다. 마찰력으로 동력을 전달하는 것이 아닌, 기어처럼 맞물려서 동력을 전달하므로 미끄럼 없이 정확한 속비를 얻을 수 있다.

6 $\tau_s = \dfrac{P}{bl} = \dfrac{2T}{blD} = \dfrac{2T}{hlD} = 0.4\sigma_c$ 이므로 $l = \dfrac{5T}{Dh\sigma_c}$

7 다음 IT 기본공차표를 이용하여 직경 φ70의 축과 구멍을 끼워맞춤 하고자 한다. 구멍의 공차가 JS7이고 축의 공차가 h6일 때, 축과 구멍 사이의 최대 틈새[mm]는?

(단위: μm)

공차등급 치수구분[mm]		IT5	IT6	IT7	IT8
30 초과	50 이하	11	16	25	39
50 초과	80 이하	13	19	30	46

① 0.019
② 0.034
③ 0.038
④ 0.060

8 리벳구멍의 지름이 20mm, 피치가 40mm인 1열 겹치기 리벳이음에서 판의 효율을 η라 할 때, 피치만을 80mm로 변경 시 판의 효율은?

① η
② 1.5η
③ 2η
④ 2.5η

9 순수 반경방향 하중 P를 받고 있는 롤러베어링과 볼베어링의 수명이 동일한 경우, 롤러베어링의 기본 동정격하중이 C_1일 때, 볼베어링의 기본 동정격하중은? (단, 두 베어링의 회전속도는 동일하다)

① $P^{-\frac{1}{10}} C_1^{\frac{9}{10}}$
② $P^{\frac{1}{10}} C_1^{\frac{9}{10}}$
③ $P^{-\frac{1}{9}} C_1^{\frac{10}{9}}$
④ $P^{\frac{1}{9}} C_1^{\frac{10}{9}}$

ANSWER 7.② 8.② 9.③

7 구멍은 $70^{+0.015}_{-0.015}$이며 축은 $70^{+0}_{-0.019}$이므로 0.015+0.019=0.034

8 $\eta = \frac{p-d}{p} = \frac{40-20}{40} = \frac{20}{40} = 0.5$, $\eta' = \frac{80-20}{80} = \frac{60}{80} = \frac{20}{40} \cdot 1.5 = 1.5\eta$

9 순수 반경방향 하중 P를 받고 있는 롤러베어링과 볼베어링의 수명이 동일한 경우, 롤러베어링의 기본 동정격하중이 C_1일 때, 볼베어링의 기본 동정격하중 산정식 : $P^{-\frac{1}{9}} C_1^{\frac{10}{9}}$

$L_{10} = \left(\frac{C}{P}\right)^3 = \left(\frac{C_1}{P}\right)^{\frac{10}{3}}$ 이므로 $C^3 = P^3 \cdot P^{-\frac{10}{3}} \cdot C_1^{\frac{10}{3}} = P^{-\frac{1}{3}} \cdot C_1^{\frac{10}{3}}$

10 마찰 클러치 설계 시 고려 사항으로 옳지 않은 것은?

① 동력을 차단시킬 때 큰 외력이 불필요할 것
② 관성력을 작게 하기 위해 소형, 경량으로 할 것
③ 마모의 발생에 대하여 적절한 수정이 가능할 것
④ 종동축에 과대한 하중이 작용하더라도 미끄럼이 발생하지 않을 것

11 맞대기 용접에서 용접부 길이가 l, 용접 목두께가 t이며, 그림과 같이 굽힘모멘트 M_z가 작용할 때, 용접부에서 발생하는 최대 굽힘응력은? (단, 용접 덧붙임 부위는 연마공정으로 평평하게 다듬는다)

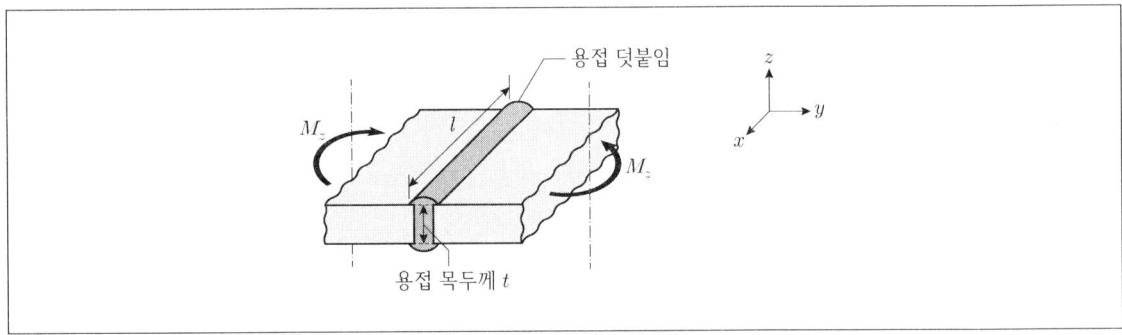

① $\dfrac{6M_z}{t^2 l}$ ② $\dfrac{6M_z}{tl^2}$

③ $\dfrac{12M_z}{t^2 l}$ ④ $\dfrac{12M_z}{tl^2}$

ANSWER 10.④ 11.②

10 마찰 클러치
 • 마찰력에 의해 동력을 전달하는 클러치이다.
 • 접촉면이 미끄러지면서 종동축을 천천히 가속시키므로 원동축의 회전을 정지시키지 않고 충격 없이 종동축을 연결할 수 있다.
 • 일정량 이상의 과하중이 종동축에 작용하면 접촉면이 미끄러져서 초과 하중이 원동축에 걸리지 않게 하므로 안전장치의 구실도 한다. 마찰면의 재료는 마찰계수가 크고 내마멸성이 높으며 고온에 견딜 수 있고 오랫동안 변질되지 않아야 하며 압축 및 그 밖의 기계적 성질이 우수한 것이어야 한다.

11 $\sigma = \dfrac{M_z}{Z} = \dfrac{M_z}{\dfrac{tl^2}{6}} = \dfrac{6M_z}{tl^2}$

12 중실축이 1,000rpm으로 30kW의 동력을 전달한다. 축에서 전단응력이 100MPa를 초과하지 않기 위한 축의 최소 지름[mm]은? (단, π = 3이다)

① $\sqrt[3]{12,000}$
② $\sqrt[3]{13,500}$
③ $\sqrt[3]{15,000}$
④ $\sqrt[3]{16,000}$

13 V벨트의 장점에 대한 설명으로 옳지 않은 것은?

① 접촉 면적이 넓어서 큰 동력을 전달할 수 있다.
② 축간거리를 단축시킬 수 있어 설치 면적을 절약할 수 있다.
③ 이음매가 없어서 충격을 완화할 수 있고 운전이 정숙하다.
④ 미끄럼이 없어 속도비가 고정되므로 정밀 동기 운전에 적합하다.

ANSWER 12.④ 13.④

12 $d = \sqrt[3]{\dfrac{16T}{\pi \tau_a}}$, $T = \dfrac{30}{\pi} \dfrac{H}{N} = 10 \cdot \dfrac{30 \cdot 10^3}{1,000} = 300 [Nm]$

따라서 $d = \sqrt[3]{\dfrac{16T}{\pi \tau_a}} = \sqrt[3]{\dfrac{16 \cdot 300 \cdot 10^3}{3 \cdot 100}} = \sqrt[3]{16,000} [mm]$

13 V벨트는 미끄럼이 어느 정도는 발생하게 되므로 속도비가 고정되지 못하는 단점이 있다.

※ V벨트 전동장치의 특징
  ㉠ 고속운전이 가능하며 속도비가 크다.
  ㉡ 짧은 거리의 운전이 가능하며 2~5m까지 전동이 가능하다.
  ㉢ 미끄럼이 적고 능률이 높다.
  ㉣ 운전이 원활하고 정숙하며 충격이 적다.
  ㉤ 끊어졌을 때 접합이 불가능하다.
  ㉥ 벨트의 단면형상은 M, A, B, C, D, E형의 6종류가 있다.
  ㉦ 평벨트보다 전달하는 동력이 크다.
  ㉧ 사다리꼴 단면의 중앙을 통과하는 원둘레의 길이를 유효길이라고 한다.
  ㉨ 중심거리 조정장치를 이용하여 초기장력을 준다.

14 두 축이 교차하지도 않고 평행하지도 않는 동력 전달용 기어로만 옳게 짝지은 것은?

① 웜과 웜휠, 헬리컬 기어
② 웜과 웜휠, 하이포이드 기어
③ 헬리컬 기어, 직선 베벨 기어
④ 스파이럴 베벨 기어, 스퍼 기어

15 양면에 동일한 패드가 삽입된 캘리퍼형 디스크 브레이크를 19.2kW의 동력이 가해지는 축에 설치하였다. 회전속도가 600rpm인 축의 회전을 멈추기 위해 한쪽 마찰패드가 원판에 작용해야 하는 최소 마찰력[kN]은? (단, 접촉면은 균일마모조건이며, 원판 중심으로부터 패드 중심까지의 거리는 80mm이고, π = 3이다)

① 2
② 3
③ 4
④ 5

ANSWER 14.② 15.①

14 기어의 종류
  ㉠ 축이 서로 평행한 경우
   • 스퍼기어
   • 랙과 피니언
   • 내접기어
   • 헬리컬기어
  ㉡ 축이 만나는 경우
   • 베벨기어
   • 마이터기어
   • 크라운기어
  ㉢ 축이 평행하지도 만나지도 않는 경우
   • 웜기어
   • 하이포이드기어
   • 나사기어
   • 스큐기어

15 $T = 2\mu Q \cdot r_m$ 이므로 $\mu Q = \dfrac{T}{2r_m} = \dfrac{320[kNmm]}{2 \cdot 80[mm]} = 2[kN]$

16 사이클로이드(cycloid) 치형에 대한 설명으로 옳지 않은 것은?

① 접촉 위치가 변해도 압력각이 일정하게 유지된다.
② 치형의 맞물림 과정에서 마모와 소음이 적은 편이다.
③ 시계와 같은 정밀 기계 장치에서 사용되는 예가 많다.
④ 외접 구름원(epicycloid)과 내접 구름원(hypocycloid)에 의해 치형 윤곽이 형성된다.

ANSWER 16.①

16 ① 사이클로이드 치형은 접촉 위치가 변하면 압력각이 변하게 된다.
   ※ 사이클로이드 치형 : 한 원의 안쪽 또는 바깥쪽을 다른 원이 미끄러지지 않고 굴러갈 때, 구르는 원 위의 한 점이 그리는 곡선을 치형곡선으로 제작한 기어이다(사이클로이드는 원을 직선 위에서 굴릴 때 원 위의 한 점이 그리는 곡선이다).
   ㉠ 압력각이 변화한다.
   ㉡ 미끄럼률이 일정하고 마모가 균일하다.
   ㉢ 절삭공구는 사이클로이드곡선이어야 하고 구름원에 따라 여러 가지 커터가 필요하다.
   ㉣ 빈 공간이라도 치수가 극히 정확해야 하고 전위절삭이 불가능하다.
   ㉤ 중심거리가 정확해야 하고 조립이 어렵다.
   ㉥ 언더컷이 발생하지 않는다.
   ㉦ 원주피치와 구름원이 모두 같아야 한다.
   ㉧ 시계, 계기류와 같은 정밀기계에 주로 사용된다.
   ※ 인벌류트 치형 : 원에 감은 실을 팽팽한 상태를 유지하면서 풀 때 실 끝이 그리는 궤적곡선(인벌류트 곡선)을 이용하여 치형을 설계한 기어이다.
   ㉠ 압력각이 일정하다.
   ㉡ 미끄럼률이 변화가 많으며 마모가 불균일하다(피치점에서 미끄럼률은 0이다).
   ㉢ 절삭공구는 직선(사다리꼴)으로서 제작이 쉽고 값이 싸다.
   ㉣ 빈 공간은 다소 치수의 오차가 있어도 된다(전위절삭이 가능하다).
   ㉤ 중심거리는 약간의 오차가 있어도 무방하며 조립이 쉽다.
   ㉥ 언더컷이 발생한다.
   ㉦ 압력각과 모듈이 모두 같아야 한다.
   ㉧ 전동용으로 주로 사용된다.

17 그림과 같이 원판 마찰차를 사용한 무단변속장치가 미끄럼 없이 10W의 동력을 전달하고 있다. 구동축 원판의 지름 D_A는 100mm, 종동축 원판의 지름 D_B는 20mm이고, 종동축 원판은 구동축 원판의 중심으로부터 20mm인 X만큼 떨어져 있다. 구동축 원판이 50rpm으로 회전하고 있을 때, 종동축에 작용하는 토크[N·mm]는? (단, π = 3이다)

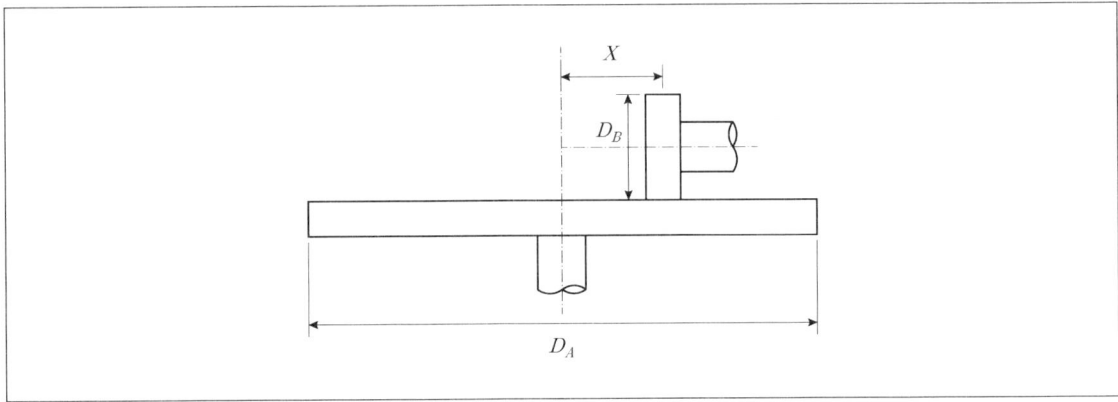

① 250
② 500
③ 1,000
④ 2,000

ANSWER 17.③

17 $H = T\omega$, $T = \dfrac{H}{w_B} = \dfrac{10[W]}{10[rad/s]} = \dfrac{10,000}{10}[Nmm] = 1,000[Nmm]$

$x \times N_A = \dfrac{D_B}{2} \cdot N_B$, $N_B = \dfrac{2N_A}{D_B} = \dfrac{20 \cdot 50}{10} = 100[rpm]$

$w_B = \dfrac{2\pi N_B}{60} = \dfrac{2 \cdot 3 \cdot 100}{60} = 10[rad/s]$

18 원통 축을 중심으로 회전하는 균일한 원통형 관성차의 운동에너지가 E이다. 지름이 2배가 되고, 회전각속도가 $\frac{1}{2}$로 줄어든 원통형 관성차의 운동에너지는? (단, 관성차의 재질과 두께는 유지된다)

① $2E$
② $4E$
③ $8E$
④ $16E$

19 관이음과 밸브에 대한 설명으로 옳지 않은 것은?

① 게이트 밸브는 밸브 봉을 돌려서 열 때 밸브 시트의 면과 직선적으로 미끄럼 운동한다.
② 체크 밸브는 밸브의 무게와 밸브 양면에 작용하는 압력차로써 자동적으로 작동하여 역류를 방지한다.
③ 나사 이음은 관에 나사산을 내어 맞물리게 체결하는 방식으로, 접속부에 패킹 등을 넣어 누설을 방지한다.
④ 플랜지 이음은 관 끝단에 플랜지를 설치하고 결합하는 방식으로, 주로 소구경 배관이나 저압 배관에 적합하다.

20 지름(D)이 3,600mm이고, 두께(t)와의 비 $\frac{D}{t} \geq 40$을 만족하는 얇은 벽 두께의 구형 압력용기를 설계하려 한다. 이 압력용기 소재의 허용인장응력은 450MPa이다. 얇은 벽 두께의 구형 용기에 내압 1.5MPa이 작용할 때, 파손되지 않기 위한 최소 벽 두께[mm]는? (단, 지름은 내부 지름과 외부 지름의 평균값이고, 전단 파손은 고려하지 않는다)

① 1
② 1.5
③ 2
④ 3

ANSWER 18.② 19.④ 20.④

18 운동에너지 $K = \frac{1}{2}Iw^2$, 관성모멘트 $I = \frac{1}{2}MR^2$이므로
$K = \frac{1}{2}Iw^2 = \frac{1}{2}\left(\frac{1}{2}MR^2\right)w^2$이다.
지름이 2배가 되면 면적이 4배가 되므로 질량 M이 4배가 되고, 이러한 조건에서 회전각속도는 1/2로 줄어들므로 운동에너지는 4×22×(1/2)2=4가 되므로 4배가 된다.

19 플랜지이음은 수 개의 볼트에 의해 조임의 힘이 분할되기 때문에 고압, 저압에 관계없이 대형관 이음에 쓰이며, 분해·보수가 용이하다.

20 $\sigma = \frac{Pd}{4t}$ 이므로 $t = \frac{Pd}{4\sigma} = \frac{\frac{3}{2} \cdot 3600}{4 \cdot 450} = 3[mm]$

기계설계

2025. 6. 21. 제1회 지방직 시행

1 양쪽 끝에 나사산이 있고 머리가 없는 볼트 체결 요소로 한쪽 끝은 체결부 구멍의 암나사 부분에 미리 나사 박음을 하고 다른 한쪽 끝에 너트를 끼워 조이는 방식으로 사용되는 볼트는?

① 탭 볼트(tap bolt)
② 리머 볼트(reamer bolt)
③ 관통 볼트(through bolt)
④ 스터드 볼트(stud bolt)

2 축방향으로 밀어붙이는 힘에 의해 제동하는 브레이크는?

① 밴드브레이크
② 원판브레이크
③ 블록브레이크
④ 내부확장식 브레이크

ANSWER 1.④ 2.②

1 ④ 스터드 볼트(stud bolt): 양쪽 끝에 나사산이 있고 머리가 없는 볼트 체결 요소로 한쪽 끝은 체결부 구멍의 암나사 부분에 미리 나사 박음을 하고 다른 한쪽 끝에 너트를 끼워 조이는 방식으로 사용되는 볼트
① 탭 볼트(tap bolt): 관통볼트를 사용하기 어려울 때 결합하려는 상대쪽에 암나사를 내고 머리붙이 볼트를 조여 부품을 결합하는 볼트
② 리머 볼트(reamer bolt): 기계부품을 분해하였을 때 위치가 어긋나서 원래대로 조립이 어려운 경우나 볼트에 전단하중이 작용할 때 리머로 구멍을 내고 여기에 알맞은 리머로 다듬질한 구멍에 박아 체결하는 볼트로서 구멍과 볼트의 축 부분이 꼭 맞도록 다듬질한 볼트를 사용한다.
③ 관통 볼트(through bolt): 조이려는 부분을 관통하여 볼트지름보다 약간 큰 구멍을 뚫고 여기에 머리붙이 볼트를 끼워 넣은 후 너트로 결합하는 볼트

2 ② 원판브레이크: 회전하는 원판(디스크, rotor)을 양쪽에서 마찰재가 부착된 브레이크 패드로 눌러 마찰력을 발생시켜 차량을 감속하거나 정지시키는 장치이다. 회전하는 디스크를 마찰패드로 눌러 차량을 감속 또는 정지시키는 브레이크 시스템으로, 제동력과 내구성, 반응성이 뛰어나 현재 자동차에 널리 사용되고 있는 제동 방식이다.
① 밴드브레이크: 브레이크 드럼의 외주에 강철, 가죽 및 고무 등의 밴드에 장력을 주어 이들 사이의 마찰력으로 제동하는 것 (조작레버의 부착위치에 따라 단동식, 차동식, 합동식으로 구분된다.)
③ 블록브레이크: 회전축에 부착된 브레이크 드럼에 블록을 접촉시켜 마찰에 의해 제동하는 것
④ 내확브레이크(드럼브레이크): 회전운동을 하는 드럼(drum)이 바깥쪽에 있고, 두 개의 브레이크 블록이 드럼의 안쪽에서 대칭으로 드럼에 접촉하여 제동한다. 마찰력을 높이기 위하여 양축의 슈(shoe)에 라이닝(lining)을 붙인다.

3 압축 코일 스프링이 축방향 하중을 받을 때 소선의 단면에 작용하는 가장 큰 응력은?

① 압축응력
② 인장응력
③ 전단응력
④ 굽힘응력

4 원통형 박판 압력용기에 내압이 작용하고 있다. 원통 길이방향 응력이 100MPa일 때, 원주방향 응력 [MPa]은?

① 50
② 100
③ 150
④ 200

5 동력 2PS를 전달하기 위해 원주속도 10 m/s인 두 원통 마찰차를 밀어붙이는 힘[kgf]은? (단, 마찰차의 마찰계수는 0.2이고, 미끄럼은 없다고 가정한다)

① 15
② 30
③ 50
④ 75

6 비틀림각이 30°인 헬리컬 기어 한 쌍이 있다. 원동축 기어의 잇수가 20, 치직각 모듈은 4mm, 두 기어의 중심거리가 $80\sqrt{3}$ mm일 때 종동축 기어의 잇수는?

① 20
② 30
③ 40
④ 50

ANSWER 3.③ 4.④ 5.④ 6.③

3 압축 코일 스프링이 축방향 하중을 받을 때 소선의 단면에 작용하는 가장 큰 응력은 전단응력이다.

4 원통형 박판용기의 경우 원주방향의 응력은 원통 길이방향 응력의 2배이다. 따라서 원통 길이방향의 응력이 100이면 원주방향 응력은 200이 된다.

5 $H = FV = wT = \mu w V$에 주어진 문제의 조건을 대입하면 $2 = 0.2 \cdot w \cdot \dfrac{10}{75}$이므로 $w = 75[kg_f]$가 된다.

6 $C = \dfrac{m_{치직각모듈}(Z_1 + Z_2)}{2\cos\beta} = 80\sqrt{3} = \dfrac{4(20+Z_2)}{2 \cdot \dfrac{\sqrt{3}}{2}}$, $Z_2 = 40$

7 플랜지 커플링에서 전체 볼트의 전단저항력으로 전달할 수 있는 최대 토크는? (단, $\dfrac{D_b}{2}$는 축중심으로부터 볼트 중심까지의 거리, a는 볼트의 골지름, z는 볼트의 개수, τ_b는 볼트의 허용 전단응력이다)

① $\dfrac{1}{2}(\tau_b \pi a^2 D_b z)$
② $\dfrac{1}{4}(\tau_b \pi a^2 D_b z)$
③ $\dfrac{1}{8}(\tau_b \pi a^2 D_b z)$
④ $\dfrac{1}{16}(\tau_b \pi a^2 D_b z)$

8 수명시간이 80,000h인 볼 베어링에서 베어링 하중(동 등가하중)이 2배가 되면 수명시간[h]은? (단, 회전속도와 기본 동정격하중은 일정하다)

① 10,000
② 20,000
③ 40,000
④ 80,000

ANSWER 7.③ 8.①

7 볼트전단저항에 의한 토크(비틀림모멘트)

$$T = \dfrac{\pi a^2}{4} \cdot \tau_b \cdot z \cdot \dfrac{D_b}{2} = \dfrac{1}{8}(\tau_b \cdot \pi a^2 D_b \cdot z)$$

8 수명시간 $L_h = 500 \cdot \dfrac{33.3}{N} \cdot \left(\dfrac{C}{P}\right)^r = \dfrac{10^6}{60N}\left(\dfrac{C}{P}\right)^r = 500 f_h^r$

볼베어링의 경우 위의 식에서 r=3이므로 하중 P가 2배가 되면 수명은 1/8로 줄어들게 된다. 따라서 수명시간이 80,000h인 볼베어링의 하중이 2배가 되면 수명시간은 1/8인 10,000h가 된다.

9 그림과 같은 겹치기 리벳이음에서 편심하중 F가 작용할 때 4개의 리벳 중 가장 큰 전단하중을 받는 것은?

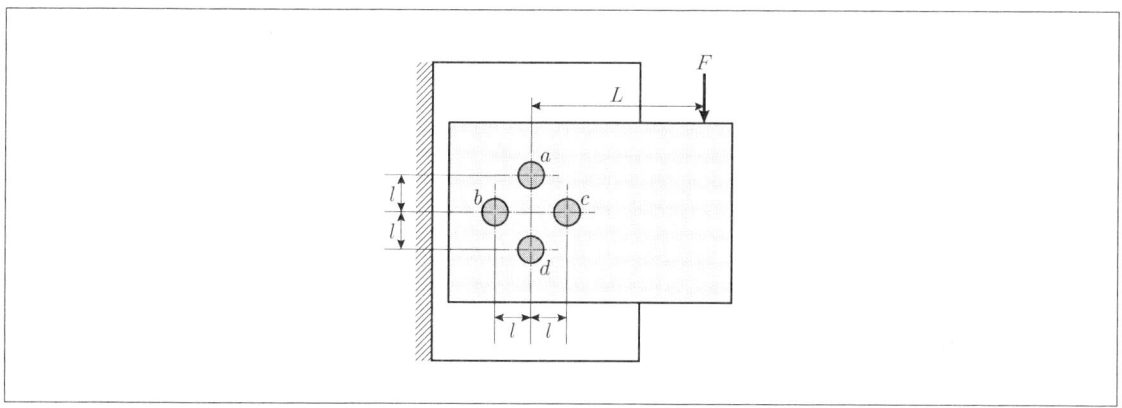

① a
② b
③ c
④ d

10 게이트 밸브(gate valve)에 대한 설명으로 옳지 않은 것은?

① 밸브를 완전히 열었을 때 유체의 에너지 손실이 적다.
② 밸브 디스크의 승강 길이가 길어져 개폐 시간이 증가한다.
③ 밸브 디스크가 유체의 관로를 수직으로 막아서 개폐한다.
④ 유체압력이 일정압 초과 시 자동으로 열려 압력을 조절한다.

ANSWER 9.③ 10.④

9 연직하중 F에 의한 직접전단하중과 모멘트하중(M=F·L)에 의한 전단하중을 고려해야 한다. 모든 리벳은 중심으로부터 거리가 같으며 회전전단력의 크기는 동일하나 방향만 다르다.
두 전단력이 벡터적으로 합성되며, 하중 방향(F가 수직으로 작용하므로 아래 방향)으로 두 전단력이 같은 방향일 때 전단력이 극대화된다.
리벳 c는 모멘트에 의한 전단력이 아래 방향(F 방향)
리벳 b는 모멘트에 의한 전단력이 위 방향(F와 반대)
리벳 a, d는 수평 방향 성분만 있어 하중 방향 기여 없음
따라서 c에서 가장 큰 전단하중이 발생하게 된다.

10 게이트 밸브는 수동으로 개폐하는 밸브이며 압력에 따라 작동하지 않고 유량조절보다는 개방 또는 차단용도로 사용된다.

11 외접하는 두 평기어의 중심거리가 250mm이고 회전속도가 각각 1,200rpm과 800rpm일 때, 두 기어의 잇수 차는? (단, 모듈은 5mm이다)

① 20
② 25
③ 30
④ 35

12 기어트레인을 이용하여 기어 D가 연결된 출력축 회전속도 N_D[rpm]와 기어 A가 연결된 입력축 회전속도 N_A[rpm]의 비 $\dfrac{N_D}{N_A}=\dfrac{1}{12}$로 설계하려고 한다. 이때 중간 기어 C의 잇수(Z_C)는? (단, 동일 축에 조립된 기어는 같은 속도[rpm]로 회전하고, 잇수는 각각 Z_A = 20, Z_B = 80, Z_D = 90이다)

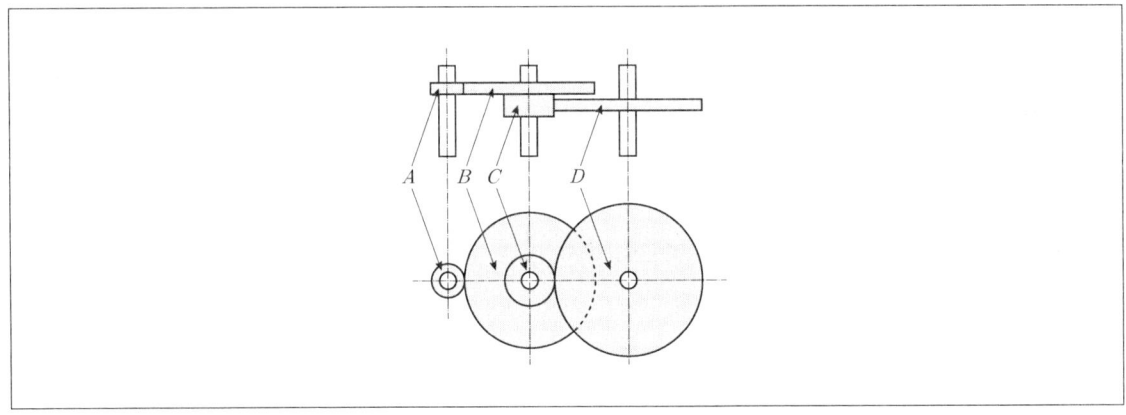

① 20
② 25
③ 30
④ 35

ANSWER 11.① 12.③

11 중심거리 $C=\dfrac{D_1+D_2}{2}=\dfrac{m(Z_1+Z_2)}{2}$, $250=\dfrac{5(Z_1+Z_2)}{2}$

$Z_1+Z_2=100$

속도비 $i=\dfrac{w_2}{w_1}=\dfrac{N_2}{N_1}=\dfrac{Z_1}{Z_2}$ 이며 $\dfrac{800}{1200}=\dfrac{Z_1}{Z_2}$, $2Z_2=3Z_1$

$Z_1=40$, $Z_2=60$이므로 두 기어의 잇수 차는 20이 된다.

12 $i=\dfrac{N_4}{N_1}=\dfrac{Z_1}{Z_2}\cdot\dfrac{Z_3}{Z_4}$ 이므로 $\dfrac{1}{12}=\dfrac{20}{80}\cdot\dfrac{Z_3}{90}$, $Z_3=30$

13 하중 12kN을 받는 레이디얼 엔드 저널 베어링의 발열계수가 2N/mm2·m/s일 때, 저널의 길이[mm]는? (단, 회전속도는 300rpm이고, $\pi = 3$이다)

① 60
② 70
③ 80
④ 90

14 평벨트를 150°의 접촉각으로 풀리에 감아 동력을 전달하고 있다. 벨트와 풀리 사이 마찰계수가 0.2이고 이완측 장력이 10N이라고 할 때, 긴장측 장력[N]은? (단, 벨트의 원심력은 무시한다)

① $10e^{\frac{\pi}{6}}$
② $10e^{\frac{5\pi}{6}}$
③ $20e^{\frac{\pi}{6}}$
④ $20e^{\frac{5\pi}{6}}$

15 굽힘 모멘트와 비틀림 모멘트를 동시에 받는 축의 굽힘응력이 4MPa이고 전단응력이 $2\sqrt{3}$ MPa일 때, 최대 주응력[MPa]은?

① 3
② 4
③ 5
④ 6

ANSWER 13.④ 14.① 15.④

13 발열계수(압력속도계수) $PV = \dfrac{WV}{dl} = \dfrac{W}{dl} \cdot \dfrac{\pi dN}{60 \cdot 10,000} = \dfrac{\pi wN}{60,000 l}$

$2 = \dfrac{3 \cdot (12 \cdot 10^3) \cdot 300}{60,000 l}$ 이므로 $l = 90 [mm]$

14 $\dfrac{T_t}{T_s} = \dfrac{P_e \dfrac{e^{\mu\theta}}{e^{\mu\theta}-1}}{P_e \dfrac{1}{e^{\mu\theta}-1}} = e^{\mu\theta}$, $T_t = T_s e^{\mu\theta} = 10 e^{0.2 \cdot 150°} = 10 e^{\frac{\pi}{6}}$

15 $\sigma_{\max} = \dfrac{1}{2}(\sigma_x + \sigma_y) + \dfrac{1}{2}\sqrt{(\sigma_x - \sigma_y)^2 + 4\tau_{xy}^2} = \dfrac{1}{2} \cdot 4 + \dfrac{1}{2}\sqrt{4^2 + 4 \cdot (2\sqrt{3})^2} = 6[MPa]$

16 베어링의 동 등가하중계수 표에서, 접촉각 25°인 고정형 단열 앵귤러 볼 베어링에 반지름방향 하중 F_r과 축방향 하중 F_a가 작용할 때, 동 등가하중[N]은? (단, F_r은 1,000N, F_a는 600 N이다)

베어링 형식		단열 베어링				
		$\dfrac{F_a}{F_r} \leq e$		$\dfrac{F_a}{F_r} > e$		e
앵귤러 볼 베어링	접촉각	X	Y	X	Y	
	20°	1	0	0.43	1	0.57
	25°	1	0	0.41	0.87	0.68

① 600
② 932
③ 1,000
④ 1,030

17 극한강도 300MPa, 항복강도 200MPa, 피로한도가 150MPa인 소재에 인장 편진응력이 작용할 경우 응력진폭의 크기[MPa]는? (단, 안전계수는 1로 하고, 굿맨선을 사용한다)

① 100
② 125
③ 150
④ 175

Answer 16.③ 17.①

16 동 등가하중 P = X × Fr + Y × Fa = (1×1000)+(0×600)=1000[N]
Fr : 레이디얼 하중, Fa : 스러스트 하중, X : 레이디얼 하중계수, Y : 스러스트 하중계수

17 굿맨선 $\dfrac{\sigma_a}{\sigma_e}+\dfrac{\sigma_m}{\sigma_u} \leq 1$, 평균응력 $\sigma_m = \dfrac{\sigma_{\max}+\sigma_{\min}}{2}$

편진응력 작용 시 $\sigma_m = \sigma_a$

$\dfrac{\sigma_a}{150}+\dfrac{\sigma_a}{300}=1$이므로 $\sigma_a = 100[MPa]$

18 유효지름이 d, 피치가 p인 한줄 사각나사의 자립상태를 유지하기 위한 최소 마찰계수는?

① $\dfrac{\pi d}{p}$ ② $\dfrac{\pi d}{2p}$

③ $\dfrac{p}{\pi d}$ ④ $\dfrac{2p}{\pi d}$

19 잇수가 Z개인 스프로킷 휠이 일정한 회전속도[rpm]로 롤러체인에 동력을 전달하고 있다. 체인의 최대속도($v_{\max}$)와 최소속도($v_{\min}$)를 이용한 체인의 속도 변동률[%]은? (단, $Z > 10$이고, 속도 변동률은 $\dfrac{v_{\max} - v_{\min}}{v_{\max}} \times 100$이다)

① $(1 - \sin\dfrac{180°}{Z}) \times 100$ ② $(1 - \cos\dfrac{180°}{Z}) \times 100$

③ $(1 - \tan\dfrac{180°}{Z}) \times 100$ ④ $(1 - \cot\dfrac{180°}{Z}) \times 100$

20 도면에서 부품 치수가 ϕ30h5와 ϕ30h7로 주어졌을 때, 이에 대한 설명으로 옳은 것은?

① 축기준 치수이며, h5공차가 h7공차보다 더 크다.
② 축기준 치수이며, h7공차가 h5공차보다 더 크다.
③ 구멍기준 치수이며, h5공차가 h7공차보다 더 크다.
④ 구멍기준 치수이며, h7공차가 h5공차보다 더 크다.

ANSWER 18.③ 19.② 20.②

18 나사가 자립하려면 마찰각 ρ이 리드각 α보다 커야 한다(즉, 다음 식을 만족해야 한다).
$\tan\rho(=\mu) \geq \tan\alpha$, $\mu = \dfrac{l}{\pi d_2} = \dfrac{p}{\pi d}$

19 $\epsilon = \left(\dfrac{V_{\max} - V_{\min}}{V_{\max}}\right) \cdot 100 = \left(1 - \dfrac{V_{\min}}{V_{\max}}\right) \cdot 100 = \left(1 - \cos\dfrac{a}{2}\right) \cdot 100 = \left(1 - \cos\dfrac{\pi}{Z}\right) \cdot 100$

20 축기준 치수이며, h7공차가 h5공차보다 더 크다.

M·E·M·O

M·E·M·O

기계설계
기출문제집

정가 15,000원

편저자	공무원연구소
발행처	소정미디어(주)
등록번호	제 313-2004-000114호
주소	경기도 고양시 일산서구 덕산로 88-45
대표번호	031-922-8965
팩스	031-922-8966

이 책은 저작권법에 따라 보호받는 저작물이므로 무단 전재 또는 복제 행위를 금지하며,
내용의 전부 또는 일부를 이용하려면 저작권자와 소정미디어(주)의 서면 동의를 반드시 받아야 합니다.